La France EST la solution

Du même auteur

De Gaulle-Pétain : le destin, la blessure, la leçon, Robert Laffont, 2010 ; Tallandier, coll. « Texto », 2013.
Les Lois de bioéthique, Dalloz, 1998.

Frédéric Salat-Baroux

La France EST la solution

PLON
www.plon.fr

12, avenue d'Italie
75013 Paris
Tél. : 01 44 16 09 00
Fax : 01 44 16 09 01
www.plon.fr

ISBN : 978-2-259-22333-1

À l'essentiel, à ma famille.

Avant-propos

Si la crise est si profonde, c'est que le temps a disparu. La barbarie remonte des enfers. On coupe des têtes, on mange le cœur de ses ennemis, on s'immole au nom de Dieu. On se croirait revenu aux horreurs du siège d'Antioche, en 1098. Le présent est comme vitrifié. Un Français qui consulte les informations le dernier jour du mois peut croire être, depuis quarante ans, l'acteur du film *Un jour sans fin* : il revit toujours la même scène d'un ministre disant que certes les chiffres du chômage ne sont pas bons, mais que la politique engagée va porter ses fruits et qu'il sera proposé une formation à chaque demandeur d'emploi. Quant au futur, il submerge le présent. Les géants de la nouvelle économie, Google, Facebook et son milliard et demi d'utilisateurs, investissent, presque sans limites, dans une intelligence artificielle qui serait bientôt capable de se développer par elle-même et dans la fusion entre l'homme et la machine, ce que l'on appelle la théorie de la singularité et le transhumanisme.

On nous avait appris que le centre de l'économie monde se déplaçait, au fil des siècles, d'une puissance à l'autre, d'est en ouest. Désormais, toutes les puissances d'hier se font face : la Chine, l'Inde, l'Europe, les États-Unis, dans une course sans merci à la primauté technologique. Le capitalisme semblait sans rival, après le ralliement de la Chine et la chute du Mur. Il est désormais concurrencé par l'économie du partage, que l'on croyait disparue avec le mouvement des enclosures à la fin du Moyen Âge[1]. Les systèmes coopératifs rivalisent avec l'économie de marché : le logiciel libre fait aussi bien, sinon mieux, que Microsoft.

Le capitalisme est peut-être entré en crise systémique. Il faut prendre au sérieux les alarmes qui s'allument aux États-Unis[2] : la hausse de la productivité est désormais déconnectée de la hausse des salaires et de l'emploi. La part du PIB qui va au travail baisse depuis 2000. Le salaire médian, c'est-à-dire de la moitié de la population la moins riche et qualifiée, baisse, en valeur réelle, depuis la fin des années 1990. Les « gagnants prennent tout » : les 0,01 % du sommet de l'échelle captent une part grandissante de la richesse produite. Signe plus critique encore, l'espérance de vie des Américains blancs de 45 à 55 ans baisse depuis quinze ans[3].

En France, l'angoisse face à ce nouveau monde se focalise autour du débat sur l'identité. Difficile de savoir d'où l'on vient, qui l'on est, où l'on va, quand le passé, le présent et l'avenir s'entremêlent et s'entrechoquent. La colère ne cesse de monter contre des élites inefficaces face au chômage et perçues comme ralliées aux logiques prédatrices. Une extrême droite révolutionnaire, bien décidée à la conquête du pouvoir, en joue. La tentation du repli sur soi, de baisser

1. Selon une étude de PwC parue en novembre 2014, le marché de l'économie du partage pourrait représenter 335 milliards de dollars d'ici 2025.

2. Erik Brynjolfsson et Andrew McAfee, *Race Against the Machine*, Digital Frontier Press, 2012 ; *Le Deuxième Âge de la machine*, Odile Jacob, 2015.

3. Voir les travaux d'Angus Deaton, prix Nobel d'économie 2015, pour l'Académie des sciences américaines.

les bras, la nostalgie du clocher et du village, la peur sont de plus en plus fortes. La fierté, le patriotisme, la conscience de soi s'effacent. Comme le signe d'un cancer qui ne cesse de gagner, on assiste au spectacle monstrueux de jeunes Français, répondant aux ordres de barbares étrangers, qui se font sauter pour tuer d'autres jeunes Français.

Nous valons infiniment mieux que cela. L'histoire nous l'enseigne, nous ne sommes jamais aussi forts que dos au mur. Il y a un mystère français dans notre capacité à commettre toutes les erreurs, à prendre tous les retards, à tomber jusque dans l'indignité, mais, chaque fois, à nous reprendre pour refaire la course en tête. Une jeunesse française, qui n'a peur de rien[1], est déjà partie à l'assaut du monde. Elle annonce le retour des Français.

Le futur n'est pas écrit[2]. Il sera ce que nous en ferons.

Le pire est évidemment possible. Mais le progrès technique, qui domine et bouleverse tout, peut permettre de bâtir un avenir meilleur. Le capitalisme et l'économie du partage peuvent parfaitement s'hybrider pour donner naissance à un modèle économique à la fois innovant et plus sobre, qui soit la réponse aux impasses auxquelles nous sommes confrontés : le réchauffement climatique, l'épuisement des ressources naturelles face à la croissance mondiale de la production et de la consommation, la course folle à l'argent et à la possession.

Que le XXIe siècle technologique soit destructeur ou porteur d'une vie meilleure, une chose est sûre, si nous n'en prenons pas le virage nous serons renvoyés aux bordures du monde : un pays perdu, devenu pauvre, où

1. Sur un exemple de ces parcours : Jean-Baptiste Rudelle, *On m'avait dit que c'était impossible. Le manifeste du fondateur du Criteo*, Stock, 2015.

2. Sur l'analyse des scénarios et controverses, *cf.* le rapport *Travail, emploi, numérique. Les nouvelles trajectoires* du Conseil national du numérique, janvier 2016.

tout serait à vendre, pris dans le tourbillon de la guerre civile permanente.

Je n'ai pas voulu m'arrêter à une description des enjeux, aussi passionnants soient-ils, ni à un cri d'amour et de respect pour ce pays qui a accueilli mes parents. J'ai puisé dans l'expérience de mes deux parcours successifs – au service de l'État, avec Jacques Chirac, puis dans le secteur concurrentiel où j'ai reconstruit une vie que j'aime – des propositions que j'ai voulu précises et qui sont un appel au débat. Il s'agit d'une version bêta, comme on dit dans la nouvelle économie. Elle est nécessairement partielle, perfectible évidemment, contestable certainement. Elle a vocation à être complétée, modifiée, amendée par ceux qui le voudront[1], selon une logique d'*open source*, qui me fascine tant elle porte des valeurs fécondes pour l'avenir.

Sans rien négliger de la gravité de la situation ni des handicaps qui sont les nôtres, ce livre est nourri par une conviction aussi indéfinissable qu'empreinte d'une certitude : plus que jamais, la France EST la solution.

1. La seconde partie du livre sera ainsi mise en ligne.

Introduction

Nos handicaps sont considérables mais notre capacité de réaction est infiniment supérieure

Nos handicaps, le poids de nos abandons, la gravité de nos divisions sont considérables. Pourtant, l'histoire nous enseigne que notre destin est de toujours avoir su réagir. La France a systématiquement été en retard lors des grands tournants économiques, mais a toujours redécollé. Il n'en sera pas autrement cette fois encore.

Si la France n'a jamais été l'économie dominante, elle n'a jamais été décrochée et s'est toujours reprise

La France a de tout temps figuré dans le concert des grandes puissances tout en n'ayant jamais été la puissance économique dominante – sauf, peut-être, durant la courte période d'hégémonie des villes de foires de Champagne au XIIIe siècle. Sa puissance, la France l'a longtemps tirée de l'immensité de son territoire au cœur de l'Europe, de son poids démographique et de son influence intellectuelle. Elle a aussi toujours été capable de suivre le rythme des révolutions industrielles successives, mais avec la caractéristique de le faire avec retard.

Alors que l'Angleterre se lance au XVIIIe siècle dans la première révolution industrielle, celle de la mécanisation des métiers à tisser, de la machine à vapeur et du charbon, la France fait, Révolution oblige, le choix de l'épopée politique et militaire. Tournant le dos au Traité de libre-échange signé en 1786 avec une Angleterre que l'Ancien Régime finissant voulait imiter pour mieux la dépasser, la Révolution et l'Empire imposent au monde le modèle français. La Déclaration des droits de l'homme, la République, le culte du progrès vont étonner et submerger le monde. Bonaparte est le symbole de cette France capable d'amener un génie corse à dormir dans le lit du tsar. Les conséquences de l'épopée sont matériellement désastreuses : perte d'un million trois cent mille hommes, réduction de 40 % de l'activité industrielle, diminution de moitié du commerce extérieur avec occupation par l'Angleterre des colonies françaises, vente aux États-Unis de la Louisiane qui s'étendait du golfe du Mexique aux Grands Lacs et repli protectionniste. On pourrait alors penser la France finie, en tant que grande puissance. Pourtant, en à peine quarante ans, elle a, en partie, rattrapé son retard sur son concurrent britannique grâce à un effort régulier de développement des infrastructures ferroviaires, de modernisation agricole et d'industrialisation, malgré la faiblesse de ses ressources en charbon et minerai de fer. C'est presque d'égal à égal qu'elle signe, en 1860, avec l'Angleterre un Traité de libre-échange.

La France va également rater le démarrage de la seconde révolution industrielle, celle de l'électricité, du pétrole et du moteur à explosion. Elle est écrasée, en 1870, par l'Allemagne, puissance industrielle montante qui l'ampute de l'Alsace-Moselle, l'un de ses poumons industriels. Mais, au prix d'une formidable volonté de redressement politique et économique, la France redécolle encore. En 1913, malgré une population vieillissante et la primauté de l'économie agraire, elle a rattrapé l'Angleterre et n'est pas définitivement distancée par l'Allemagne, pourtant bien plus peuplée qu'elle. La France de la Belle Époque est à la pointe des nouvelles industries : l'automobile et l'aéronautique. Signe de sa force retrouvée, elle va gagner, seule ou presque, la Première Guerre mondiale face à la puissance militaro-industrielle allemande. À son zénith, la France commet, à nouveau, toutes les erreurs : choix de la facilité avec l'« Allemagne paiera », illusion de pouvoir échapper seule à la crise de 1929, double choix économique à contre-temps : en 1934, par des mesures déflationnistes pour ne pas dévaluer le franc Poincaré et, en 1936, d'augmentation du coût et de réduction du temps de travail (hausse des salaires, semaine des 40 heures), alors que la priorité est au développement de l'appareil productif face à la guerre qui s'annonce. Cet aveuglement auquel s'ajoute le refus par l'état-major de prendre en compte la révolution de l'armée mécanisée conduit au désastre de juin 1940. Trente ans plus tard, en grande partie grâce au génie d'un homme, le général de Gaulle, la France s'est dotée d'institutions stables et puissantes, et s'est extraite du bourbier protectionniste et colonial pour faire le choix de la construction d'une Europe politique et du libre-échange. La croissance française est alors de 6 %, soit un point de plus que celle de l'OCDE ; son taux d'investissement est supérieur à celui de l'Allemagne ; elle connaît un triple excédent commercial, des paiements, budgétaire, et ses exportations industrielles représentent près de 9 % des échanges mondiaux. En 1973, l'Hudson Institute écrivait, s'appuyant sur les projections de l'OCDE : « La France possède aujourd'hui l'économie la plus dynamique d'Europe. Elle peut espérer être, d'ici dix ans, l'économie européenne la plus puissante en termes de production totale. En 1990, les Français jouiront du niveau de vie le plus élevé d'Europe[1]. »

La France, malgré les performances de ses grandes entreprises, a raté le tournant de la mondialisation

Par une étrange répétition des choses, la France est à nouveau passée à côté de ce mouvement marqué par le triomphe, partout ou presque, de l'économie de marché et, dans le même temps, par l'effacement de la domination occidentale au profit du retour au premier plan des grands empires du passé que sont la Chine et l'Inde.

En trois décennies à peine, tous nos repères en ont été changés. Depuis le XVIIe siècle, la France considérait comme allant de soi d'être une grande puissance au sein de la domination, sans partage, de l'Occident. Cette parenthèse de domination s'est refermée[2]. Depuis 2000, la poussée de la croissance en Chine et en Inde a tout changé. Alors que la croissance moyenne sur la première décennie du siècle a été de l'ordre de 1 % en Europe et de moins de 2 % aux États-Unis, elle a été de 10 % en Chine et de 13 % en Inde. En parité de pouvoir d'achat, le PIB chinois dépasse, selon le FMI, celui des États-Unis. La production industrielle des pays du Sud a dépassé celle de l'Occident en 2009. Pendant des siècles, il revenait aux autres de comprendre et de s'adapter à notre façon de penser. Désormais, c'est à nous de comprendre les nouveaux empires économiques tels que la Chine : confucianiste, capitaliste et communiste à la fois ; dominatrice mais pas expansionniste.

1. Cité par Jean-Charles Asselain, *Histoire économique de la France*, Le Seuil, 1984 ; Points, 2011.
2. *Cf.* Niall Ferguson, *Civilisations*, Saint-Simon, 2014.

Tout s'accélère. Il y a à peine sept ans, un président de la République française exhortait l'homme africain à entrer dans l'histoire. Comme une évidence, l'Afrique apparaît aujourd'hui comme le continent de la croissance de ce siècle. Le nouveau président chinois lui a réservé sa première visite officielle. Les dirigeants des grandes entreprises américaines se sont bousculés pour accompagner le premier président noir des États-Unis dans son voyage en Afrique, nouveau champ de bataille économique sino-américain. Comme symbole de ce nouveau monde, partout sur la planète on s'est recueilli lors du décès de Mandela, héros des droits de l'homme au XXIe siècle.

Sur le plan économique, nous sommes passés de la primauté de la puissance et de l'organisation industrielle pyramidale et centralisée à celle de l'innovation permanente façonnée par la révolution Internet. Nous ne sommes pas dans une simple révolution industrielle, mais plutôt en train de vivre un changement de civilisation avec ses opportunités et ses dangers. L'*open source*, l'économie du partage ou ce que l'on appelle plus trivialement l'« ubérisation », attaque toutes les positions acquises ou corporatistes. Cette nouvelle organisation de la vie et du travail dope – pour un temps encore ? – l'efficacité du capitalisme tout en le menaçant, à terme, dans son existence même, en dévorant ses marges[1]. Le triptyque intelligence artificielle/numérique/Internet crée une situation sans précédent, où le progrès technique pourrait devenir non plus source de « destruction créatrice » d'emplois, mais de destruction nette d'emplois et singulièrement d'emplois qualifiés. Plus aucune position n'est à l'abri. Les nouveaux maîtres de l'économie seront bientôt ceux qui créent et commandent aux robots… avec

1. *Cf.* Jeremy Rifkin, *La Nouvelle Société du coût marginal zéro*, Les Liens qui libèrent, 2014.

le risque que ces derniers ne nous dépassent bientôt, selon la théorie de la singularité.

Dans le même temps, les rapports de puissance ne sont plus l'apanage des seules nations. En quinze ans à peine, une entreprise comme Google a dépassé la puissance économique de beaucoup d'États. Surtout, elle porte bien plus qu'un pouvoir économique et capitalistique. Elle se nourrit d'une philosophie presque politique : grâce au progrès technologique, rien n'est impossible à l'homme et il s'y ajoute une dimension morale, symbolisée par son slogan – idéal sincère ou antiphrase ? – *Don't be evil.* Dépassant parfois l'imagination des romans d'anticipation des années 1960, l'homme se transforme. Déjà dépassé le temps où le téléphone portable jouait le rôle de « télécommande de sa vie », pour reprendre l'expression visionnaire d'un analyste des années 1990. L'ère de l'homme connecté pour mieux gérer son temps, sa forme, sa santé, ses performances est ouverte. Avec le développement du cœur et de l'œil artificiels ou des dispositifs qui permettent de rendre la mobilité aux personnes jusqu'ici paralysées, s'annonce le temps de la fusion homme-machine. Comme allant de soi, la recherche technologique et médicale s'attaque aux frontières que l'on croyait jusqu'ici indépassables : le vieillissement et même la mort[1].

La complexité de notre temps est vertigineuse. En permanence, il faut passer de l'économie réelle à l'économie virtuelle et numérique. Le capitalisme s'hybride avec l'économie du partage, faisant exploser les capitalisations et imploser les rentes de situation de l'ancienne économie. Nous sommes entrés dans l'ère de l'uniformité-différenciation, symbolisée par les réseaux sociaux où chaque voix compte sans que s'imposent des hiérarchies entre elles. Cela ne veut pas dire la fin des élites mais leur mutation et le

1. *Cf.* Laurent Alexandre, *La Mort de la mort,* JC Lattès, 2011.

durcissement de leur affrontement. La concurrence entre les innovateurs de tous les continents fait rage. En apparence, ils se ressemblent. Ils sont passés par les mêmes universités américaines, vivent de manière très proche dans des centres-ville ou des banlieues chic qui se ressemblent. Mais, dans le même temps, ils sont empreints d'identités fortes, entre culture propre et nouveau nationalisme. Pour donner une image d'Épinal de ces « élites-moteurs » de la première moitié du XXIe siècle, ils sont déjà et seront chinois et africains plutôt qu'occidentaux, animés par la même volonté de s'enrichir vite – trop vite ? Si proches et si différents à la fois, car jaloux de leur culture parfois multiséculaire, mais, au fond, d'accord sur une chose : le temps de la domination sans partage de l'Occident est terminé. Un mélange de page tournée et de revanche sur ce passé où, il y a moins de cent ans, les nations européennes et les États-Unis s'étaient partagé le monde. Pourtant, et pour ajouter à la complexité de l'époque actuelle, ne comptez pas sur les Américains pour lâcher le moindre pouce de terrain. Ils règnent sans partage sur la nouvelle économie et sont partis à la reconquête de leur puissance industrielle.

Cette extrême complexité se manifeste aussi sur le terrain identitaire, culturel, religieux. Alors que l'humanité poursuit son rêve originel de devenir, par le progrès et la technologie, maître de son destin et donc de s'affranchir de l'idée même de transcendance ou de créateur, voici qu'une religiosité moyenâgeuse remonte des enfers. Comment comprendre que puissent coexister un recul généralisé de la pratique religieuse et l'occupation obsessionnelle de notre espace mental par le fait religieux ? Comment expliquer que pour des jeunes notamment occidentaux la conversion à l'islamisme radical apparaisse comme un idéal et qu'aller combattre en Syrie puisse symboliser l'aspiration à un engagement noble et qui vous dépasse, comme, en leur temps, les Brigades internationales partaient pour la guerre d'Espagne ? Par un étrange mystère de l'histoire, ce sont les nouvelles technologies et les réseaux sociaux qui drainent une jeunesse du monde vers la barbarie.

Il est très difficile de poser un diagnostic sur cette situation. Est-ce un ultime spasme d'obscurantisme dans une humanité qui marche vers le progrès ? Est-ce la traduction d'un choc des civilisations ? Cette violence se nourrit-elle du vide spirituel laissé par un XXe siècle ravageur ? C'est plutôt mon sentiment. Le siècle passé a été celui du déboulonnage de toutes les idoles. La pratique religieuse, ainsi que le cadre d'existence et de principes qu'elle portait, a régressé de manière vertigineuse alors que la découverte de la psychanalyse faisait triompher le relativisme, l'individualisme et une forme de culte de la jouissance. Dans le même temps, la religion du progrès a tout à la fois dominé et s'est effondrée au XXe siècle. Sa traduction communiste a sombré autant pour son inefficacité économique que pour avoir abjuré son idéal. Son corps central capitaliste a montré ses limites profondes par son incapacité à empêcher la flambée des inégalités et à éviter de mettre à sac notre « Terre Patrie », dont témoigne le réchauffement climatique. Reste le culte de l'argent, des marques, de la possession de tout et de tous. Mais il n'y a ni transcendance ni idéal dans cela. Or, la grande leçon de la succession des générations est que, si l'homme change, il a toujours autant besoin de repères, d'interdits, d'absolu pour se construire.

C'est sur ce champ de ruines que prospèrent deux idéologies aux antipodes l'une de l'autre : l'islamisme radical, qui prêche la soumission de l'homme au message originel du Coran, et Google, qui rêve de construire un homme nouveau, maître de lui-même jusqu'à la limite ultime de sa désincarnation par sa numérisation. Entre les deux, il n'y a que du vide.

Ce vide est à la fois terrible et terriblement dangereux. Le renouveau économique est indissociable de la reconstruction d'un idéal collectif. Mais lequel ? Telle est la grande question du siècle.

C'est dans ce monde traversé de toute part par des torrents de lave que la France, ce cher et vieux pays, cette fille aînée de l'Église, cette Nation convaincue que l'ultime frontière de la modernité est le modèle de 1945, doit se repenser. Rien ne l'y prépare.

La France a été un empire et continue à se penser comme tel

Il est très difficile pour un Français de penser le monde sans se placer en son centre. C'est le fruit de notre géographie comme de notre histoire. La France est la pointe finale de l'ensemble euro-asiatique. Plus qu'une Europe en miniature, elle en est une synthèse. Pendant des siècles de domination européenne, seule la Russie dépassait la France par l'immensité de son espace face auquel la petite Angleterre ou les ensembles allemands ou italiens, totalement morcelés, ne pouvaient pas se comparer. Dans le *Panégyrique de Trajan*, Pline le Jeune parlait d'une « Gaule presque sans limites ». Toutes les invasions, toutes les influences ont afflué vers notre territoire, isthme du continent, avant de s'y arrêter, bloquées par l'océan, faisant longtemps de notre pays le plus peuplé et le plus divers d'Europe. Notre histoire est marquée par la puissance d'un pays-continent et le génie de ses hommes. Il y a sept siècles, l'Angleterre avait eu beau gagner presque toutes les batailles de la guerre de Cent Ans, elle avait fini rejetée à la mer, faute de pouvoir absorber l'immense espace français. Un siècle plus tard, les rois de France se lançaient à la conquête de l'Italie de la

Renaissance, et seul Charles Quint, maître du Saint Empire romain germanique, de l'Espagne et des Pays-Bas, pouvait leur barrer la route sans pour autant être capable lui non plus d'absorber le trop vaste ensemble français. Il y a trois siècles, toutes les élites d'Europe parlaient et pensaient en français. Frédéric de Prusse ou Catherine de Russie vivaient comme un immense honneur de recevoir ou correspondre avec nos philosophes. Il y a deux siècles, la Révolution et l'Empire changeaient la face de l'Europe. Il y a cent cinquante ans, Napoléon III apparaissait comme un des pères de l'unité italienne, et, pour Bismarck, l'achèvement de l'unité allemande passait par une victoire sur la France. Il y a cent ans, la France avait bâti le second empire colonial et s'apprêtait à gagner la Première Guerre mondiale. Durant l'entre-deux-guerres, tout ce que le monde comptait de génies artistiques – Picasso, Modigliani, Chagall, Hemingway et tant d'autres – se précipitait à Paris, cœur de la culture occidentale. En 1945, le général de Gaulle parvenait, malgré juin 1940, à installer notre pays dans le camp des vainqueurs. Dans les années 1950, une des grandes questions était de savoir si Camus avait eu raison d'accepter le prix Nobel de littérature et Sartre de le refuser. En Mai 68, la France donnait le *la* d'une poussée libertaire qui, malgré ses ambiguïtés – commencer dans le refus de l'ordre bourgeois pour finir dans le culte individuel de l'argent –, a marqué des générations partout dans le monde. En 1974, la France a su répondre au premier choc pétrolier en lançant le plus ambitieux programme électronucléaire au monde. Il y a une décennie encore, Jacques Chirac était aux avant-postes, l'Allemagne, la Russie ou la Chine derrière, pour s'opposer au projet américain de guerre en Irak.

Difficile pour nous, dans ces conditions, de nous remettre en question avec une indispensable forme de modestie, d'admettre que d'autres pays sont désormais devant, d'en comprendre les raisons et de se donner les moyens – quitte à en adopter les méthodes – de pouvoir rivaliser avec eux.

La France est un pays dont l'hétérogénéité est un frein à l'unité et au mouvement

Comme l'a analysé Fernand Braudel, derrière l'apparence de l'unité issue de la construction monarchique et de la Révolution, l'*identité* de la France se caractérise d'abord par une variété sans équivalent. Comme l'a poétiquement écrit cet adepte de l'histoire scientifique : « Il est banal de dire que la France est diverse jusqu'à l'absurde ou, ce qui revient au même, que son espace varie comme peu de pays au monde, révèle un étonnant caractère vicinal, une mosaïque de paysages dont la variété ne se rencontre pas ailleurs. Même pour le randonneur à pied, le paysage change sans cesse. Chaque village, chaque vallée, a fortiori chaque pays – ces petites unités locales, pays de Bray, pays de Caux, etc., dont le nom dérive du pagus gaulois –, chaque ville, chaque région, chaque province ont leur originalité nette. Et pas seulement les particularités que signalent de façon éclatante les paysages et les multiples marques que l'homme y a ajoutées, mais aussi une culture vécue, une façon de vivre et de mourir, un ensemble de règles définissant les rapports humains fondamentaux entre parents et enfants, entre hommes et femmes, entre amis et voisins… N'y avait-il pas, hier encore intacts, les privilèges locaux (ils foisonnaient), les patois, les folklores, les maisons traditionnelles (de pierre, de lave, de briques, de torchis, de bois), les costumes ? Plus la métrologie, à nos yeux extravagante, d'une diversité telle que, selon Lavoisier (1787), l'étroite élection de Péronne contenait à elle seule 17 sortes d'arpents qui différaient tous par le nombre de perches et par la grandeur de la perche[1]. »

De Gaulle rendait compte de la même réalité à travers sa boutade : « Comment voulez-vous gouverner un pays qui a trois cents sortes de fromages ? » Cette diversité n'est pas le propre de tous les pays de la vieille Europe. Elle nous est spécifique. Par sa géographie, par exemple, et les influences qu'elle a subies, la France a ce triple visage : méditerranéen, continental et océanique. Elle n'a jamais tranché entre ces pôles d'attraction, pas plus qu'elle n'en a fait la synthèse – au demeurant impossible. Une des raisons pour lesquelles la France n'a pas fait le choix du « grand large » au XVIIIe siècle, comme son voisin anglais, est qu'il lui fallait résoudre un dilemme : quelle mer choisir ? La Méditerranée ou l'Atlantique ? Elle a fini par choisir le continent !

Malgré leur caractère systématique, les travaux des démographes Emmanuel Todd et Hervé Le Bras, dans *L'Invention de la France*[2] ou plus récemment dans *Le Mystère français*[3], rendent bien compte de cette singularité. Les modèles familiaux se répartissent en Europe en trois grandes catégories : la famille nucléaire, se limitant aux deux parents et aux enfants non mariés, largement diffusée en Angleterre ; la famille souche, qui unit plusieurs générations (parents, enfants, petits-enfants) sous l'autorité d'un *pater familias* et qui est l'apanage du monde germanique ; et la famille patriarcale ou communautaire qui est le propre de l'Italie et qui se différencie de la famille souche germanique par le fait que le mariage n'est pas retardé ou contrôlé pour concentrer l'héritage sur un seul enfant mais qu'il est largement ouvert, conduisant à la constitution de

1. Fernand Braudel, *L'Identité de la France*, Champ Histoire, 1990.
2. Emmanuel Todd et Hervé Le Bras, *L'Invention de la France*, Gallimard, 2012.
3. Emmanuel Todd et Hervé Le Bras, *Le Mystère français*, Le Seuil, 2013.

clans familiaux. Ce qui différencie la France des autres pays d'Europe est qu'elle est la seule à abriter les trois modèles de familles. Ce qui chez nos voisins est national devient, en France, oppositions provinciales, disait Braudel.

Même la langue française, dont on peut penser qu'elle nous unit depuis toujours, est le produit récent de l'école publique de la IIIe République. L'abbé Grégoire avait opéré, à la Révolution, un recensement qui montrait un partage du territoire non pas entre la langue d'oc et la langue d'oïl, auxquelles il aurait fallu ajouter les langues de la périphérie tels le breton, le basque, l'allemand ou le flamand, mais entre trente patois et, pour chacun d'entre eux, des variantes presqu'à l'infini de vallée en vallée et même de village en village. La variété est telle qu'un membre du parlement de Bordeaux se demandait s'il ne lui faudrait pas traduire la Déclaration des droits de l'homme en une « langue mitoyenne » de tous les jargons de la campagne environnante. Au début du XXe siècle encore, de nombreux curés se refusaient à prêcher autrement qu'en breton.

C'est à cette immense diversité de territoires, de structures familiales et de langues que le pouvoir royal et surtout la République ont cherché à imposer une uniformité d'autant plus forte qu'elle a dû faire plier de tels particularismes. Derrière la loi commune, c'est l'hétérogénéité qui reste la marque de la France. On est très loin de l'homogénéité anglaise ou de l'unité de civilisation allemande. Comme l'a écrit Braudel, marquant son intérêt pour les travaux de Todd et Le Bras, en France « le passé agresse le présent, s'acharne contre lui. Je comprends qu'au spectacle de ces divisions anciennes et puissantes de la France, ils [Todd et Le Bras] puissent s'exclamer que la France ne devrait pas exister, qu'à partir d'un ensemble aussi hétéroclite de peuples et de civilisations, il a fallu "l'inventer". En fait, elle a dû surmonter obstacles, divisions, entraîner avec elle une masse d'histoires stagnantes, contradictoires, pesantes, lourdes comme la terre[1] ».

Notre variété n'est donc pas seulement source de beauté et de richesse. Elle est aussi l'explication de notre inclination au conservatisme et à la confrontation.

Contrairement à l'Angleterre, nous n'avançons pas de manière continue. Toute notre histoire est caractérisée par de longues périodes de *statu quo* qui conduisent aux blocages, aux difficultés et souvent à la crise, dont nous ne sortons que par un choc politique, soit révolutionnaire, soit de type 1958.

Dans sa forme extrême, cette réalité, qui n'appartient qu'à nous, se traduit par une véritable propension à la guerre civile, non pas à l'image d'un simple pays de querelleurs gaulois, mais à celle qui faisait dire à Julien Benda que l'histoire de France est « une affaire Dreyfus permanente ». Notre histoire est jalonnée d'instants terribles où une partie d'entre nous ont été jusqu'à faire le choix de l'étranger plutôt que des siens : des cavaliers gaulois prêtant main-forte à Jules César ; les Bourguignons aux côtés des Anglais, au temps de Jeanne d'Arc ; ceux qui avaient pris le parti de l'Espagne durant les guerres de Religion ; les grands prêts à tout contre Richelieu ; les émigrés contre la Révolution ; les ralliements de 1814-1815 aux monarchies coalisées contre l'Empire ; 1870-1871 et ceux qui souhaitaient la victoire de l'Allemagne plutôt que celle des communards. Et, bien sûr, le visage effrayant du « choix de la défaite » de juin 1940 et de la collaboration.

1. Fernand Braudel, *L'Identité de la France*, *op. cit.*

À cette propension à la division et à la confrontation s'ajoutent les blessures de l'histoire qui ont profondément modelé notre paysage mental

Il y a d'abord le rapport ambigu au souverain

Dans son tréfonds, le peuple de France ne voulait probablement pas la mort de Louis XVI qui symbolisait l'unité d'un pays si divers et le lien entre pouvoir temporel et pouvoir spirituel. Il l'a pourtant exécuté, comme la reine, et laissé mourir lamentablement le Dauphin. Nos choix politiques sont depuis guidés par la recherche de la fonction d'autorité et d'incarnation, et dans le même temps par la pulsion de sa destruction. De Gaulle y a répondu en imposant, contre la volonté de l'ensemble de la classe politique de l'époque, l'élection du président de la République au suffrage universel. Par son exemple, il a créé un modèle : celui du monarque républicain et réformateur. Toutefois, ces qualités sont rarement réunies en un seul homme. Quand il faut choisir entre l'incarnation et le mouvement, nous choisissons l'incarnation : François Mitterrand, le conservateur à profil de monarque, contre Michel Rocard, le réformateur à l'allure de Monsieur Tout-le-monde.

En France, il faut être d'abord monarque, d'où le désamour rapide vis-à-vis de Nicolas Sarkozy, à cause notamment de certains mots ou attitudes jugés non présidentiels, ou la demande adressée à François Hollande : « Faites président ! »

Mais il faut aussi faire républicain, d'où l'éjection du président Giscard d'Estaing en 1981 après que, derrière le vernis de modernité, est apparue une âme d'Ancien Régime et la victoire cinglante de Jacques Chirac, doublement petit-fils de hussards noirs de la République, sur un Édouard Balladur passionné d'étiquette.

En France, on choisit d'abord l'homme. C'est un danger dans des temps où les mouvements du monde exigent autant de prendre le bon cap. Par ailleurs, la tentation française permanente d'abattre le souverain ne lui laisse guère le temps de conduire une action dans la durée.

Le deuxième traumatisme est religieux. Il renvoie à la séparation de l'Église et de l'État, et se prolonge avec la blessure toujours béante de la guerre d'Algérie

Au début du XXe siècle, la France a connu une seconde forme de guerre religieuse, celle entre la République et l'Église. Pour les républicains, et singulièrement les radicaux, l'Église était le plus puissant soutien à la restauration monarchique. Pour enraciner la République, il fallait séparer l'Église de l'État et mettre à bas son pouvoir et son influence, notamment dans le domaine de l'éducation. La France s'était construite sur l'Alliance entre l'État royal et l'Église, et voilà que l'État moderne s'affrontait à l'Église. Comme l'exécution du roi, cela, les Français ne le voulaient sans doute pas.

Alors que notre identité est profondément marquée par le catholicisme, symbolisé par les 45 000 églises de France, ses traditions, ses rituels, son calendrier, ses principes, ses penseurs brillants comme ses travers exaspérants, à l'image de ce rapport aussi passionné que refoulé à l'argent, la République a voulu que tout soit ramené à la sphère privée.

Ce refoulement institutionnel s'est accompagné d'un effacement aussi volontaire qu'incompréhensible de l'Église de France. Comment ne pas être stupéfait par l'image donnée sur le perron de l'Élysée, après que le président de la République a reçu les représentants des autorités religieuses, à la suite des attentats du 7 janvier 2015, de voir le représentant de l'Église protestante s'exprimer au nom des religions de France et celui de l'Église catholique chercher timidement sa place sur le côté, en s'excusant presque d'être là ? Un peu d'affirmation de soi, que diable ! Quand on approche de Saint-Pierre de Rome, on en comprend immédiatement le message de puissance et de grandeur !

L'Église est, avec la terre, la culture, l'histoire et la République, une composante essentielle de ce qui fait la France.

Pourquoi le voile à l'École, la burqa dans l'espace public et tout ce qui touche aux manifestations ostentatoires de l'appartenance à la religion musulmane suscitent-ils de telles tensions dans la société française ? Parce qu'ils mettent en cause le principe de laïcité mais aussi parce qu'ils rouvrent une plaie : comment accepter, pour la grande majorité de Français de culture catholique, à défaut d'être pratiquants, de telles manifestations d'une autre religion alors que leur héritage a été systématiquement occulté par l'État ?

Ce mal-être face à la question religieuse est avivé par le traumatisme, nullement surmonté, de la guerre d'Algérie. La France était attachée à l'Empire et à son joyau : les départements algériens. Il a fallu l'autorité du général de Gaulle pour qu'elle en vienne à la raison : l'Algérie était algérienne. Mais, dans l'inconscient collectif, comme l'a justement analysé Patrick Weil[1], tout se mélange dans un sentiment que l'on pourrait résumer par l'idée fantasmatique que les Algériens – symbolisant et symbolisés par les musulmans – n'ont pas voulu de la France, et voilà que, maintenant, ils y sont venus en masse et transforment la culture française ancestrale. Dans le même temps, le souvenir traumatique de l'Algérie coloniale nourrit chez des Français

1. Patrick Weil, *Le Sens de la République*, Grasset, 2015.

musulmans l'idée que, comme ils l'étaient là-bas, ils sont, en France, des citoyens de second rang. Ainsi, et sans nier les discriminations contre lesquelles je me suis très tôt engagé[1], nous sommes aujourd'hui dans la situation critique où des Français, dont les familles ont été accueillies, qui sont devenus des citoyens à part entière, se vivent comme encore colonisés. Ce sentiment, injuste au regard d'une France qui n'a certes pas tout réussi mais qui est généreuse, alimente la tentation de l'extrémisme religieux.

Pour sortir de cette obsession nationale, qui nous entrave et nous fait perdre du temps, il faut savoir réaffirmer et défendre des vérités aussi simples que fondamentales. La première est que la France a une identité, une tradition catholiques. L'Église doit porter ses valeurs, être à nouveau un repère, une forme d'axe autour duquel les autres religions pourront trouver toute leur place, exprimer, de manière apaisée, la force de leur propre message.

Si l'on considère comme allant de soi qu'il y ait des crèches de Noël dans les mairies, si l'Église de France redevient une voix forte, intellectuellement brillante, empathique, pour défendre ses principes traditionnels tout autant que l'exigence de justice, ainsi que le fait le pape François, la question du contenu des repas dans les cantines ne devrait plus être un sujet d'importance nationale et les extrémistes religieux qui jouent de la faiblesse identitaire de la France sauraient que des limites sont à nouveau posées. Le second terrain essentiel est celui de la lutte contre le racisme, c'est-à-dire la réaffirmation d'une des valeurs fondamentales de la République. Cette exigence a été largement remisée au motif que l'antiracisme

1. *Cf.* « Pour une nouvelle politique d'intégration », avec Zaïr Kedda-douche, France Moderne (club de réflexion d'Alain Juppé), 1999.

de la fin des années 1980 aurait été un puissant vecteur de la montée du Front national. Mais de qui se moque-t-on ? Cette idée n'est que le lamentable paravent d'une légitimation hypocrite et perverse du racisme lui-même. La lutte contre toutes les formes de racisme est le pendant indispensable du principe qu'il n'y a qu'une catégorie de citoyens. Au-delà des droits, il y a ce que l'on signifie. Quand ce qui pousse à agir n'est pas la méfiance, les préjugés, ou le racisme, tous les rappels aux règles deviennent naturels. En 2003, face à la montée des tensions sur le voile à l'école, Jacques Chirac a décidé d'agir. Il s'est appuyé sur Bernard Stasi, Marceau Long, Patrick Weil. Au service de Jacques Chirac, j'ai mis tout mon poids dans cette démarche de dialogue puis de décision ferme. Si l'interdiction du voile a été acceptée, et cela avec le recul de dix années désormais, c'est parce que Jacques Chirac a eu le courage de trancher, mais c'est aussi parce qu'il était clair que pas une once de racisme n'était à l'origine de ce choix. Le général de Gaulle a tout dit en jetant à la figure de ceux qui ne voulaient pas accueillir de juifs à Londres : « Je ne connais que deux catégories de Français : ceux qui font leur devoir et ceux qui ne le font pas. »

Cette exigence vaut face à toutes les formes de racisme. La question de savoir si les juifs devraient retirer leurs kippas pour éviter d'être victimes de violences est très importante. Elle renvoie à la situation critique d'un État qui n'est plus capable d'assurer la sécurité dans l'espace public. La tolérance zéro en matière de délinquance doit se matérialiser d'abord face à toutes les formes de racisme et d'antisémitisme. Il y a ensuite la part qui revient à chacun de nous. N'avons-nous rien appris, nous les juifs, des tragédies passées ? C'est parce que nous avons cru qu'en baissant la tête, en rasant les murs, des jours meilleurs viendraient que nous avons subi, impuissants, l'inimaginable.

On peut penser ce que l'on veut d'Israël, et je suis en désaccord sur bien des points avec la politique conduite sur la question de la paix et de l'État palestinien, mais Israël a su tirer les leçons de l'histoire et rompre avec deux millénaires de soumission. Il y a aussi ce que nous juifs devons faire en tant que Français. Si nous retirons la kippa pour nous protéger, c'est à ceux qui, à travers nous, attaquent la République que nous donnerons une victoire considérable par la reconnaissance que la France serait devenue si faible qu'elle serait désormais incapable de défendre les siens.

Ce n'est pas dans l'invocation du concept souvent trop abstrait de laïcité que nous trouverons des réponses à la crise religieuse actuelle. Ce n'est pas non plus dans la multiplication des règles et des interdits, qui peuvent certes encore être nécessaires, par exemple, pour stopper des dérives communautaristes inacceptables, comme à l'hôpital public[1]. L'essentiel est de conduire un débat ouvert sur la citoyenneté permettant notamment de tourner la page du traumatisme de l'Algérie française et de signifier qu'il n'y a dans nos cœurs qu'une catégorie de Français. En novembre 2005, les émeutes dans les banlieues se sont arrêtées grâce aux mots de Jacques Chirac en direction d'une jeunesse en désespérance : « Je veux dire aux enfants des quartiers difficiles, quelles que soient leur origines, qu'ils sont tous les filles et les fils de la République. » Quand ce que l'on éprouve est clair, ouvert, bienveillant, tout devient possible. L'autorité est comprise et s'impose. La lutte sans merci contre l'extrémisme et le terrorisme exigera, en effet, une autorité et une sévérité sans faille. C'est l'autre face de l'exigence républicaine. Par ailleurs, et c'est essentiel, dans le même temps, il

1. Alain Juppé, *Pour un État fort*, JC Lattès, 2016.

ne faut pas laisser dire que la France n'est pas un pays généreux. Où ailleurs accouche-t-on gratuitement dans un hôpital de qualité, où reçoit-on des aides à la naissance ? Un pays où l'école et l'université sont gratuites, où les plus modestes bénéficient d'aides de toute nature face aux accidents de la vie, où on est soigné comme nulle part ailleurs dans le monde. Mesure-t-on que la moitié de la richesse nationale produite en France est consacrée aux dépenses collectives. C'est ce chemin qu'il nous faut faire : être fiers de notre histoire et de nos traditions, accepter la réalité du pays divers que nous sommes devenus, considérer que le poison absolu est le racisme et son nouveau visage qui voudrait que la religion musulmane soit incompatible avec la République, avec la France.

À défaut, la question religieuse va demeurer une obsession nationale, et la digue que représente encore le principe de laïcité finira par céder.

Le troisième handicap réside, comme une constante de notre histoire, dans une faiblesse, morale, et dans une action, celle des élites françaises

Il ne faut pas basculer dans la caricature, la démagogie anti-élites dont se nourrissent les extrêmes. Mais, dans le même temps, il y a un problème que l'on ne peut pas occulter. Comment expliquer qu'à l'exception des courtes périodes 1998-2000 et 2005-2008, la France ait été le seul pays en Europe qui ne soit pas parvenu à faire baisser réellement le chômage ? Contrairement aux Britanniques, la France n'a pas une élite de mouvement capable d'entrer en résonance avec le peuple et de faire avancer la nation tout entière. Les élites peuvent se succéder mais, dès qu'elles sont en place, elles basculent dans le conservatisme, et une forme de distance et de défiance vis-à-vis de leur propre pays.

Je mesure bien qu'à cet instant il me sera opposé que j'en fais partie, et à tant de titres : mes origines sociales, les écoles dont je suis diplômé, les cabinets ministériels avant le passage dans le secteur privé. C'est tellement vrai et tellement faux à la fois. En tout état de cause, si j'en fais partie, je sais, au moins, de quoi je parle. Il y a un mystère, qui traverse notre histoire et dont je ne parviens pas à trouver l'origine, dans le conformisme des élites et ce dénigrement presque systématique de notre pays. Pour résumer, un peu naïvement, ce que j'ai si souvent éprouvé : trop souvent la France ne fait pas battre leur cœur. Je garderai en mémoire ce petit déjeuner à l'Élysée avec un patron d'une des plus grandes banques françaises, pourtant issu du service de l'État et qui lui devait sa carrière. Il ne cessait de critiquer, avec mépris, son propre pays et d'aller chercher à l'étranger les modèles de ce qu'il faudrait faire. Tout n'était pas faux, bien sûr, dans ce qu'il disait mais le ton était insupportable. Pour ne pas lui répondre avec grossièreté, j'ai préféré mettre fin à cette rencontre. La faiblesse de nos élites n'est pas l'addition de médiocrités individuelles, ce serait trop simple. Pris isolément, il s'agit souvent de femmes et d'hommes brillants, mais collectivement, elles ne sont pas à la hauteur des qualités de la Nation.

Comment se matérialise ce problème ? Il y a d'abord une attraction irrépressible pour l'Ancien Régime. C'est ce que j'appelle le syndrome Napoléon après Bonaparte[1]. La Révolution avait tout renversé. On pouvait désormais, par le mérite et le talent, commander, à moins de 30 ans, aux armées de la Nation : dans les Flandres, sur le Rhin, en Italie. Élites et mouvement semblaient devoir aller ensemble dans une nouvelle France porteuse d'un modèle universel.

1. Sur les ressorts de sa personnalité, voir le très éclairant ouvrage de Nathalie Petiteau, *Napoléon Bonaparte, la nation incarnée*, Armand Colin, 2015.

Napoléon en a décidé autrement. De très petite noblesse corse, moqué à l'école militaire de Brienne, incroyable stratège, il est l'enfant, l'élu, au sens biblique du terme, de la Révolution. Son charisme, son génie, sa puissance de travail auraient pu en faire le libérateur de l'Europe, l'artisan de la victoire des idéaux républicains et démocratiques, du triomphe des Lumières. Cette France rayonnante et puissante, son génie, il les mettra progressivement au service d'une ambition, au fond misérable : devenir l'égal des souverains d'Ancien Régime, épouser la sœur de l'empereur d'Autriche et parler des Français comme de ses sujets. Depuis, et pour des générations, réussir, ce n'est hélas pas tenir la batterie des « hommes sans peur » du siège de Toulon, mais le sacre en manteau d'hermine. Or l'Ancien Régime, c'est, par essence, le conservatisme.

Il y a ensuite une absence d'empathie, pour ne pas employer un autre mot, vis-à-vis du peuple dont le point culminant a été la boucherie de la Première Guerre mondiale. C'est toute une nation qui s'était unie, en 1914, par-delà les différences d'origines géographiques, culturelles ou sociales, dans une forme de combat sacré pour défendre un territoire et des valeurs communes. La déconvenue a été immense : des chefs sans humanité et si souvent incompétents ont envoyé des centaines de milliers d'hommes à la mort pour rien, pour quelques centimètres de boue, répondant, dans le meilleur des cas, à la volonté d'offensive d'un pouvoir politique éloigné des tranchées. Seules trois personnalités surnagent dans le cœur des poilus : Pétain, pour l'humanité dont il a fait preuve alors[1], Foch, pour avoir fini par faire plier les lignes allemandes, et Clemenceau, pour avoir imposé la volonté de victoire

1. Sur le double visage de Pétain, voir mon *De Gaulle-Pétain : le destin, la blessure, la leçon*, Robert Laffont, 2010.

face à la tentation grandissante d'une paix blanche. Ces trois figures de l'époque se sont toutefois trompées sur des points fondamentaux. Pétain, saisi par la peur, a failli céder face à l'offensive allemande de mars 1918. Foch, qui l'a remplacé en urgence, a arraché la victoire, mais a commis l'erreur de s'arrêter sur le Rhin et de ne pas aller écraser l'orgueilleuse armée allemande chez elle – Hitler saura en jouer, en faisant monter la théorie du complot judéo-démocrate visant à mettre aux fers un pays qui n'avait pas perdu la guerre. Quant à Clemenceau, il a imposé une paix trop dure et des réparations irréalistes à l'Allemagne, avec pour conséquence la marche irréductible vers le second conflit mondial. Une fracture de plus s'est ouverte entre le peuple et ses élites. Cette méfiance ne s'est jamais effacée depuis et explique, pour une part, notre propension à contester la légitimité de toute forme d'autorité.

Il y a enfin une fascination pour les modèles étrangers. Les États-Unis ou le monde soviétique dans l'après-guerre ; le succès industriel japonais, le libéralisme anglo-saxon ou le redressement allemand depuis les années 1980. Mais cette fascination ne se traduit pas par une logique d'imitation et de mouvement, qui serait porteuse de progrès. Elle reste au stade du discours et nourrit la critique stérile d'un pays qui serait irréformable, alors que la mission même des élites est d'être le moteur de la réforme.

Le rejet permanent de Jacques Chirac par les élites tout autant que sa popularité qui ne cesse de croître dix ans après son départ sont éclairants. Jacques Chirac est étranger au conservatisme et son empathie est un trait de caractère majeur. Il tranche par une culture qui le conduit à considérer que la civilisation occidentale n'est pas supérieure aux autres et notamment asiatiques et africaines. Contrairement à tant d'autres de sa génération, il n'a jamais pensé que le sommet du raffinement et de l'esprit a été atteint avec le XVIIIe siècle français. Il en a acquis un regard, une ouverture au monde, une capacité à douter pour mieux comprendre qui ont été sa force, tout autant qu'un rejet des élites traditionnelles dont il ne pouvait supporter la propension à la certitude.

Cet échec des élites, terme qui me paraît plus juste que celui de trahison employé par Julien Benda, alimente l'aspiration à l'homme providentiel dont le modèle absolu est le général de Gaulle de 1958. Il était porteur d'une vision de l'avenir : le temps des empires coloniaux est terminé, et le monde est entré dans l'ère de la concurrence industrielle et technique. Pour lui, il fallait agir vite pour conduire cette mutation, ce que ne permettait pas le régime d'assemblées. Il en est découlé des choix à la fois simples et radicaux : abandonner l'Empire et le parlementarisme au profit de la construction d'une Europe libérale et de la concurrence ainsi que d'un pouvoir présidentiel fort. En méthode, le général de Gaulle, instruit par son expérience de la Libération, savait qu'il ne pouvait pas en passer par la voie parlementaire. C'est par référendum qu'il a fait adopter la nouvelle Constitution et surtout son catalyseur : l'élection du président de la République au suffrage universel direct. Il a accompagné sa révolution institutionnelle par un renouvellement des élites, s'appuyant sur une ENA imaginée pour cela par Michel Debré.

À plusieurs égards, la situation actuelle s'apparente à l'avant-1958.

La gauche comme la droite sont historiquement étrangères aux questions économiques

La gauche reste hantée par le discours révolutionnaire. Alors que toutes les gauches d'Europe ont fait, depuis longtemps, leur Bad Godesberg en se ralliant à la social-démocratie, il y a, enraciné dans la gauche française, un paradoxe paralysant. Dès l'origine, le mouvement socialiste a été traversé de courants opposés symbolisés par l'affrontement entre la ligne révolutionnaire orthodoxe de Jules Guesde et les réformistes-humanistes, conduits par Jean Jaurès. Plutôt que de se diviser, et sous la pression de l'Internationale socialiste – Rosa Luxemburg en tête –, les socialistes français se sont ralliés au dogme de l'unité du mouvement, acceptant un compromis bancal fondé sur la « vitrine » d'un discours révolutionnaire, mais ouvrant la porte à des pratiques réformistes (le symbole de cette ambiguïté ayant été l'entrée de Jules Guesde, l'adversaire juré de tout « participationnisme », au gouvernement à l'été 1914). Le mouvement socialiste français s'est, depuis lors, toujours caractérisé par la recherche du compromis et de la synthèse, Léon Blum, en bon disciple de Jaurès, en ayant été le héraut. Ce choix, ou plutôt ce non-choix, explique la difficulté de la gauche à gouverner et le fait qu'elle soit plus à l'aise dans l'opposition et l'exercice des pouvoirs locaux que dans l'action nationale. Ne voulant pas rompre avec une idéologie des temps passés, elle se heurte très vite au mur des faits et, ne voulant pas se parjurer, finit par abandonner le pouvoir plutôt que de l'exercer « contre nature », comme cela a été le cas en 1926, 1934, 1937, 1958.

C'est à cette aune, notamment, qu'il faudra juger une partie de l'action du président Hollande. Pur produit de la culture de la synthèse socialiste, il se sera attaché, au-delà des postures consensuelles, à forcer la gauche à se regarder dans le miroir de ses contradictions pour prendre le tournant réformiste, indispensable pour en faire une force de gouvernement et pas seulement une force d'alternance.

Si la gauche française reste hantée par le discours révolutionnaire, la droite française a un problème avec le libéralisme. Bien qu'une partie de la théorie économique libérale soit née en France au XIXe siècle, la droite française a toujours été beaucoup plus conservatrice que libérale ou même réformiste. En fait, elle a toujours été taraudée par le politique plutôt que par l'économique. Tout le XIXe siècle a tourné autour de la question de la restauration ou pas de la monarchie, et le XXe siècle s'est ouvert sur le prolongement de cette question à travers le combat de la République contre l'Église. Peu d'hommes politiques de droite se sont illustrés par leur engagement sur le plan économique. Napoléon III, qui a beaucoup contribué au rattrapage économique de la France lors de la première révolution industrielle, était bien plus un bonaparto-modernisateur qu'un homme de droite. Dans les années 1930, Tardieu et surtout Reynaud étaient complètement isolés dans leur camp. Le général de Gaulle était aussi un cas à part au sein d'une droite française pour laquelle il n'avait guère de penchant et qui le lui rendait bien. Seul Georges Pompidou fait, sans doute, exception.

Ce mal originel de la droite s'est aggravé avec la réélection de François Mitterrand en 1988, dont plusieurs générations de dirigeants ne se sont jamais remises. Ils y ont vu la preuve indépassable que la France se refuserait toujours à suivre une politique libérale, comme ils l'avaient conduite de manière franche sous la première cohabitation. Tragique erreur de jugement. Si Jacques Chirac a perdu en 1988, c'est que l'élection présidentielle était trop proche pour recueillir les fruits de son action réformatrice courageuse, dont les effets positifs se sont fait rapidement sentir sous le gouvernement Rocard. Si Mme Thatcher avait eu des élections générales deux ans après son installation, aurait-elle gagné ? Rien n'est moins sûr.

La droite française reste largement mue par les questions politiques : aujourd'hui, le rapport au Front national.

Elle confond encore, dans une même méfiance, dans un même rejet, libéralisme et ultralibéralisme. Elle se prive des moyens de doper la croissance.

En France, la réponse aux crises a toujours été précédée par une évolution des esprits. Celle-ci est en marche

Après un pareil tableau, on peut se demander comment, avec de tels handicaps, la France a pu exister et réussir au cours des siècles. S'agissant de l'avenir, on serait tenté de refermer le livre.

Et pourtant. Par la volonté des hommes, nous avons su construire une unité française. Où que l'on soit sur le territoire national, on est en France. C'est indéfinissable, mais c'est ainsi. L'État, la République ont posé des blocs de granit d'unité nationale : l'école, l'organisation des territoires, les infrastructures, la Sécurité sociale, l'impôt aussi... Par-delà nos différences, nous avons en partage un esprit français : ni réellement latin ni nordique, à la fois classique et créatif. Nous sommes nourris d'une culture qui nous rend singuliers, innovants, conceptuels, capables de nous projeter dans l'avenir et de penser collectif. La mondialisation a ceci de bon que l'on peut voir les Français s'y déployer et mieux mesurer leurs qualités et ce qui les rassemble. Dans une réunion, où se retrouvent des professionnels de plusieurs pays, on reconnaîtra immédiatement le Français par sa capacité à s'extraire du court terme et à développer une pensée stratégique, à prendre en compte la complexité. En situation de crise, et sans sombrer dans l'image d'Épinal, quand les Américains tardent à mettre en place des réponses massives et globales – sans lesquelles ils se sentent démunis – et quand les Allemands perdent leurs repères et tournent à vide, les Français ont souvent, avant les autres, une réponse pratique. Par une forme de mystère, autant la France est collectivement mal à l'aise dans le libéralisme, autant le Français y réussit souvent très bien mais sans jamais perdre ce « je-ne-sais-quoi et ce presque-rien » qui font que, pour lui, la réussite économique n'est jamais une fin en soi. Le Français aspire toujours à autre chose, à un grand dessein ou à une cause à défendre.

C'est aussi pour cela que nous nous relevons. Certes, nous passons notre temps à critiquer et à regarder dans l'assiette de nos voisins. Mais dans le même temps, nous sommes fiers de notre histoire, du rayonnement de notre pensée, de tout ce qui fait que, pour le monde, la France n'est pas un pays comme un autre. Nous ne pouvons pas supporter l'idée d'être la génération qui fera basculer la France de l'exceptionnalité à la banalité. Quand nous touchons le fond, tout change, car nous sommes animés par une cause qui nous rassemble et nous dépasse : plus que du patriotisme, une passion française exclusive, exigeante et grave. Les qualités individuelles se font, le temps du sursaut, forces collectives.

Le signe avant-coureur en est toujours la révolution des idées. La philosophie des Lumières, le *Mariage de Figaro*, Lafayette aux côtés des insurgés américains ont annoncé et préparé la Révolution française. L'école économique libérale française du début du XIXe siècle a contribué au décollage industriel de la monarchie de Juillet et du Second Empire. L'idéologie du progrès de la fin du XIXe siècle est pour beaucoup dans le virage moderniste et techniciste de la IIIe République. De Gaulle serait furieux à l'énoncé d'une telle idée mais le virage modernisateur et européen de la Ve République a emprunté au mouvement pro-européen et technocratique de Jean Monnet et de ses disciples.

Aujourd'hui, hors des cercles de pouvoir, la France prend le virage de l'entrepreneuriat et de la nouvelle économie. Pour une partie grandissante de la jeunesse, le modèle de réussite n'est plus la fonction publique, mais la création de son entreprise, avec une dimension internationale qui va de soi. Ces jeunes Français de conquête sont d'autant plus à l'aise dans la nouvelle économie qu'ils ont souvent bénéficié de la qualité, qui demeure exceptionnelle, de nos formations d'ingénieurs. C'est cette réalité dont rend compte l'ouvrage stimulant de Robin Rivaton, *La France est prête*[1]. Les entrées fracassantes dans le capitalisme français d'un Xavier Niel ou d'un Patrick Drahi – à des années-lumière du modèle traditionnel des élites d'État et d'héritage – illustrent ce mouvement de fond, annonciateur de la mise en mouvement de la société française tout entière.

Jusqu'ici le catalyseur a toujours été politique. Il passe par un triptyque : corpus idéologique clair, volonté politique, appel direct au peuple pour dépasser et transcender les blocages de la société française.

La référence idéologique est le gaullisme. Son actualité est fascinante tant elle répond au phénomène actuel de la fusion des temps : s'inscrire dans la permanence de l'histoire, ancrer l'action dans l'urgence du présent et le faire dans l'obsession d'être toujours aux avant-postes du progrès technologique.

Le mouvement est engagé. Un nouveau chef providentiel s'annonce-t-il ou vivra-t-on, comme je le pense, un 1958 sans de Gaulle ?

1. Robin Rivaton, *La France est prête : Nous avons déjà changé*, Manitoba / Les Belles Lettres, 2015.

PREMIÈRE PARTIE

Comment en sommes-nous arrivés là ?

En contemplant l'effondrement de l'Empire soviétique, l'Occident, le capitalisme pouvaient croire leur victoire totale.

Pourtant, l'accélération de la mondialisation et surtout la révolution Internet, presque exactement contemporaine de la chute du mur de Berlin, ont réveillé les volcans de l'histoire.

La première moitié du XXIe siècle sera marquée par un triple affrontement :

— sur le terrain des valeurs : le culte de la technologie et du progrès contre le retour des orthodoxies religieuses ;

— sur le terrain de la puissance économique : l'Occident contre les nations et les empires qu'hier il avait mis dans les fers : la Chine, l'Inde, l'Afrique ;

— le système capitaliste désormais concurrencé par le retour des organisations communautaires et de partage balayées, à la fin du Moyen Âge, par le mouvement des enclosures.

Impossible de prévoir aujourd'hui si ces affrontements se traduiront par le triomphe des uns sur les autres ou par une hybridation. Les chocs seront violents, et cela sur fond d'impasses majeures à l'horizon 2050 : trajectoire de croissance mondiale difficilement conciliable avec les capacités écologiques de la terre, soutenabilité économique, politique et sociale du modèle chinois, bombe démographique africaine, et cela sans parler des risques de crises financières qui peuvent frapper à tout moment.

Dans ce contexte, même si nous l'avons tant aimé, il faut cesser de regarder en arrière vers le modèle de 1945, parenthèse de notre histoire économique et sociale. La crise de 2008 en a sonné le glas : non, les Trente Glorieuses ne reviendront pas (chapitre 1).

Autre page à tourner, autre parenthèse de l'histoire : la domination de l'Occident. Nous continuons de regarder le monde en seigneurs alors qu'un mouvement irrépressible de rattrapage économique et politique des pays pauvres et émergents est engagé : c'est la « première revanche des damnés ». Au rythme où vont les choses, à l'horizon 2050, le monde aura convergé : la production par habitant sera la même en Occident que dans beaucoup des pays du Sud. Face à ce mouvement, l'exigence d'adaptation est d'autant plus forte que les crises systémiques risquent d'être d'une violence inouïe (chapitre 2).

Comme si cela ne suffisait pas, nous entrons dans la civilisation 3.0. La révolution Internet est autant sociale et économique que politique. On ne peut pas la comprendre si l'on ne prend pas en compte son origine, née de la rencontre entre l'aspiration libertaire et anti-étatiste de la contre-culture de la côte Ouest américaine – incarnée par ceux que l'on appelait les hippies des années 1960 – et les ultralibéraux des années 1980. Ce nouveau modèle heurte violemment le système économique issu de la deuxième révolution industrielle, fondé sur le modèle de la grande entreprise, hiérarchisée et centralisée. La question essentielle est celle de l'affrontement entre le modèle de l'économie du partage, la « seconde revanche des damnés », et un capitalisme tirant de la nouvelle économie les moyens d'un renforcement de sa toute-puissance, à l'image des GAFA (Google, Apple, Facebook, Amazon) et peut-être, plus certainement encore, du modèle économique qui sortira de leur hybridation (chapitre 3).

Notre réveil, notre avenir dépendent de notre capacité à prendre conscience de la puissance de ces mutations (chapitre 4).

1

Cessons de regarder en arrière, les Trente Glorieuses ne reviendront pas

Aucune période, à l'exception de la Révolution française, n'aura autant transformé notre pays que les Trente Glorieuses. À l'aube de la Seconde Guerre mondiale, la France restait un pays majoritairement rural, pris dans ses particularismes, en retard sur le plan industriel par rapport à l'Allemagne et surtout aux États-Unis, économiquement tourné vers son empire et protectionniste.

Après la guerre et en quinze ans à peine, la France a changé totalement de visage. Il fallait reconstruire – 1 200 000 immeubles avaient été détruits et la production agricole s'était effondrée. Maurice Thorez donnait le ton, en juillet 1945, dans son discours aux mineurs : « Produire, produire et encore produire, faire du charbon, c'est aujourd'hui la forme la plus élevée de votre devoir de classe, de votre devoir de Français. » Pour les gaullistes ou les communistes – et quelles que soient les arrière-pensées –, la France devait s'engager dans une véritable guerre économique. Devant l'Assemblée constituante, le général de Gaulle a été on ne peut plus clair sur l'objectif des nationalisations : « Désormais, c'est le rôle de l'État d'assurer lui-même la mise en valeur des grandes sources d'énergie : charbon, électricité, pétrole, ainsi que les principaux moyens de transport [...]. C'est son rôle de disposer du crédit, afin de diriger l'épargne vers les vastes investissements. » Le ministre communiste, Marcel Paul, lui fait écho : « L'électricité, c'est l'armée de la reprise économique française [...] Il faut considérer le problème de l'électricité sous l'aspect d'une mobilisation [...] On doit mobiliser avec férocité tous les moyens énergétiques[1]. »

L'effort fourni par les Français est considérable

À grands coups d'heures supplémentaires, la France est alors le pays où l'on travaille le plus en Europe. L'inflation lamine pourtant le pouvoir d'achat qui, au printemps 1947, est inférieur d'un tiers à celui de 1938. Au prix d'un effort intense de modernisation, la production industrielle retrouve, en 1949, son niveau de 1929 et la production agricole, en 1950, son niveau de 1938.

Ce mouvement économique s'accompagne d'une révolution sociétale. À regret, comme dans la chanson de Jean Ferrat *Que la montagne est belle*, on quitte les campagnes. Les villes imposent leur force d'attraction. On construit 320 000 logements par an, à la fin des années 1950. Les grands ensembles, les villes nouvelles poussent partout, perçus alors comme un progrès et la marque de la modernité. Signe d'un dynamisme retrouvé, la France connaît la plus forte poussée démographique de son histoire, avec un taux d'accroissement naturel de 0,8 % par an. Les classes creuses de l'entre-deux-guerres portent tout. Elles doivent subvenir aux besoins de cette jeunesse, dont la durée des études ne cesse d'augmenter, mais aussi aux

1. Cité par Jean-Charles Asselain, *Histoire économique de la France, op. cit.*, tome 2.

départs à la retraite en masse de la génération antérieure. Les progrès de la productivité sont rapides et, comme l'afflux de population rurale ne suffit pas, le patronat fait appel à une forte main-d'œuvre immigrée d'Afrique du Nord. La magnifique scénographie, de photos en noir et blanc, de la Cité nationale de l'histoire de l'immigration de la porte Dorée à Paris, témoigne de cette nouvelle France du travail, des usines, des bidonvilles, du déracinement mais aussi de l'énergie. L'afflux des rapatriés d'Algérie va apporter également un surcroît de vitalité à ce qui est encore une société figée. On veut sa place au soleil, réussir, consommer, jouir de la vie.

L'ordre bourgeois vacille. En quelques semaines, en 1954, le « scandaleux » *Bonjour tristesse* d'une Sagan dans l'adolescence se vend par centaines de milliers d'exemplaires. Quelques années plus tard, la une du magazine *Salut les copains*, qui réunit la nouvelle vague de la chanson française, symbolise une époque. Comme dans le domaine économique, on rattrape et imite les États-Unis, les tubes de Johnny, Sylvie, ou Frankie Jordan sont des reprises des standards américains. Mais quelle énergie, quelle soif de vivre, quel rejet de la société de « vieux cons » de leurs parents, derrière le visage de ces stars, qui annonce le paradoxal mouvement de Mai 68.

La révolution 1958

Dans ces temps, hors de toutes les séries, le plus révolutionnaire n'est pas celui que l'on croit. Le retour du général de Gaulle est bien plus que la solution au bourbier algérien. C'est la prise du pouvoir d'un homme singulier. En juin 1940, son immense culture historique, sa compréhension instinctive de la primauté du progrès technique dans les logiques de puissance et sa détestation de l'ordre établi lui avaient permis d'offrir à la France une voie alternative à celle de Philippe Pétain, son ancien maître. Il se retire en 1946, faute de s'être préparé, et même sans doute de vouloir exercer le pouvoir. En 1958, le Général sait qu'il n'aura pas de seconde chance. Il est décidé à imprimer sa marque révolutionnaire. Si l'on prend un minimum de recul, on est frappé par la radicalité et la capacité à aller à l'essentiel de ses choix. En quelques mois, il va conduire les Français à une véritable mutation au regard de leur identité et de leur histoire : abandonner l'Empire et le parlementarisme au profit de la construction d'une Europe libérale et de la concurrence, et d'un pouvoir présidentiel aussi démocratique que césariste. Chef de l'État, il va imposer sa pensée paradoxale. Ne faisant pas confiance et même méprisant les élites en place, il va installer un pouvoir d'État, s'appuyant sur une nouvelle classe dirigeante issue des grandes écoles de la République. Convaincu que le monde est en guerre économique et que la recherche et l'innovation sont les clés du succès, il va établir un modèle économique alchimique, associant dirigisme et large liberté laissée aux entreprises. Nourri de la pensée du catholicisme social des années 1920, il va achever la construction de la Sécurité sociale, issue des idées du Conseil national de la Résistance.

Pouvoir politique fort et charismatique, croissance économique intense fondée sur l'investissement, vaste protection sociale : tels sont les piliers du modèle de 1945-1958 qui a donné à la France son visage moderne.

Comment ne pas aimer passionnément cette France puissante et solidaire ? Elle a su se réinventer, mais à partir d'un instant économique bien particulier, d'une parenthèse.

Une croissance qui a transformé la France, mais qui ne pouvait avoir qu'un temps

La croissance des Trente Glorieuses est le résultat de la conjonction de mouvements exceptionnels. Il y a, bien sûr, la reconstruction, dopée par le plan Marshall et les effets de la croissance démographique exceptionnelle de l'après-guerre. Il y a surtout le rattrapage vis-à-vis des États-Unis. La croissance de l'Amérique du Nord a été trois fois plus forte qu'en Europe de 1913 à 1950 (1,5 % par habitant et par an contre 0,5 %). Entre 1950 et 1970, une partie du rattrapage s'effectue et la croissance, par habitant et par an en Europe, est forte (4 %, soit le double de celle des États-Unis). À cela s'ajoute un coût de l'énergie qui baisse de 60 % en valeur réelle de 1958 à 1970 et favorise un développement industriel à outrance. Dans ce mouvement de rattrapage du continent européen, la France est à la pointe alors que le Royaume-Uni se traîne jusqu'à se laisser dépasser, en termes de PIB par habitant, par ce voisin d'outre-Manche si longtemps méprisé pour ses retards économiques.

La croissance a été aussi facilitée par la quasi-disparition de la dette publique et privée, sous l'effet de la forte inflation apparue avec la Première Guerre mondiale. Jusque-là, nous avions vécu dans un monde de stabilité monétaire. La valeur du franc (4,5 grammes d'argent) n'avait pas évolué entre 1803 et la dévaluation de 1928. Le franc était même resté, durant cette période, au même niveau que la livre tournois de 1726, soit deux siècles de stabilité[1] ! Entre 1913 et 1950, l'inflation s'est élevée à 13 % en moyenne par an, alors qu'elle n'était que de 3 %, en

1. *Cf.* Thomas Piketty, *Le Capital au XXIe siècle*, Le Seuil, 2013.

moyenne, aux États-Unis. Elle a même atteint 50 % dans les quatre premières années de l'après-guerre et est restée élevée en France, autour de 8 %, entre 1970 et 1990. Ce mouvement puissant a conduit à la réduction massive des dettes et à ce que l'on a appelé l'« euthanasie des rentiers ».

Le monde du XIXe siècle figé, pétrifié par le poids des inégalités de patrimoines, dont Balzac a si bien dressé le tableau, est balayé. Le rentier de 1913 voit la fortune à laquelle il croyait comme une réalité intangible disparaître sous ses yeux. Le pouvoir d'achat d'une rente de 1913 est divisé par 100 en 1950. De même, alors que la dette de l'État était de 80 % du PIB en 1913, et malgré des déficits massifs de 1913 à 1950, elle n'est plus que de 50 % à cette date.

L'inflation lamine les valeurs réelles des biens immobiliers ou des actions. L'investisseur, celui qui emprunte, est toujours le gagnant, avec des taux d'intérêt réels négatifs. Dans le même temps, la croissance rebat les cartes : de nouveaux métiers, de nouveaux marchés apparaissent. Ce ne sont plus la naissance et le patrimoine qui font la fortune. L'espace d'un instant, tout devient possible. À l'image des personnages des films de Claude Sautet, l'entrepreneur, le professionnel libéral, sortis de nulle part, empruntent, achètent sur plan et revendent avant même la construction, avec une confortable plus-value. Comme une revanche du père Goriot, ils s'installent dans des immeubles en pierre de taille de grandes familles bourgeoises qui, bien souvent, ont réaménagé le sixième étage pour ne pas quitter les quartiers « où il faut vivre ». C'est le temps de l'optimisme, de la provocation. Comme dans les chansons de Jacques Dutronc, on porte des pantalons « pattes d'éléphant », on s'habille chez Ted Lapidus et on se chausse chez Carvil. Les hommes qui réussissent portent des manteaux de fourrure et roulent en Citroën SM.

Au-delà de ces images qui rendent compte de ces années, tout autant celles de l'insouciance que des excès, la croissance met à bas une société conservatrice : le travail prend le pas sur le capital. Alors qu'en 1913 le capital accumulé représentait six à sept ans de revenu national, il n'est plus que de deux à trois ans dans les années 1950.

Ce phénomène de croissance encouragé par un niveau d'endettement ramené à un point historiquement faible en 1945 n'est pas propre à la France. Aux États-Unis, la dette des ménages est passée de plus de 90 % du PIB en 1938 à un peu plus de 20 % en 1946. Cela a permis le développement d'une croissance par l'endettement qui a évité la récession d'après guerre que tous les économistes prévoyaient. Mais, comme en France, le faible niveau de la dette des ménages aux États-Unis a permis, à partir de l'ère Reagan, de financer une croissance forte par une montée excessive de l'endettement. La dette des ménages américains est ainsi remontée à près de 100 % du PIB en 2006, rendant l'économie d'outre-Atlantique vulnérable au moindre choc.

Contrairement à ce que pense Thomas Piketty[1], la croissance des Trente Glorieuses n'est pas le résultat mécanique de mouvements de fond qui ne doivent rien à la politique économique conduite.

Bien au contraire, des décisions essentielles ont été prises, comme celle de l'entrée dans le Marché commun. La planification – quoi qu'on en dise – a permis la modernisation de nos infrastructures qui restent encore aujourd'hui un atout de notre économie. L'arme monétaire aussi a été pleinement utilisée pour maintenir la compétitivité de nos produits et rétablir les équilibres commerciaux. Le franc a été dévalué en 1948, 1954 et 1958. Entre 1949 et 1984, il a perdu 50 % de sa valeur par rapport au dollar.

1. *Le Capital au XXIe siècle*, *op. cit.*

Cette politique économique volontariste s'accélère avec l'arrivée au pouvoir du général de Gaulle qui fait le choix d'engager la France dans la concurrence mondiale. En 1952, les pays de la zone franc absorbaient 42 % des exportations françaises et nos cinq principaux voisins européens – ceux avec lesquels nous ferons l'Europe des six – seulement 16 %. Avec le choix de la construction d'une Europe du libre-échange, les proportions sont inversées en 1969 : 50 % de nos exportations sont dirigées vers nos cinq voisins européens et 10 % vers la zone franc. Contrairement aux idées reçues, c'est un tournant libéral sur le plan économique que de Gaulle fait prendre à la France. Dès novembre 1958, il installe la commission Rueff-Armand pour proposer les voies et moyens pour lever les rigidités qui entravent le développement économique et pour retrouver la vérité des prix. Le IVe plan a pour but « la compétitivité de l'industrie française ». Pour cela, un des objectifs est de faire émerger des groupes de taille mondiale, et, entre 1965 et 1967, la loi met en place un régime juridique et fiscal éliminant les obstacles à la concentration des entreprises. Le poids de l'État est réduit. Son budget passe de 28 % du PIB en 1957 à 22 % en 1973. Mais la part des dépenses de recherche dans le budget passe de 2,5 % en 1958 à 6,2 % en 1967. Loin de l'image d'étatisme gaullien, c'est l'investissement privé qui est favorisé. La part des investissements publics dans les investissements de la Nation passe de 38 % en 1953 à 28 % en 1969. Priorité est donnée à la baisse des impôts sur les entreprises afin de plus que compenser la hausse des charges de sécurité sociale, liée au renforcement de notre modèle français. Ainsi, entre 1962 et 1972, les charges salariales passent de 61 % de la valeur ajoutée des entreprises du secteur privé à 64 %. Dans le même temps, les impôts sur la production baissent presque de moitié pour passer de 13 % de la valeur ajoutée des entreprises à 7 %, avec pour effet la forte progression de l'excédent brut d'exploitation à 29 %. La conséquence est immédiate avec un investissement massif qui dépasse celui de l'Allemagne en 1967.

Sans réécrire en rose l'histoire d'une époque où la pauvreté, les inégalités, les préjugés, les discriminations étaient loin d'avoir disparu, la croissance et l'inflation avaient transformé la France en un pays sans chômage, où le pouvoir d'achat progressait régulièrement, où les inégalités reculaient. Une France avec un État quasiment sans dette et sans déficit. C'est le temps aussi où se construit notre modèle de protection sociale, entendu au sens large. Les dépenses d'éducation progressent fortement, et l'accès au baccalauréat et aux études supérieures n'est plus réservé à une petite élite économique et intellectuelle. La politique familiale se construit et acquiert une dimension sociale à l'égal de son objectif nataliste de départ. L'égalité devant la maladie est une conquête fondamentale. Les régimes de retraite font sortir la vieillesse de la fatalité de la pauvreté.

Toutefois, ce modèle magnifique portait en lui une vulnérabilité originelle qui va se révéler à partir du milieu des années 1970 avec le ralentissement durable de la croissance. Les chocs pétroliers, que nous avons incriminés alors, en ont été des catalyseurs et non les causes. Le phénomène de rattrapage vis-à-vis des États-Unis était terminé. Les taux de croissance de cette époque ne pouvaient pas être la règle dans la durée.

La croissance mondiale est passée de 0,5 % de 1700 à 1820, à 1,5 % de 1820 à 1913 et à 3 % de 1913 à 2012. C'est la conséquence d'un puissant accroissement démographique – 1,4 % par an au XXe siècle, ce qui est énorme au regard de l'histoire de l'Humanité –, et des vagues d'innovations incessantes, depuis l'engagement des révolutions industrielles.

Un niveau de 5-6 % de croissance, comme celui que nous avons connu, ne pouvait cependant pas durer. Pour reprendre les calculs de Thomas Piketty, une croissance cumulée à ce niveau conduit à un quadruplement de la production en trente ans et à une multiplication par 130 en un siècle, autant dire des niveaux irréalistes, hors période de rattrapage, comme c'est actuellement le cas en Chine et en Inde. Même un taux de 2,5 % est extrêmement élevé dans la durée puisqu'il conduit au doublement de la production en une génération et surtout à sa multiplication par 12 en un siècle de croissance cumulée.

Jusqu'au milieu des années 1970, le haut niveau de croissance (il atteint même 6,6 % en 1973) a permis de financer un modèle social en expansion, tout en conservant un excédent budgétaire entre 0,5 et 1 % du PIB, et un équilibre entre dépenses publiques et économie de marché favorable aux entrepreneurs. Bien que, pour des raisons idéologiques d'imitation du modèle social-démocrate allemand, le président Giscard d'Estaing ait voulu infléchir cet équilibre par un accroissement des dépenses collectives et de l'impôt pesant sur les catégories les plus aisées, les dépenses publiques représentaient 44 % du PIB en 1978 et encore seulement 46 % en 1980, soit un point de moins que la moyenne de la zone euro.

L'illusion de la croissance à crédit à partir de 1981

Le tournant intervient en 1981. À l'inverse du beau slogan de « Changer la vie », François Mitterrand va entraîner le pays dans une politique économique qui peut se résumer à « Surtout ne rien changer ». Nous refusons de prendre acte que l'hyper-croissance ne reviendra pas. Certes, le pays fait, à partir de 1984, un effort pour maintenir la compétitivité-prix du travail, mais nous faisons désormais progresser notre modèle social, à crédit.

Si l'on prend comme point de départ 1978, première année où nous disposons de statistiques Insee homogènes, le PIB en volume est passé d'un indice 100 à un indice 184 en 2012, soit une multiplication par 1,8. Les dépenses publiques sont passées, quant à elles, à un indice 233, soit une augmentation un quart plus rapide. Parmi celles-ci, les dépenses des services de l'État ont évolué très exactement comme le PIB. En revanche, les dépenses sociales sont passées d'un indice 100 en 1978 à 262 en 2012. Elles ont été multipliées par plus de 2,6, non pas en valeur mais en volume. Quant aux dépenses des collectivités locales, elles ont été multipliées par 2,8 en volume.

Nous nous sommes obstinés à vouloir continuer à vivre comme durant les Trente Glorieuses, et même à y ajouter une décentralisation aussi inutile – qui peut dire que les services locaux se sont fondamentalement améliorés grâce à elle ? – que somptuaire et coûteuse. Telle une personne qui sait qu'elle se trompe mais qui accélère pour ne pas se désavouer, nous avons même fait le choix des 35 heures, à rebours d'un monde lancé dans une course effrénée au travail et dont le coût budgétaire est, au meilleur des cas, de 13 milliards d'euros par an.

Les pays d'Europe, principalement du Nord, qui avaient bien souvent mis en place des modèles sociaux-démocrates comparables aux nôtres, ont pris acte de la fin d'une époque et freiné la progression de leurs dépenses publiques. Alors que la France avait un niveau de dépenses publiques inférieur à celui de la zone euro en 1980, celles-ci ont atteint 56,6 % en 2012, soit 9 points de plus que la moyenne de la zone euro. De même, l'endettement public est passé de 21 % du PIB en 1978 à près de 100 % aujourd'hui. Cette période n'est cependant pas d'un bloc. La volonté réformatrice audacieuse de 1986-1988 est un exemple de notre capacité à agir, comme les deux années terribles – 1995-1997 –, pour qualifier la France pour l'Euro. Tout en tenant compte d'un tissu social à vif, la période 2002-2007 aura marqué une inflexion des tendances longues : en 2007, le taux de chômage et le niveau d'endettement public étaient plus bas en France qu'en Allemagne, et le niveau de croissance comparable.

Paradoxalement, la construction de l'euro – par essence libérale – aura contribué à perpétuer la politique d'illusion mitterrandienne. Alors qu'une telle conjonction de faible croissance et de déficits intérieurs et extérieurs aurait dû conduire à des dévaluations et à une flambée des taux auxquels l'État emprunte, l'euro a eu l'effet inverse. La monnaie unique a rempli son rôle de stabilité des taux de change. En créant une vaste zone économique, dominée toujours davantage par l'Allemagne, l'euro a rassuré les créanciers qui se sont mis à prêter aux pays européens à des taux de plus en plus bas. La France a pu financer la perpétuation de son modèle à crédit. L'Espagne a fait de même pour sa croissance fondée sur une bulle immobilière qui ne cessait de gonfler.

La crise de 2008 a sonné le glas du modèle de l'après-guerre

Elle n'a pas été un épisode banal des crises récurrentes du système capitaliste. Elle a marqué, pour le monde occidental, la fin du modèle de croissance de l'après-guerre, fondé sur un endettement d'abord salutaire puis excessif.

Le modèle français et européen comme le modèle américain ont été confrontés à ce que Paul Krugman a appelé « l'instant Minski », du nom de cet économiste, longtemps marginalisé, de l'université Washington de Saint-Louis, qui toute sa vie n'a cessé de mettre en garde sur les dangers du passage d'une croissance saine, par un recours modéré à l'endettement, à l'hyper-vulnérabilité des économies surendettées.

L'endettement est indispensable à l'économie. Il permet, par exemple, à des familles qui n'ont pas de patrimoine de payer progressivement leur maison. Il en va de même pour les entreprises, et principalement les PME, qui peuvent ainsi financer leur développement. C'est le cas aussi pour les États et leurs financements publics qui, tant que la confiance est là, peuvent se borner à ne rembourser que les intérêts de leur dette et à réemprunter pour faire face à leurs échéances, évitant ainsi de devoir augmenter les prélèvements avec le risque récessif qui en résulterait. Cette logique vertueuse s'arrête quand le niveau de la dette devient trop élevé par rapport aux capacités de remboursement des débiteurs et à la valeur des actifs. Cela a été le cas notamment pour ces familles américaines pauvres qui se sont endettées pour acheter des maisons avec 100 % de crédits ou pour les entreprises qui ont été rachetées avec un endettement massif. Comme l'avait montré Irving Fisher dans son article de 1933 sur « la théorie des grandes dépressions par la dette et la déflation » : si un choc économique oblige des débiteurs à devoir réduire leur dette rapidement et si ce mouvement se fait en masse, il conduit à l'aggravation de la crise car plus on vend plus les prix baissent et, de proche en proche, c'est toute l'économie qui entre en déflation, comme cela s'est passé dans les années 1930.

Ce qu'analyse parfaitement Minski, c'est la montée progressive d'une forme d'aveuglement face au risque de la dette. Dans un premier temps, la dette est favorable à l'investissement et à la croissance. La confiance s'installe. Les crises passées de surendettement sont oubliées ou presque. On prête de plus en plus et les critères de prudence se relâchent. Des bulles spéculatives se forment, mais on ne les voit pas ou on ne veut pas les voir. Le niveau d'endettement devient trop élevé ainsi que les risques qui y sont associés. À cet instant, l'économie dans son ensemble devient vulnérable même à des chocs d'importance modérée, comme l'explosion d'une bulle immobilière ou la faillite d'une banque locale aux États-Unis. D'un coup, les prêteurs qui se croyaient en situation sûre se rendent compte qu'ils sont en danger et surréagissent, faisant entrer la crise dans une spirale dangereuse, voire dramatique.

C'est ce qui s'est passé avec la crise immobilière des *subprimes* dans le sud des États-Unis ou celle liée aux impasses budgétaires de la Grèce qui ont failli mettre à terre le système capitaliste mondial. C'est l'instant Minski : « Les débiteurs ne peuvent plus dépenser et les créanciers ne veulent pas dépenser. »

La crise de 2008 a touché la France bien au-delà de la récession dans laquelle elle l'a plongée. Elle a marqué dans le monde comme chez nous la prise de conscience des dangers du surendettement des États, avec pour effet collatéral historique de mettre fin à l'illusion du financement de notre modèle à crédit.

Les Trente Glorieuses ne reviendront pas. Cette merveilleuse parenthèse est passée de la réalité à l'histoire.

C'est parce que nous nous sommes refusés à l'accepter que nous avons raté le virage de la mondialisation de la fin du XXe siècle. Nous ne pouvons pas nous permettre de rater également celui de la civilisation 3.0.

2

Revanche des damnés et montée des périls à l'horizon 2050

Peu de mots ont si mauvaise réputation dans notre pays que celui de « mondialisation ». Pour la majorité des Français, il est tout à la fois synonyme de menace, d'immigration, de délocalisation, de chômage, de perte de souveraineté. Pour une minorité, la mondialisation nous renvoie aux réformes que nous n'avons pas faites, aux opportunités que nous ne savons pas saisir. Tout naturellement découlent de ces visions des solutions totalement opposées : « il faut fermer les frontières et redevenir nous-mêmes » ; « il faut opérer un véritable tournant libéral ».

Avant de se pencher sur les réponses, il nous faut mesurer à quel point nous sommes prisonniers d'une vision autocentrée du monde, qui nous aveugle et nous met en péril.

La mondialisation est d'abord un phénomène politique : l'Occident ne domine plus

Nous vivons un extraordinaire retour de balancier de l'histoire au profit des puissances que l'Occident avait mises sous son joug pendant des siècles : la Chine, cinq fois millénaire, l'Inde, le continent africain aussi. C'est la revanche, au XXIe siècle, des damnés du XIXe.

Nous sommes tellement convaincus de notre supériorité que nous oublions, ainsi que nous le montre le salutaire ouvrage de Niall Ferguson[1], que nous n'avons pas toujours dominé le monde et que, jusqu'au XVIIIe siècle, la Chine et l'Inde étaient les grandes zones démographiques, de culture et de prospérité de la planète.

Le philosophe Francis Bacon écrivait : « L'imprimerie, la poudre à canon et le compas : ces trois choses ont changé entièrement la face et l'état du monde. La première en littérature, la deuxième dans l'art de la guerre, la troisième dans la navigation. » Ces trois découvertes sont chinoises. Au risque de heurter notre ego occidental : au temps des premières croisades, la Chine du Nord produisait 100 000 tonnes d'acier par an. Sept siècles plus tard, la Grande-Bretagne n'en produisait encore que la moitié[2]. Au début du XVe siècle, la Chine se lançait dans de grandes expéditions maritimes, sous la direction du navigateur Zheng He. Sa flotte comprenait plus de 3 000 navires souvent gigantesques, de 120 mètres de long et 50 mètres de large, avec neuf mâts, cinq ponts et pouvant transporter jusqu'à 500 hommes. Rien que leur gouvernail mesurait 36 mètres de long, soit plus que la longueur du vaisseau de Christophe Colomb qui découvrit l'Amérique quelques années plus tard. Il faudra attendre le XIXe siècle pour que l'Europe construise un bateau de plus de 120 mètres[3]. Confucius a été, qui s'en souvient ?, l'un des inspirateurs des Lumières – Voltaire avait son portrait dans sa salle de travail – tout autant que de la *Théorie des sentiments moraux*

1. Niall Ferguson, *Civilisations, op. cit.*
2. *Cf.* Charles-Édouard Bouée, *Comment la Chine change le monde*, Dialogues, 2013.
3. *Ibid.*

d'Adam Smith. On pourrait multiplier, presque à l'infini, les exemples du caractère techniquement avancé et culturellement remarquable de la civilisation chinoise. À cela, il faut ajouter une tradition qui lui est spécifique, celle du gigantisme. Au XVe siècle, la Chine produisait déjà 80 % de la porcelaine mondiale dans des usines géantes du Sud reliées aux ports par des canaux de navigation[1].

Les travaux de l'économiste Angus Maddison montrent que, jusqu'au XVIIIe siècle, la Chine et l'Inde produisaient la moitié de la richesse mondiale. La domination de l'Occident n'a réellement commencé qu'à ce moment-là, sous l'effet conjugué du changement des esprits du siècle des Lumières et du culte du progrès qui en est résulté ainsi que d'un dynamisme démographique sans précédent. De 1820 à 1945, l'Occident est passé d'un quart à deux tiers du revenu mondial. Il en contrôlait même 80 %, si on y ajoute les empires coloniaux. Sa part dans la population mondiale, qui était d'un dixième à la Renaissance, s'est élevée à un quart à la fin de la Seconde Guerre mondiale. En 1950, l'Europe était aussi peuplée que la Chine. Elle l'est trois fois moins aujourd'hui.

Nous qui passons notre temps à donner des leçons de morale, nous oublions que notre domination sur le monde a été d'une violence inouïe. Les civilisations précolombiennes ont été abattues, noyées dans le sang, leur identité a été amputée, arrachée, effacée. Bordeaux, Nantes sont devenues des villes superbes notamment grâce aux richesses du commerce du « bois d'ébène », c'est-à-dire de l'esclavage, que nous attendrons 1848 pour abolir définitivement, et les États-Unis 1865. La Chine a été dépecée entre les nations européennes, les

1. *Cf.* Jean-Joseph Boillot et Stanislas Dembinski, *Chindiafrique : la Chine, l'Inde et l'Afrique feront le monde de demain*, Odile Jacob, 2013.

États-Unis et le Japon, à la suite de la guerre de l'Opium de 1842 qui a ouvert ce que les Chinois appellent le « siècle de l'humiliation ». Comme l'a dit Gandhi en parlant de l'Angleterre qui avait fait de Victoria l'impératrice des Indes : « L'impérialisme économique d'une île minuscule maintient aujourd'hui le monde dans les fers. » Mis à sac, ravagés par les guerres et les affrontements internes politiques, ethniques ou religieux, la Chine, l'Inde et tout le continent africain ne représentaient plus, et pour chacun d'eux, que 4 % de la production mondiale en 1950.

Croit-on vraiment qu'une partie de la nouvelle jeunesse parfaitement formée de ces continents ait oublié ces siècles d'assujettissement, de mépris et de pillage ? Comment peut-on imaginer que ces centaines de millions de Chinois, d'Indiens, d'Africains ou de Sud-Américains qui s'installent durablement dans la société de production et de consommation ne pensent qu'à nous ressembler et ne soient animés que par un sentiment d'admiration à notre égard ? Ne voit-on pas qu'un des piliers les plus solides du régime chinois et de son parti communiste est le nationalisme anti-occidental, qui transcende toute la population ? Pas une volonté guerrière, comme celle qui a été la nôtre, mais une aspiration fondamentale à la revanche économique, au respect et à retrouver la première place qui a été celle de l'empire du Milieu pendant des millénaires.

Plutôt que de continuer à voir la mondialisation comme si nous en étions les maîtres, regardons en face la réalité[1]. La mondialisation est d'abord, et peut-être avant tout, le terrain d'affrontement des puissances économiques, sur fond de retour des nationalismes.

1. Jean-Joseph Boillot et Stanislas Dembiski, *Chindiafrique...*, *op. cit.*

Grâce aux réformes lancées en Chine en 1978 et en Inde en 1981, l'Asie connaît ses Quarante Glorieuses alors que la France rate le virage de la mondialisation

Cette évolution surpuissante, nous ne l'avons pas vue venir. Nous avons regardé comme si cela ne nous concernait pas l'incroyable processus de redressement chinois lancé par Deng Xiaoping. Il est vrai qu'il est difficile de suivre, avec notre esprit occidental, la pensée de cet étrange M. Deng, passé maître dans l'art d'élever au rang de principe les contradictions les plus absolues[1]. Plutôt que de punir les villageois révoltés et affamés de Xiaogang, qui voulaient se partager la terre et vendre librement le produit de leur travail, il en a fait des modèles. Rompant avec l'isolationnisme maoïste, il a créé des zones économiques spéciales pour attirer les investisseurs étrangers, d'abord autour de Hong Kong puis dans toute la Chine. Il a concentré l'effort stratégique et les moyens sur un secteur public hyper-aidé et protégé, totalement sous le contrôle du parti communiste et, dans le même temps, a fermé les yeux sur le développement d'un secteur privé de PME dynamiques mais affranchies de toute règle et alimentant une corruption de plus en plus massive au plan local.

Après les événements de Tian'anmen, Deng Xiaoping a explicité sans complexe les fondations du modèle économique chinois. Lors de ce que l'on a appelé le « voyage au Sud », il s'est rendu, en 1992, dans la zone économique spéciale de Shenzhen, dont la croissance avait été de 50 % par an depuis dix ans, et a assumé les ambitions et les contradictions de sa vision : « Si l'économie ne peut pas

1. En 1992, la Chine devient officiellement une « économie de marché socialiste ».

être dynamisée, cela ne conduira qu'à la chute et à la désintégration du parti communiste. » « Enrichissez-vous ! » lança-t-il aux nouvelles générations, en affirmant qu'il n'y avait aucun conflit entre le socialisme et le fait de gagner de l'argent, allant même jusqu'à clamer dans la Chine confucianiste et maoïste qu'il était « glorieux de s'enrichir ». Il a exhorté à la prise de risques sans retenue, à ne pas agir comme « une femme aux pieds bandés », par référence à cette pratique ancestrale de l'Empire chinois[1]. En révolutionnaire qu'il n'a, dans le même temps, jamais cessé d'être, il concluait : « Les réformes économiques doivent continuer pendant cent ans. » Cette improbable recette a fonctionné, et le pays a connu, malgré des soubresauts parfois violents, une croissance à deux chiffres pendant une période exceptionnellement longue. Le 11 décembre 2001, la Chine intégrait l'Organisation mondiale du commerce (OMC). Elle entrait dans l'économie mondiale et mettra moins de dix ans à devenir l'alter ego des États-Unis.

Au même moment, nous opérons un tête-à-queue. Sous l'effet d'une surprenante convergence de visions et d'intérêts entre une gauche convaincue que la modernité réside dans la croissance par la consommation et la civilisation des loisirs, et une partie du patronat convertie à l'illusion de l'industrie financière et des services, la France fait le choix d'un modèle post-travail/post-industriel. Alors que le monde est engagé dans une course au travail, nous adoptons les 35 heures. L'aveuglement n'est, au demeurant, pas le monopole d'une gauche idéologique, si l'on en juge par l'enthousiasme avec lequel est accueilli, en 2001, le projet de Serge Tchuruk de transformer Alcatel en une entreprise sans usines ! Derrière ces choix, il y a une double erreur : penser que l'Occident aura toujours une

1. Charles-Édouard Bouée, *Comment la Chine change le monde*, *op. cit.*

longueur d'avance sur la Chine et les pays émergents, qui seraient condamnés à être les simples ateliers du monde dominant, et ne plus croire dans le potentiel de croissance de la France en faisant le choix du partage du travail.

En dix ans à peine, la sanction a été terrible. Le mesure-t-on d'ailleurs vraiment ? Au sein d'un Occident qui a perdu sa suprématie, la France est la grande perdante. Sa part dans le PIB mondial est passée de 4,2 % à 2,8 %. Depuis 2000, la production industrielle dans le PIB français a baissé de 30 %, soit deux fois plus que dans la zone euro. Seuls 3 millions de Français sont employés dans l'industrie alors que les Allemands sont plus de 6,5 millions. Ces chiffres sont, au demeurant, à mettre en perspective avec les 90 millions d'Indiens et les 180 millions de Chinois qui y travaillent. Le poids du secteur manufacturier dans le PIB en France n'était que de 10 % en 2012, soit moins que l'Espagne (13 %), que l'Italie (16 %) et, bien sûr, que l'Allemagne (22 %). La part des exportations françaises dans les exportations mondiales a baissé de 40 % sous l'effet conjugué de notre effondrement industriel et de la percée des nouvelles puissances. Alors que la France avait encore un commerce extérieur excédentaire au début des années 2000, son déficit, malgré une amélioration depuis deux ans, est de plus de 50 milliards d'euros en 2014 contre un excédent de 215 milliards d'euros pour l'Allemagne. Cela ne doit rien au hasard : en 1998, le coût global du travail dans l'industrie était en France de 10 % inférieur à celui de l'Allemagne. Il est aujourd'hui supérieur de 10 %, après avoir atteint un pic à 20 % avant l'instauration de dispositifs tels que le CICE. Sur le plan qualitatif, l'Allemagne a fait le choix de la robotisation à outrance (150 000 robots y sont installés contre 35 000 en France) et de la montée en gamme de ses productions. Elle a aussi allégé considérablement les charges pesant sur les entreprises pour leur permettre de restaurer leur capacité d'autofinancement. Depuis 2000, les marges des entreprises industrielles allemandes ont progressé de plus de moitié alors qu'elles n'ont cessé de baisser en France.

À l'identique de la France des années 1930, nous nous sommes donc désarmés, à rebours de ce que faisaient nos concurrents. Ne nous berçons pas d'illusions : ce mouvement de bascule à notre détriment n'en est qu'à ses débuts.

La convergence entre les nations, à l'horizon 2050, est engagée

Dès 2030, la Chine, l'Inde et l'Afrique compteront 1,5 milliard d'habitants chacune, contre moins de 1 milliard pour l'ensemble du monde occidental, en y incluant le Japon. Ce mouvement démographique va se poursuivre à l'horizon 2050, l'Inde va dépasser la Chine et l'Afrique s'imposera comme le continent le plus peuplé au monde. Alors que l'Occident vieillit et que le nombre des 15-25 ans devrait stagner à un peu plus de 120 millions d'ici 2030, les jeunes actifs chinois, indiens et africains seront 750 millions à cette date. Et pas des jeunes sans formation, comme on les caricature encore dans nos pays. Le nombre d'années d'études des jeunes Chinois est désormais supérieur à celui de la France. Le nombre de diplômés chinois est déjà largement supérieur à celui des États-Unis (23 millions contre 17 en 2010). Derrière la Chine, une seconde lame monte : en 2030, les diplômés indiens et africains de l'enseignement supérieur devraient avoir dépassé en nombre ceux de la Chine[1]. Certes, l'Occident conserve une avance qualitative, ainsi

1. Jean-Joseph Boillot et Stanislas Dembinski, *Chindiafrique...*, *op. cit.*

qu'en témoigne le classement de Shanghai[1], mais le rattrapage est engagé à l'image de ces pôles universitaires géants en Chine ou à Bangalore, rassemblant des milliers d'étudiants, encadrés par des équipes d'élite polyglottes et formées dans les meilleures universités occidentales.

Si l'on prolonge les trajectoires actuelles de croissance, les pays du Sud nous auront rattrapés, en termes de production par habitant, à l'horizon 2050.

Les calculs de Thomas Piketty[2] comme de Jeremy Rifkin[3] en témoignent : avec une croissance moyenne de 1,2 %, entre 2012 et 2050, en Europe, aux États-Unis et au Japon, et, pour les pays émergents, une croissance de 5 % jusqu'en 2030 puis de 4 % jusqu'en 2050, « le niveau de production par habitant aurait, dès 2050, rattrapé un peu partout le niveau des pays les plus riches, aussi bien en Chine qu'en Europe de l'Est, en Afrique du Nord et au Moyen-Orient – seules l'Afrique subsaharienne et l'Inde resteraient encore en retrait. À partir de cette date, la répartition de la production mondiale s'approcherait donc de celle de la population[4] ». Cette trajectoire est largement confirmée par les travaux du Centre d'études prospectives et d'informations internationales (CEPII).

C'est dans ce cadre que s'exacerbe la concurrence entre les nations, alors que la France continue de se projeter au mieux à cinq ans.

Dans cette course au leadership mondial, les États-Unis sont concurrencés, mais en rien dépassés. Ils ne lâcheront pas leur avance technologique et corrigent leurs erreurs récentes en procédant à un mouvement

1. Classement académique des universités mondiales.
2. Thomas Piketty, *Le Capital au XXIe siècle*, *op. cit.*
3. Jeremy Rifkin, *La Troisième Révolution industrielle*, Les Liens qui libèrent, 2012.
4. *Ibid.*

de réindustrialisation. Le modèle américain demeure structurellement adapté à un monde de compétition par l'innovation. Sa recherche fondamentale est sans rivale, et pour longtemps, en raison de son caractère pluridisciplinaire. Elle est exigeante en termes d'évaluation et de transparence, et sa diffusion ultrarapide vers l'économie réelle ne fait que croître. Ses universités continuent d'accueillir les étudiants du monde entier, les plus brillants et les plus ambitieux. L'esprit d'entreprise américain et sa vitesse d'exécution ne sont pas près d'être égalés. Quand une idée est bonne, elle rencontre immédiatement les financements nécessaires et se trouve mise en œuvre sur une échelle massive. Alors que l'Europe, la Chine, l'Inde demeurent prisonnières de systèmes de castes élitistes et stérilisants, la société américaine, même si l'ascenseur social commence à se gripper, est encore sans entraves ni tabous sur le plan économique : seul le talent compte ; l'échec n'est pas un problème et est même, à certains égards, la clé des succès à venir ; le juge de paix de la réussite est l'argent : au moins c'est clair et aux antipodes des sociétés d'héritiers. Sur le plan stratégique, s'ils sous-traitent la fabrication en Chine ou en Asie, comme Apple avec Foxconn, tous les leaders de la nouvelle économie numérique sont américains : Google, Apple, Facebook, Amazon, eBay, Twitter et tant d'autres. Sur le plan industriel, ils sont aussi en plein retour. L'exploitation de l'huile et du gaz de schiste a dopé la croissance américaine. On peut aussi compter sur les États-Unis pour jouer à plein de deux instruments de puissance sans égal : le dollar et une capacité de projection militaire sans rivale pour des décennies encore. Il y a, bien sûr, leur vulnérabilité à la spéculation financière, comme l'a montré la crise de 2008, mais elle est partiellement compensée par une très grande compétence dans l'utilisation des instruments de politique économique, notamment par le bras armé de cette politique qu'est la Réserve fédérale des États-Unis (FED). Reste la question des déséquilibres du capitalisme : inégalités grandissantes, croissance potentiellement destructrice d'emplois. Mais ce mal américain n'est probablement qu'annonciateur d'un problème à l'échelle du monde.

La Chine, après une première phase d'imitation du capitalisme américain, se lance dans la construction de son propre modèle

La crise de 2008 a été pour la Chine un électrochoc. Elle a pris conscience des vulnérabilités de l'économie américaine, financiarisée à l'excès. La récession mondiale qui en a résulté a failli plonger la Chine dans une crise qu'elle ne pouvait en aucun cas se permettre car son équilibre politique et social repose sur une condition vitale qui lui permet de recueillir l'adhésion du peuple : une croissance forte et régulière. Avec le pragmatisme qui les caractérise, les dirigeants chinois ont mis en œuvre un plan de relance massif, centré sur l'investissement et principalement les entreprises publiques qui ont fait leur grand retour. Ils ont décidé de privilégier un modèle de croissance beaucoup plus centré sur un marché intérieur.

Cela étant, l'objectif de la Chine reste le même : s'élever au premier rang. Le rapport « China 2030 » publié, en mars 2012, conjointement par la Banque mondiale et le Development Research Center chinois, témoigne de l'obsession de ses dirigeants de rejoindre les rangs des pays à hauts revenus et d'éviter la « *middle income trap* », c'est-à-dire une hausse des salaires associée à une trop faible productivité qui laminerait sa compétitivité. Non sans similitudes avec le modèle gaulliste des années 1960, les objectifs sont de maintenir un haut niveau de croissance fondé sur un effort de recherche considérable et de dégager ainsi les marges de manœuvre pour financer un plan d'amélioration des services publics, notamment dans l'éducation et la santé.

La question n'est évidemment plus de savoir si la Chine va rester l'atelier du monde. Elle abandonne volontairement cette place au Bangladesh, au Viêtnam ou au Cambodge. Elle incite même des pays comme l'Éthiopie à créer des zones économiques spéciales où elle délocalise certaines de ses productions. La priorité de la Chine est bien plus de résoudre le dilemme croissance/atteintes environnementales. D'où son choix de s'engager dans les énergies vertes afin de devenir l'économie la plus avancée sur la voie de la transition énergétique, et le rôle qu'elle a joué dans le succès de la COP21.

Sans perdre sa vocation exportatrice mais dans une logique de montée en gamme, elle va s'appuyer de plus en plus sur le dynamisme de son marché intérieur qui est en passe de devenir le plus important au monde. Il l'est déjà dans l'automobile depuis 2009. Au rythme actuel, c'est-à-dire une croissance des salaires s'approchant de celle du PIB, la classe moyenne chinoise pourrait augmenter de 50 % en dix ans et représenter 650 millions de personnes à horizon 2030. Cette poussée concernera tout le territoire : un think tank chinois estime ainsi que, dans dix ans, 300 villes chinoises devraient avoir un niveau de vie supérieur à celui de Shanghai aujourd'hui[1]. La Chine compte déjà plus de 1 million de millionnaires et plus de 270 milliardaires.

La Chine n'est déjà plus une puissance financière passive (3 200 milliards de dollars de réserves de change),

1. *Cf.* Charles-Édouard Bouée, *Comment la Chine change le monde*, *op. cit.*

c'est-à-dire se limitant à être le réassureur des États-Unis par l'achat de ses emprunts d'État. À travers ses fonds souverains, la Chine a commencé à mettre en œuvre sa stratégie de projection vers l'extérieur, non plus seulement vers l'Afrique, mais vers l'Europe, où elle multiplie les acquisitions d'entreprises de taille toujours plus importante.

Entre tradition de modération extérieure de la Chine et antiphrase, lors d'une visite en Chine d'Angela Merkel en 2012, le Premier ministre Wen Jiabao avait déclaré que son pays n'avait ni l'intention ni les capacités d'« acheter l'Europe[1] ».

L'Inde construit un modèle en apparence moins ambitieux, mais diablement efficace

L'Inde s'est fixé deux priorités : s'imposer dans l'économie de la connaissance et des réseaux, et développer une offre de produits industriels adaptés aux pays les plus pauvres. Dans le domaine des nouvelles technologies, cette stratégie a été inspirée par des entrepreneurs revenus, fortune faite, de la Silicon Valley. C'est la priorité dite des « 2 I » : Innovation et Inclusion. Priorité est donnée à l'éducation et à sa généralisation, afin de sortir d'un système de formation, certes de qualité, mais élitiste. Le droit à l'éducation a été constitutionnellement consacré et, dans un pays valorisant l'intelligence conceptuelle plutôt qu'appliquée, une part de ce plan a été consacrée à l'éducation professionnelle. Le nombre d'étudiants a doublé pour atteindre 10 millions, soit cinq fois plus qu'en France. La priorité donnée à l'éducation s'accompagne

1. Charles-Édouard Bouée, *Comment la Chine change le monde*, *op. cit.*

d'une stratégie industrielle centrée sur le développement des réseaux télécoms et des services informatiques. Dans ce domaine, l'Inde s'impose grâce à la conjonction d'une qualité de fabrication et des coûts qui demeurent, malgré une pression à la hausse sur les salaires, très inférieurs à ceux de ses concurrents occidentaux.

Le cabinet McKinsey a estimé que, grâce à l'accroissement des compétences et aux possibilités de travail en réseau, 11 % des 1,5 milliard d'emplois dans le secteur des services sont potentiellement délocalisables, soit dix fois plus qu'en 2000. Cette proportion serait de 50 % dans le secteur de l'informatique[1]. Ce sont près de 200 millions d'emplois qui deviendraient ainsi délocalisables dans le monde. Après avoir connu le temps des délocalisations industrielles vers la Chine, s'est ouvert le temps des délocalisations de services vers l'Inde, dont les travailleurs parlent anglais, sont bien formés et peuvent s'appuyer sur des infrastructures de réseaux de pointe, à défaut des autres infrastructures pour lesquelles le retard demeure profond.

De manière moins visible pour nous, l'Inde s'impose sur les marchés des pays les plus pauvres, de ceux où l'on vit encore avec un à trois dollars par jour. Contrairement à ce que l'on pourrait imaginer, ce sont des marchés solvables, à la condition d'offrir des produits simples et efficaces à des prix très bas. Nécessité oblige, les Indiens sont passés maîtres dans l'art de développer ces produits : de la voiture Nano du groupe Tata à l'électrocardiogramme portable MAC 400, en passant par les filtres à eau à 20 euros lancés également par une filiale de Tata, les services bancaires par téléphone portable,

1. Cité par Jean-Joseph Boillot et Stanislas Dembinski, *Chindiafrique...*, *op. cit.*

l'accès Internet *via* les écrans de télévision classiques et, bien sûr, l'industrie des médicaments génériques pour lesquels l'Inde est devenue numéro 1 mondial[1].

Ces produits à bas coût que développe aussi la Chine, notamment dans le secteur des télécoms, sont des instruments de pénétration sans égal du marché africain qui est devenu un enjeu majeur de la compétition entre les puissances.

L'Afrique est désormais l'enjeu économique mondial

L'Afrique est un immense marché en devenir sous l'effet à la fois de son dynamisme démographique et d'une croissance qui est durablement repartie, après deux décennies catastrophiques (1980-2000). Elle est aussi le continent des matières premières indispensables à une croissance mondiale qui reste soutenue.

Alors que la France s'est largement retirée des marchés africains au tournant des années 1980, bien qu'elle ait eu tous les atouts pour accompagner le redressement économique du continent, les autres puissances ont mis en place des stratégies ambitieuses et dans la durée. La Chine, après les excès d'une première période, a engagé une collaboration fondée sur des convergences d'intérêts politiques et économiques avec les dirigeants africains. Elle s'appuie sur une tradition africaine, qui remonte à l'époque où Mao s'attachait à exporter la révolution vers ces terres à peine libérées du colonialisme. La Chine joue sur l'idée de destins communs à construire entre les nations ayant subi le joug occidental. Un président du Botswana ne disait pas autre chose en clamant que « la

1. Jean-Joseph Boillot et Stanislas Dembiski, *Chindiafrique...*, *op. cit.*

Chine nous traite en égaux alors que l'Occident nous traite en anciens sujets[1] ». Par ailleurs, dans des pays où la démocratie n'est pas encore la règle et la corruption n'est pas toujours absente, la façon dont la Chine n'en fait pas une question de principe est évidemment de nature à faciliter les coopérations. Surtout, la Chine met en place des partenariats à grande échelle par l'octroi notamment d'emprunts à long terme afin de financer des projets d'infrastructures. Un exemple illustre cette stratégie qui se veut « gagnant-gagnant ». En 2010, la Chine a passé avec la République démocratique du Congo un accord de collaboration économique sur vingt-cinq ans. Contre la livraison, sur grande échelle, de matières premières, la Chine s'est engagée à construire 3 000 kilomètres de routes et autant de voies ferrées, 31 hôpitaux, 145 centres de santé, 4 universités. Les entreprises chinoises participant à ce plan seront exonérées d'impôt pendant trente ans. Dix mille Chinois doivent y travailler et viendront probablement s'ajouter au million de Chinois qui résident déjà en Afrique[2].

Avec des moyens moins massifs, l'Inde s'est engagée dans une stratégie comparable afin d'assurer des débouchés à ses produits à bas coût et de sécuriser l'accès à des matières premières vitales. Les États-Unis sont également lancés dans cette bataille pour la conquête du marché africain et de ses ressources, ainsi qu'en témoigne le voyage du président Obama en Afrique en 2013, accompagné de tout ce qui compte de puissance des entreprises américaines. Le Maroc, avec beaucoup d'intelligence, occupe progressivement la place encore

1. Cité par Marie-Claire Bergère, *Chine, le nouveau capitalisme d'État*, *op. cit.*

2. Sur cet exemple, voir Jean-Joseph Boillot et Stanislas Dembinski, *Chindiafrique...*, *op. cit.*

laissée vacante par la France en Afrique de l'Ouest. Il rachète leurs réseaux aux banques françaises. Il prend une place déterminante dans la construction de logements sociaux pour lesquels il possède une compétence forte qui répond aux besoins de l'urbanisation galopante de l'Afrique. Il s'appuie aussi sur une tradition d'influence en Afrique du royaume chérifien et, une fois encore, sur les convergences de vues entre anciens pays colonisés qui veulent tourner la page de ces siècles crépusculaires de leur histoire.

Dans cette course à la primauté économique, beaucoup de coups sont permis

Prenons le modèle de développement industriel récent de la Chine. Il y a, d'un côté, des entreprises publiques ayant vocation à être des champions mondiaux dans les domaines stratégiques (énergie, télécoms, infrastructures...). Elles ont des positions oligopolistiques sur leur immense marché national. Elles bénéficient d'aides de toutes natures : subventions, prêts à des conditions sans équivalents du secteur bancaire entièrement sous contrôle de l'État, prélèvements en dividendes très limités pour préserver leur capacité d'investissement, et, surtout, transferts de technologies. Que ce soit dans l'aéronautique, le nucléaire, le ferroviaire ou l'automobile, les grandes entreprises étrangères, qui voulaient s'implanter en Chine, ont dû le faire au sein de coentreprises avec les grandes compagnies publiques chinoises et leur apporter leurs technologies les plus avancées. General Electric a ainsi accepté de transférer à son partenaire chinois l'entreprise publique Avic, le système informatique ultrasophistiqué qu'il installe sur les

Boeing 787[1]. Quant au secteur privé chinois, il s'est longtemps développé trop souvent sans respecter un minimum de règles dans les domaines sociaux et environnementaux. À cela s'est ajoutée une corruption au plan local, véritable bombe à retardement qui oblige les nouveaux dirigeants à faire de son éradication leur première priorité. De plus, que dire de la monnaie chinoise, dont la sous-évaluation a été, et demeure, comme le montre la dévaluation de 2015, une véritable arme économique en faveur des produits industriels chinois ?

Face à cela, notre droit européen interdit toute possibilité d'aides structurelles aux grandes entreprises, en application d'une réglementation sur les aides d'État qui conduit même à devoir rendre des comptes sur le financement des... logements HLM. Au-delà de toute velléité d'aide, notre droit de la concurrence est une entrave à la constitution de champions mondiaux. Et que dire aux patrons de PME et à leurs salariés, à qui l'on demande de rivaliser avec leurs concurrents internationaux, alors qu'il n'y a pas un jour où une réglementation, un impôt, un contrôle ne viennent s'ajouter aux entraves déjà existantes ? L'impératif, imposé par l'Allemagne, de priorité donnée à la stabilité monétaire et à la lutte contre l'inflation prive aussi l'Europe de l'usage de la monnaie comme instrument de politique économique, alors que toutes les autres grandes puissances en font usage pour renforcer leur compétitivité de manière relativement indolore. Faute de pouvoir le faire, il ne reste aux nations européennes que la voie hyper-violente des baisses de salaires réels, comme l'ont fait l'Allemagne au début des années 2000 ou les pays d'Europe du Sud depuis la crise de 2008.

1. *Cf.* Marie-Claire Bergère, *Chine, le nouveau capitalisme d'État*, *op. cit.*

Des impasses considérables à l'horizon 2050

Sans s'engager dans de grandes prévisions sur l'avenir, qui sont toujours démenties par les faits, se projeter à l'horizon 2050 permet de mesurer l'ampleur des impasses que nous sommes en train de créer.

Le défi majeur est celui d'une croissance soutenable à l'échelle de la planète. D'ici 2050, la population mondiale devrait avoir augmenté au moins de 30 % pour s'élever à 9 milliards, avant de se stabiliser. Dans le même temps, comme nous l'avons vu, est engagé un mouvement de convergence, à l'échelle de la planète, des productions et des consommations.

Avec un modèle économique et technologique inchangé, une telle perspective est impossible au regard des capacités de la planète en termes de ressources naturelles : eau, terres agricoles, matières premières[1]. Le réchauffement climatique est à la fois le révélateur et l'accélérateur de cette impasse sans doute sans précédent dans l'histoire de l'humanité. « Notre maison brûle, et nous regardons ailleurs », disait déjà Jacques Chirac en 2002. Le succès de la COP21 est une étape essentielle du passage de la prise de conscience à l'action.

Le deuxième grand danger potentiel est la Chine. Sans sous-estimer la capacité économique et stratégique de ses dirigeants, pourquoi la Chine échapperait-elle à la fin de ses Quarante Glorieuses ? Sur une longue période, une croissance à deux chiffres et même de 5 % serait du jamais-vu. Or, l'équilibre de son modèle repose sur la capacité du parti communiste à améliorer les conditions

1. Pour une analyse divergente : Pierre-Noël Giraud, *L'Homme inutile. Du bon usage de l'économie*, Odile Jacob, 2015.

de vie du plus grand nombre. Cette situation va s'aggraver plus encore car le pays se dote d'un système de protection sociale d'autant plus lourd que sa population vieillit, et qui va peser d'une manière grandissante sur sa compétitivité. Si la croissance faiblit, c'est le consensus économique, politique et social actuel qui risque d'être remis en cause. On a beau dire que la civilisation chinoise est différente, qu'elle se nourrit d'une modération confucianiste stabilisatrice, que le Parti communiste chinois pourra continuer à compter sur le soutien de l'armée et sur le nationalisme de l'opinion, il n'en reste pas moins que le reflux de la croissance risque de jouer comme le révélateur d'une situation structurellement instable. Le pouvoir, la richesse sont entre les mains d'une aristocratie, souvent composée des fils et petits-fils des héros de la Révolution. Avec un indice de Gini[1] entre 0,4 et 0,6, la Chine est probablement déjà le pays le plus inégalitaire au monde. La corruption ne fait qu'y ajouter. Pour ses nouveaux dirigeants que sont Xi Jinping et Li Keqiang, le passage du discours anticorruption à son éradication est vital car la Chine a beau avoir désormais un budget de sécurité intérieure supérieur à son budget militaire, son modèle inégalitaire et d'aristocratie rouge aura bien du mal à résister à un arrêt de la marche actuelle vers la prospérité. Cela d'autant que, à l'instar des Français, les Chinois ont une tendance à ce qu'ils appellent la « maladie des yeux rouges », c'est-à-dire la jalousie et l'envie. Une déstabilisation de la Chine, premier marché intérieur mondial, bailleur de fonds de l'Occident et puissance industrielle de premier ordre serait une catastrophe pour le monde. Il suffit, pour s'en convaincre, d'analyser la panique suscitée, à

1. Indice Synthétique d'inégalités de salaires.

l'été 2015 et début 2016, par les mouvements baissiers sur les Bourses chinoises.

La démographie de l'Afrique est une des autres « bombes à retardement » pour le monde et le troisième grand risque prévisible à l'horizon de 2050. La question n'est pas de savoir si l'Afrique a une réelle aptitude à prendre sa place dans l'économie mondiale. C'est évident. Elle possède, dans des proportions encore insoupçonnables, les plus grandes réserves de matières premières de la planète. Elle a tous les atouts pour être le continent des énergies renouvelables. Les jeunes Africains qui peuplent les universités du monde entier et qui réussissent dans les banques d'affaires prestigieuses et les grandes entreprises mondiales témoignent de qualités d'entrepreneurs ou de managers qui n'ont rien à envier aux nôtres. Le problème réside dans la course contre la montre entre une croissance forte, qui devrait s'accélérer encore, et une trajectoire démographique ultrarapide.

Pendant des siècles, l'Afrique subsaharienne n'a pas dépassé 100 millions d'habitants. Avec une croissance naturelle de 2,5 % par an et un nombre d'enfants par femme proche de cinq, le continent devrait dépasser les 2 milliards d'habitants en 2050. Pour ne prendre que l'exemple du Nigeria, il devrait passer de 90 millions d'habitants en 1950 à 800 millions en 2040. Comment le continent pourra-t-il offrir des emplois à cette jeunesse nombreuse et aspirant à vivre selon les standards mondiaux, qui feront partie de son quotidien *via* Internet ou les réseaux de communication qui existeront alors ? Or, l'Afrique ne représente que 1 % de la production industrielle mondiale, et sa croissance est largement tirée par son dynamisme démographique et non par le développement d'un outil productif. Par ailleurs, l'histoire nous enseigne que détenir les matières premières est souvent une malédiction économique car elle conduit à vivre de cette rente plutôt qu'à mettre en place un appareil productif compétitif. Si cette course contre la montre entre croissance économique et croissance démographique n'est pas gagnée, nous vivrons, à l'échelle de la planète, des drames d'une ampleur sans doute jamais connue dans l'histoire. Aucune frontière n'y résistera.

À l'aune de ces défis, les crises récurrentes du capitalisme financier anglo-saxon semblent bien plus maîtrisables. Elles ne manqueront cependant pas de frapper.

La France perd pied au sein d'un Occident désormais concurrencé dans un monde qui converge à l'horizon 2050, à un rythme insoutenable au regard des ressources de la Terre et en accumulant les facteurs de risques.

Dans une forme de torpeur comparable à celle du début des années 1910, nous pouvons voir monter un XXIe siècle qui ne devrait pas être, comme celui qui l'a précédé, le siècle des guerres mondiales, mais celui des grandes crises mondialisées, à l'image de celle de 2008.

Comme si cela ne suffisait pas, la révolution Internet nous fait entrer dans une civilisation 3.0, collaborative et de partage, qui porte une idéologie concurrente de celle du capitalisme.

Est-ce un facteur de crise systémique supplémentaire ou cette révolution apportera-t-elle, de manière providentielle, les réponses aux impasses économiques, climatiques, écologiques, de perte de sens que nous avons accumulées ?

C'est la grande question, peut-être la seule, qui vaille vraiment.

3

Alternative au capitalisme et civilisation 3.0

Ce serait une erreur de ne voir d'Internet que la mutation technologique, sociétale et économique qu'il porte. Il s'agit, peut-être davantage encore, d'une révolution politique, au sens originel du terme et probablement même de civilisation.

Comme pour la mondialisation qui marque la revanche des anciennes nations assujetties, la révolution Internet redonne vie aux systèmes laminés par le capitalisme : l'économie coopérative, effacée par le mouvement des enclosures de la première révolution industrielle, et le travail individuel ou artisanal, marginalisé par la production de masse de la seconde révolution industrielle.

On ne peut qu'être fasciné par ces ruses de l'histoire qui font que c'est l'hyper-technologie, fruit du capitalisme triomphant, qui est à l'origine de cette double revanche des damnés.

La civilisation 3.0 sera ce que nous en ferons

Deux avenirs sont parfaitement possibles.

La société en réseau et la production collaborative, en source ouverte, peuvent être absorbées et mises au service du capitalisme, renforçant sa domination et créant des situations de monopoles et de puissance que même les États les plus puissants ne pourront pas tempérer. L'idée de vie privée, qui est une conquête récente au regard de l'histoire de nos sociétés, peut en sortir laminée. Les inégalités sont susceptibles de prendre un tour encore jamais connu jusqu'ici entre l'aristocratie de ceux qui commanderont aux robots et un nouveau Lumpenproletariat qui naîtra des ravages de l'intelligence artificielle sur l'emploi.

De manière également vraisemblable, cette ère nouvelle peut apporter les réponses, jusqu'ici introuvables, à la surconsommation et à l'épuisement de nos ressources : en nous transformant en autoproducteurs, notamment d'énergie, ce que l'on appelle le « prosommateur » ; en mettant en place une économie du partage renvoyant au passé le culte de la propriété et de la possession ; en développant une conscience et des solidarités collectives, qui dépassent les cadres nationaux et religieux, et en façonnant de nouveaux citoyens du monde.

La réalité sera probablement celle de l'hybridation entre ces deux possibles. C'est dans la recherche du point d'équilibre que devrait résider la nouvelle ligne de partage entre la droite et la gauche. Plutôt que de s'enferrer dans le débat stérile entre néo-marxisme, social-démocratie et social-libéralisme qui ne peuvent en rien peser sur la dynamique du capitalisme, la gauche européenne, à l'instar de son homologue américaine, devrait comprendre que la société du partage lui offre une possibilité nouvelle de changer la vie.

Quant à la droite libérale, productiviste, individualiste, il lui faut adapter son discours et sa doctrine pour répondre à l'émergence d'une société de prosommateurs.

Avant de s'interroger sur sa dimension économique, sociétale, politique et civilisationnelle, il faut mesurer la profondeur de champ de la révolution Internet et revenir sur son origine, sans quoi on n'a pas les clés pour la comprendre.

La Toile a recouvert le monde à une vitesse accélérée

En 1995, il y avait 16 millions d'internautes. Ils étaient 350 millions cinq ans plus tard et plus de 3 milliards aujourd'hui, dont 2 dans les pays d'Asie et du Sud. En 2000, il y avait 750 millions d'abonnés au téléphone portable. Nous sommes plus de 6 milliards. Ce mouvement va s'accélérer, porté par la loi de Moore qui fait le constat[1] que la puissance de calcul informatique double tous les dix-huit mois à deux ans. Quant aux volumes d'informations transmis par la fibre optique, ils devraient doubler tous les neuf mois, soit à un rythme exponentiel.

Internet est un instrument de socialisation à l'échelle de l'humanité. En un peu plus d'une décennie, Facebook est devenu le forum régulier de plus de 1 milliard de personnes. Dans une infinité de domaines, Internet met en réseau toutes les affinités du monde, tous les centres d'intérêt, tous les projets même les plus fous, et cela de manière libre, latéralisée, étrangère à toute logique organisée ou hiérarchisée.

D'une façon assez prévisible malgré l'explosion de la bulle Internet en 2001, le numérique est devenu un secteur économique en expansion irrépressible. Pour Citibank

1. Pour la première fois depuis son édiction en 1965 par le cofondateur d'Intel, cette « loi » semble ne plus être vérifiée en 2015 (*cf. The Economist*, 12 mars 2016).

et Oxford Economics, l'économie numérique représentait déjà en 2012 un chiffre d'affaires annuel mondial de 20 000 milliards de dollars, soit un cinquième de celui de l'économie réelle[1]. Cette proportion, en croissance rapide, est au demeurant sous-évaluée dans la mesure où une partie de l'activité numérique est en apparence gratuite et n'apparaît pas dans les statistiques de PIB.

D'une manière schématique, il y a d'abord les entreprises qui permettent aux utilisateurs de se déployer sur la Toile et d'en utiliser toutes les potentialités. Les plus emblématiques sont Google, Facebook, Twitter et Apple s'agissant du matériel et de l'accès aux contenus. Il y a aussi les sites commerciaux comme Amazon, qui est parmi les plus anciens et le plus puissant, et ceux qui reposent sur des logiques de plates-formes, dont la liste ne cesse de s'allonger : Uber, Airbnb et tant d'autres.

Les entreprises de la nouvelle économie laminent les marges et dévorent le chiffre d'affaires des entreprises de la seconde révolution industrielle. Elles ignorent les crises et leurs capitalisations s'envolent. Google, la plus emblématique, a pu, en pleine récession mondiale de 2008, annoncer une hausse de ses profits de 26 %, ce que le *New York Times* a résumé alors par : « Google défie l'économie. » Elle est devenue, début 2016, la première capitalisation mondiale.

Google investit massivement dans l'innovation, rachète tout ce qui a de l'intérêt dans le domaine de la robotique, se lance dans les énergies alternatives ou la technomédecine. Elle porte, au plus haut, ce vieux rêve de l'humanité : rendre tout possible par le progrès scientifique et technique. Chaque jour, sa puissance grandit.

1. *Cf.* Chris Anderson, *Makers. La nouvelle révolution industrielle*, Pearson, 2012.

À côté de ces nouveaux géants du capitalisme se développent des sites, forums, entreprises sans but lucratif. Dans tous les domaines de la recherche, de la connaissance, de la santé, de l'éducation, dans tous les domaines de la vie, des centaines de millions de personnes mettent en commun leur savoir, leur curiosité, leurs problèmes, pour innover, trouver des solutions pratiques ou simplement devenir meilleurs, se sentir utiles. Wikipédia, l'encyclopédie mondiale de la connaissance, symbolise ce retour des logiques collaboratives et de partage d'avant le triomphe de l'économie de marché.

Mais Internet, telle la lave d'un volcan en éruption, déborde du champ premier de la communication et du commerce. Il s'étend à l'énergie en permettant la production d'électricité décentralisée à partir de la mise en réseau de bâtiments non plus consommateurs, mais producteurs d'énergie verte. Il permet de décentraliser la production grâce aux applications, potentiellement sans limites, des imprimantes 3D et des *fab labs*[1]. Il pourrait demain transformer en profondeur le secteur de la logistique.

Une troisième révolution industrielle est à l'œuvre. Après la convergence charbon-machine à vapeur-manufactures-rail de la première révolution industrielle, après la deuxième fondée sur les logiques de masse permises par la symbiose pétrole-moteur à explosion-automobile-électricité-téléphone-télévision, voici qu'un nouveau modèle énergétique (renouvelable) de production (robotique et autoproduction) et de communication (Internet, numérique) s'impose, avec cette particularité

1. Les *fab labs*, *fabrication laboratory* ou « laboratoires de fabrication », sont des lieux ouverts au public où il est mis à sa disposition toutes sortes d'outils, notamment des machines-outils pilotées par ordinateur, pour la conception et la réalisation d'objets.

d'être à la fois compatible avec le capitalisme mais également en mesure de s'y substituer (économie du partage).

Internet, au départ à vocation militaire, est issu de la rencontre improbable entre la contre-culture hippie et l'ultralibéralisme américain

À l'origine d'Internet, il y a eu d'abord la recherche militaire. Dès 1940, les États-Unis ont su que l'entrée en guerre était inévitable mais que, d'ici là, il fallait tout faire pour éviter que l'Angleterre ne soit écrasée par les bombardiers allemands. Il fallait donner aux Britanniques les moyens matériels indispensables mais aussi essayer de leur assurer une primauté technologique. Roosevelt décida de créer la Commission nationale de la recherche pour la défense (National Defense Research Committee, NDRC) et mobilisa, avec des moyens presque sans limites pour l'époque, des chercheurs à la fois militaires et civils. Parmi les laboratoires qui seront financés, il y aura le Radiation Laboratory du Massachusetts Institute of Technology (MIT), ou Red Lab, qui a contribué à la mise au point du radar et des techniques de navigation à longue portée. Plus innovante, peut-être encore, a été la méthodologie adoptée : décloisonner les spécialités scientifiques, faire travailler en réseau des savants ou techniciens qui n'auraient jamais imaginé le faire auparavant. Avec la guerre froide, cette logique va prendre plus d'ampleur encore. Toujours au MIT est créé le laboratoire SAGE, dont la vocation est de concevoir des systèmes d'alerte précoce contre les bombardiers nucléaires soviétiques. Pour cela, il faut mettre en place des batteries de radars dispersées géographiquement et connectées à des ordinateurs capables de recueillir, traiter et coordonner les informations reçues. Il en naîtra le Mac, premier ordinateur à temps partagé, et Arpanet, ancêtre d'Internet.

L'autre origine de cette révolution, la plus intéressante à analyser, est la contre-culture américaine[1]. En pleine guerre froide, toute une jeunesse – souvent aisée, blanche et diplômée – entre en révolte contre la société américaine, sa bureaucratie étouffante, son manque de liberté et les dangers qu'elle fait courir au monde. On est alors dans une période où l'holocauste nucléaire est considéré comme imminent. Ce mouvement renvoie aujourd'hui aux images des shows multimédias à grands coups d'acides, du *Summer of Love* et du slogan visant à « mettre une tablette de LSD dans le ventre de l'Amérique ». Il était surtout porteur d'une idéologie. Pour cette jeunesse, la société américaine est inamendable. Il ne sert à rien de la combattre comme le faisait la nouvelle gauche de l'époque qui se mobilisait contre la guerre du Viêtnam. La solution était de la quitter, en créant des communautés dans des lieux reculés, encore intacts, et d'inventer une nouvelle société : libre, communautaire et qui récusait le concept même de leadership qui avait conduit le monde de l'après-guerre au bord du gouffre. On l'a oublié, mais il s'est agi d'un mouvement de masse. À la fin des années 1960, plus de 700 000 jeunes vont quitter les villes pour aller rejoindre ces communautés à la fois de retour à la terre et adeptes des technologies, perçues comme un instrument d'émancipation.

Ce mouvement puisait ses racines dans l'histoire de nos sociétés.

1. *Cf.* la passionnante enquête de Fred Turner, *Aux sources de l'utopie numérique. De la contre-culture à la cyberculture*, C&F éditions, 2013.

Au sein de la hiérarchie féodale, ce que l'on a appelé les « communaux » reposaient sur la mise en commun, par les paysans, des lopins dont ils avaient l'usufruit ou dont ils étaient locataires à titre précaire. L'exploitation en était collective comme la prise de décisions essentielles. L'émergence du capitalisme s'est faite contre cette organisation et a été notamment rendue possible par le mouvement des enclosures, c'est-à-dire la transformation de ces biens collectifs en propriétés privées séparées par des clôtures.

Les enclosures, qui ont pu être qualifiées de « *revanche des riches sur les pauvres* », ont commencé en Angleterre au XVIe siècle et se sont étendues à toute l'Europe jusqu'à s'imposer totalement au début du XIXe siècle. Au XVIe siècle, le développement des premières filatures de laine rendait, en effet, plus rentable l'exploitation de ces terres en pâturages à moutons plutôt que de les cultiver. Avec la première révolution industrielle et la poussée des villes et de leurs besoins alimentaires, ce mouvement s'est prolongé par la nécessité d'augmenter la production – marquant une étape majeure dans l'affirmation de la propriété telle que nous la concevons aujourd'hui. Dans le domaine de la production, les corporations, qui ne pouvaient imaginer faire payer autre chose que le juste prix, ont également été débordées par les marchands et les premiers industriels qui ont contourné leurs monopoles en faisant appel à la main-d'œuvre paysanne rendue disponible par les enclosures et l'augmentation de la productivité agricole. Les logiques de marché ont, dès lors, pu s'imposer.

Ce mode d'organisation est cependant resté inscrit dans nos gènes sociétaux, voire, et de manière résiduelle, dans notre réalité économique. Dans la production agricole de certains cantons suisses ou dans le secteur associatif ou des coopératives, la propriété est demeurée collective.

Si l'économie sociale a survécu, partout ou presque, au capitalisme, occupant des positions dans la production, le commerce ou les services bancaires, elle n'a jamais pu rivaliser, en capacité d'innovation, face aux deux réacteurs du capitalisme : la propriété individuelle et la recherche du profit.

Mais pour tous ceux qui récusent l'idée que l'homme ne serait mû que par son seul égoïsme et sa soif d'appropriation, le rêve d'un système alternatif ne s'est jamais éteint.

On ne peut qu'être frappé par l'actualité que la nouvelle économie du partage donne à la pensée d'un Gandhi. À une société pyramidale, il préférait une société en cercles concentriques : « Chaque village doit s'autoalimenter et pouvoir gérer ses affaires [...] Cela n'exclut pas la dépendance de l'aide bien intentionnée de ses voisins du monde [...] Dans cette structure composée d'innombrables villages, il y aura des cercles toujours plus larges mais jamais ascendants. La vie ne sera pas une pyramide où la pointe est soutenue par la base. Elle sera un cercle océanique dont le centre est l'individu [...] La circonférence extrême n'exercera donc pas un pouvoir qui écrase le cercle intérieur mais donnera force à tout ce qui se trouve en elle et en tirera sa propre force[1]. »

La technologie permet à ce rêve de venir, du fond des âges, mettre au défi le capitalisme.

Un homme, presque inconnu en France, aura été le grand passeur de ce mouvement : Stewart Brand

En 1968, Stewart Brand lance une revue qui est un ovni, vu d'aujourd'hui, mais qui éclaire ce qui est engagé :

1. Cité par Jeremy Rifkin, *La Nouvelle Société du coût marginal zéro*, *op. cit.*

le *Whole Earth Catalog*. Il s'agit tout à la fois d'un catalogue de vente des outils et matériels dont on a besoin pour vivre en autarcie, de la synthèse d'articles scientifiques sur les avancées dans les domaines de l'informatique, ainsi que le cadre de forums d'échanges d'opinions et de conseils sur les sujets les plus divers. En 1970, il tirera jusqu'à 1 million d'exemplaires et marquera toute une génération de chercheurs californiens.

Très vite, les communautés de retour à la terre vont s'échouer sur le mur des réalités. Leurs membres vont revenir à la société, mais sans avoir totalement abandonné leur rêve de construire un monde différent.

La jonction entre les enfants de cette contre-culture et les laboratoires de recherche californiens s'est faite à la fin des années 1960. Il en naîtra notamment le laboratoire ARC, créé à Stanford grâce aux financements militaires de l'Arpa[1], qui rejoindra ensuite le giron du centre de recherche de Xerox à Palo Alto. C'est à l'ARC, entre 1966 et 1968, que vont converger les trois composantes fondamentales des futurs ordinateurs : le clavier qwerty, la souris et le terminal à écran. Fidèles à la tradition des grands shows de la contre-culture, en décembre 1968, les équipes de l'ARC et son patron Douglas Engelbart présentent à San Francisco, devant trois mille chercheurs en informatique survoltés, la première démonstration d'ordinateurs connectés entre eux.

Parallèlement à ce monde de la recherche, des bricoleurs ou *hackers* travaillent aussi au développement de l'ordinateur individuel (PC). Au sein de Homebrew Computer Club vont se retrouver et s'entraider des pionniers, largement issus de la culture libertaire californienne. On

1. Advanced Research Projects Agency, l'agence du département de la Défense des États-Unis chargé des nouvelles technologies militaires.

y retrouve Steve Jobs et Steve Wozniak, les fondateurs d'Apple.

Le lancement du premier Macintosh, par Apple Computer, en dit long sur la vision du monde qui le sous-tend. Lors du Super Bowl de 1984, une publicité dévoile au public ce premier PC. Une jeune femme court en jogging dans les travées d'une salle de cinéma occupée par des rangées d'hommes en costumes gris, tous identiques. Soudain, elle lance un marteau qui s'enfonce dans la bouche de Big Brother. La voix off lance : « Avec Macintosh, 1984 n'aura rien à voir avec 1984. »

Les héritiers de la contre-culture américaine continuent à mettre en place de nouveaux instruments. Stewart Brand, encore lui, lance dans les années 1980 The Well, un espace de discussion sous forme de forums thématiques sur ordinateur, qui préfigure les réseaux sociaux d'aujourd'hui. Presque à la même époque, et de manière historiquement décisive, Richard Stallman, du MIT, lance le mouvement de contestation contre la fermeture par les entreprises de leurs logiciels (Free Software Foundation). Il en naîtra une gamme de logiciels libres grâce auxquels fonctionne largement Internet.

Ce monde libertaire va faire sa jonction avec les ultralibéraux américains qui partageaient avec eux le rejet de la bureaucratie et des structures hiérarchisées étouffant l'individu. Le magazine *Wired* symbolisera ce rapprochement entre le monde de l'informatique et les ultralibéraux, allant jusqu'à mettre à sa une, en 1995, une interview de Newt Gingrich, président républicain de la Chambre des représentants et *geek* avant l'heure.

La genèse du réseau Internet reflète la rencontre entre ces mondes que rien ne destinait à converger. Au début des années 1980, l'Arpanet relie les équipes de recherche participant à des projets militaires. En 1990, devant la montée des usages scientifiques, le contrôle du Net passe de l'ARPA (militaire) à la National Science Foundation (NSF). La NSF reste interdite au trafic marchand, ce qui conduit à la multiplication de réseaux parallèles, à vocation commerciale. En 1995, elle se dessaisit du réseau et permet la coexistence entre usages non lucratifs et usages commerciaux. L'histoire du Web, c'est-à-dire du système actuel d'échange global d'informations sous forme à la fois de textes, d'images et de sons, est très proche de celle de ce premier réseau global. En 1990, le Web est créé pour des usages scientifiques au sein du Centre européen pour la recherche nucléaire (CERN). Très vite, cette technologie passe dans le domaine commercial avec le lancement par Netscape, en 1994, de navigateurs rapides et sécurisés qui permettront l'explosion du commerce en ligne.

On ne peut pas comprendre ce qu'est, et où va, le monde d'Internet si l'on ne tient pas compte de cet héritage à la fois idéologiquement libertaire et marqué d'une ambiguïté originelle par rapport aux logiques capitalistes.

Une phrase de Stewart Brand rend bien compte de cette réalité : « D'un côté, l'information veut être chère, parce qu'elle a énormément de valeur. La bonne information au bon moment change littéralement le cours d'une vie. D'un autre côté, l'information veut être libre, car le coût pour l'obtenir devient chaque jour plus faible. Ainsi ces deux tendances s'opposent-elles en permanence. »

Tout aussi éclairante est la position de Richard Stallman, le père du logiciel libre. Répondant à Bill Gates pour qui le logiciel libre, « c'est le vol », il affirme le principe de liberté du logiciel, mais en précisant que le mot « libre » doit s'entendre au sens de liberté d'expression (*free speech*) et non de gratuité (bière gratuite ou *free beer*).

La nouvelle économie peut, tout aussi bien, devenir un formidable accélérateur du capitalisme comme son plus implacable adversaire, voire son fossoyeur. La révolution Internet met, en effet, violemment en résonance tous les piliers du capitalisme.

La capacité à innover et à développer les connaissances n'est désormais plus l'apanage de l'économie de marché

La principale rupture réside dans le fait que les systèmes de mise en réseau volontaire des compétences, des idées ou simplement des bonnes volontés conduisent à une capacité d'innovation parfois supérieure à celle des structures à but lucratif, hiérarchisées et de masse.

Le logiciel libre en est un des meilleurs exemples. En plein triomphe de Microsoft, Stallman réunit, en 1985, les meilleurs programmeurs pour créer un nouveau système d'exploitation et un système de licences de logiciels libres. C'est dans ce cadre que le Finlandais Linus Torvalds va lancer le système d'exploitation qui porte son nom. Des milliers de programmeurs du monde entier vont contribuer à l'améliorer et à le rendre plus performant que tous les logiciels propriétaires. Aujourd'hui, 90 % des 500 ordinateurs les plus puissants du monde utilisent Linux, comme beaucoup des plus grandes entreprises mondiales. Les programmeurs qui y ont travaillé l'ont fait gratuitement, fidèles au modèle anarchisant des débuts d'Internet, mais aussi et surtout parce qu'ils ont voulu développer un produit meilleur que celui qu'ils auraient dû acheter. Et contrairement aux certitudes que nous pouvions avoir, cette organisation ne conduit pas au chaos mais, au contraire, à des produits de qualité supérieure, élaborés selon un autre modèle d'organisation :

« Les projets ont des responsables et des structures, des gens pour encadrer les nouveaux arrivants. En pratique, c'est une organisation sophistiquée[1]. »

Lors d'un Forum de Davos, le créateur de Facebook, Mark Zuckerberg, a illustré cette même réalité en expliquant que, étudiant à Harvard et en pleine création de son entreprise, il n'avait pas eu le temps de travailler son cours d'art mais ne voulait pas être « collé ». Il a téléchargé les œuvres qui étaient au programme et laissé un espace vide pour les commenter. Puis, il a envoyé un e-mail aux élèves de sa classe pour leur dire qu'il leur proposait d'établir ensemble une sorte de polycopié électronique. Les élèves ont mis en commun leurs connaissances et les ont commentées entre eux. Zuckerberg a été reçu, mais surtout le professeur a déclaré que les notes de la classe entière étaient meilleures que d'habitude[2].

L'encyclopédie Wikipédia, créée il y a moins de quinze ans par Jimmy Wales, est issue de cette logique. Les auteurs y contribuent gratuitement par intérêt personnel et pour être partie prenante de ce qui est en train de devenir un bien commun du savoir de l'humanité. Clay Shirky[3], spécialiste des réseaux sociaux, a étudié la façon dont était écrit un article sur un sujet, par exemple, aussi banal que l'asphalte : sur les 129 auteurs de l'article, 100 avaient fait une contribution et 5 en avaient rédigé 25 %. Comme beaucoup d'entreprises collaboratives, Wikipédia fonctionne selon la règle 1/10/1000 : une infime minorité réalise l'essentiel des travaux, une minorité les améliore et une grande majorité en profite.

1. Jeff Jarvis, *La Méthode Google : que ferait Google à votre place ?*, SW Télémaque, 2009 ; Pocket, 2011.
2. *Ibid.*
3. *Cf.* Clay Shirky, *Here Comes Everybody*, Penguin Press, 2008.

Le résultat est assez fascinant : 21 millions d'articles en 270 langues, 8 000 articles créés chaque jour, près de 500 millions de visiteurs par mois, une exactitude comparable à celle de l'*Encyclopædia Britannica*[1] dont l'édition papier a désormais disparu.

La création coopérative n'est pas nécessairement coupée des logiques financières, de profit ou de marché. Dès 1998, le mouvement du logiciel libre s'est scindé entre ceux qui voulaient rester fidèles à la logique originelle et ceux, comme Eric Raymond et Bruce Perens, qui ne voulaient pas se couper de l'entreprise et des intérêts commerciaux et qui ont lancé l'*open source*.

Stallman a parfaitement résumé l'enjeu : « L'*open source* est une méthodologie de développement ; le logiciel [libre] est un mouvement social[2]. »

Ainsi, si les logiciels comme Linux sont gratuits, ils s'inscrivent dans un univers économique qui peut être marchand. Quand Google offre en libre accès le système d'exploitation de téléphones portables Android, celui-ci ouvre par défaut les connections Internet sur Google, renforçant encore son audience et sa puissance. En revanche, Wikipédia est entièrement financé par les dons de ses utilisateurs, *via* une fondation : Wikimédia.

Le deuxième pilier du capitalisme corrodé par la culture Internet est le droit de propriété

La progression du capitalisme et l'élargissement du périmètre de la propriété privée sont toujours allés

1. Gilles Babinet, *L'Ère numérique, un nouvel âge de l'humanité*, Le Passeur éditeur, 2014.
2. Cité par Jeremy Rifkin, *La Nouvelle Société du coût marginal zéro*, *op. cit.*

de pair. Des enclosures aux privatisations de services publics, en passant par la tentative extrême, au tournant des années 2000, de breveter le génome, l'idée de propriété n'a cessé de gagner du terrain.

La nouvelle économie de l'accès et du partage est l'un des premiers coups d'arrêt à cette dynamique, depuis l'échec communiste.

Aujourd'hui, tout se prête, se loue ou s'échange, à l'image des géants des loisirs et de l'hôtellerie que sont devenus, en moins de cinq ans, Airbnb – site commercial – ou Couchsurfing – resté non lucratif jusqu'à très récemment. Ils sont très représentatifs de cette nouvelle économie et démultiplient les possibilités : Airbnb propose des millions d'hébergements dans plus de 30 000 lieux et dans 190 pays. Les commissions de mise en contact entre propriétaires et locataires sont très réduites, ce qui lamine les marges des concurrents de l'ancienne économie du tourisme. À cela s'ajoute une dimension non économique parfois tout aussi essentielle. L'objectif de Couchsurfing est aussi de faire se rencontrer locataires et propriétaires, pour susciter de nouvelles amitiés et favoriser les échanges culturels.

Bien peu de secteurs échappent désormais à cette approche. On peut louer des cravates pour un mois, des vêtements, notamment de soirée, des jouets pour enfants, du matériel de bricolage, recycler les objets dont on ne se sert plus. On passe de la distribution à la redistribution. Avec thredUP, on peut faire recycler les vêtements dont la famille n'a plus l'usage, notamment parce que les enfants ont grandi. En échange, on reçoit des points permettant d'acquérir des vêtements ou des produits manquants. Derrière cette démarche, il y a la recherche du meilleur prix, notamment à une époque où, partout dans le monde, le pouvoir d'achat des classes moyennes stagne ou baisse. Il y a aussi la volonté de mettre un terme à la course à la consommation, de vivre avec modération, avec frugalité aurait-on dit à une autre époque[1]. Comme Mark Levine, journaliste au *New York Times*, l'avait bien résumé dès 2009 : « Le partage est à la propriété ce que l'iPod est à la cassette audio ou le panneau solaire à la mine de charbon. Partager, c'est propre, vif, ingénieux, postmoderne ; posséder, c'est terne, égoïste, timoré, arriéré. »

Cette prise de conscience a été accélérée par la crise de 2008. Elle a été le point culminant de la course à la consommation par l'endettement, avec comme point d'application l'immobilier. Devant l'étendue du désastre de la flambée du chômage, des saisies de maisons, des expulsions, beaucoup de familles notamment américaines se sont demandé quel sens pouvait avoir cette soif de possession d'objets et en ont mesuré les dangers.

L'exemple le plus emblématique de ce changement de valeurs est l'automobile, miroir de toutes les mutations en cours.

L'automobile est au cœur – on aurait presque pu dire *le* cœur – de la deuxième révolution industrielle. Elle s'est imposée à partir de l'invention du moteur à explosion et de l'émergence de l'économie du pétrole. Elle a été un formidable facteur de croissance en poussant à la construction d'infrastructures routières et autoroutières qui ont couvert et relié le monde. Elle a permis le développement des banlieues et de la grande distribution, selon ce qui est désormais un adage de plus en plus dépassé : « *No parking, no business*. » L'automobile a

1. Pour d'autres exemples, voir le chapitre « Passer de la propriété à l'accès » de l'ouvrage de Jeremy Rifkin, *La Nouvelle Société du coût marginal zéro*, *op. cit.*

longtemps été le symbole de l'autonomie, de la liberté, un marqueur de réussite, la monture ou le carrosse du XXe siècle.

En quelques années seulement, ce modèle a pris un terrible coup de vieux. Les sites d'autopartage se développent partout dans le monde, qu'ils soient concessifs comme Autolib en France, privés comme Zipcar, ou non lucratifs comme City CarShare à San Francisco. Toutes les études prévoient une croissance très rapide de cet usage et soulignent les changements de comportement qu'il induit. La très grande majorité de ceux qui adhèrent à ce mode de déplacement vendent leur voiture ou, au moins, leur seconde voiture. On estime que chaque véhicule partagé remplace 15 automobiles de particuliers – optimisation de l'usage oblige – et, surtout, que le temps de conduite de ceux qui y recourent est réduit d'un tiers, et cela souvent à partir de véhicules électriques.

Là encore convergent tout à la fois la volonté de limiter ses dépenses, le souci de vivre d'une manière sobre, en rompant avec la course à la consommation, ainsi que la préoccupation grandissante de lutter contre le réchauffement climatique.

À cela s'ajoute, comme dans bien d'autres secteurs, une seconde lame qui est technologique, avec le développement des véhicules sans chauffeurs. On n'est plus dans la science-fiction. La Google Car – sur la base de la Toyota Prius – existe et a déjà plus de 500 000 kilomètres d'essais au compteur. La Californie ou le Nevada ont autorisé ces véhicules à rouler sur leurs routes. Au rythme actuel, il faudra un petit nombre d'années pour que ces véhicules prennent toute leur place. On ajoutera à leurs avantages en termes économiques et écologiques celui de la sécurité[1] – près de 90 % des accidents de la route résultent d'erreurs humaines.

Que va devenir l'industrie automobile telle que nous la connaissons ? Elle ne va certes pas disparaître. Il y aura encore longtemps des véhicules individuels. Certains feront toujours rêver, même si aujourd'hui les regards se tournent déjà plus vers les Tesla californiennes, 100 % électriques, que vers les bolides ou berlines allemandes.

Tendanciellement, la production mondiale est appelée à se réduire, une fois absorbé le rattrapage des marchés émergents, et à se transformer à l'image de General Motors qui s'engage dans l'autopartage, ou de Mercedes – comble du paradoxe – qui vient de présenter son prototype de voiture sans chauffeur.

Mais une page se tourne. Aux États-Unis, hier encore pays du « dieu automobile », près de la moitié des jeunes de 18 à 25 ans déclarent qu'il est plus important d'avoir un accès Internet que de posséder une voiture[2].

Les conditions du financement de l'innovation et de l'acquisition de la propriété sont également transformées par le développement du *crowdfunding* ou « financement participatif ». Celui-ci concerne les crédits bancaires traditionnels, comme sur Lending Club ou Zopa, autant que le financement de l'innovation avec, par exemple, Kickstarter. Là encore, on retrouve un triple objectif : réduire les coûts par la suppression des intermédiaires et rechercher une plus grande efficacité, car le prêt ou le financement ne sont accordés que si un nombre suffisant de prêteurs s'y engagent, après analyse du dossier, ce qui conduit à des taux de défaillance moindres que ceux des

1. Même si la Google Car vient de connaître son premier accident de la circulation, la nouvelle ayant fait le tour du monde.

2. Jeremy Rifkin, *La Nouvelle Société du coût marginal zéro*, *op. cit.*

dossiers instruits par le secteur bancaire traditionnel. Il peut y avoir aussi des motivations non économiques : aider les autres, permettre à un projet de voir le jour, se sentir utile. Le *crowdfunding* se développe ainsi sous forme de dons, notamment dans le secteur de la création musicale ou cinématographique.

Troisième pilier attaqué du capitalisme traditionnel : la production de masse concurrencée par les imprimantes 3D

La convergence des réseaux de communication, des logiciels libres, des imprimantes 3D, des *makerspaces* ou *fab labs*, des sites d'échange ou de vente ainsi que de la production décentralisée d'énergie verte sont en train de créer un nouveau modèle de production plus sobre, plus économe et au moins aussi efficace que la production de masse. Le vieux rêve de Gandhi pourrait se faire réalité.

Que sont au juste les imprimantes 3D ? Il s'agit d'une variété de machines à commande numérique fonctionnant sur trois axes et à partir de plans établis en conception assistée par ordinateur (CAO) ou sur des images scannées en 3D. Un peu à la manière d'une imprimante – d'où le terme –, elles construisent des objets des plus simples aux plus complexes. Certaines travaillent du plastique fondu en couches, d'autres utilisent un laser pour durcir des couches de résine en poudre ou liquide. D'autres, plus sophistiquées encore, utilisent du verre, du titane ou de l'acier et même des cellules vivantes, pour celles qui visent à élaborer des tissus ou dans le cadre de projets tendant à produire des organes de substitution.

Nous ne sommes qu'au début de cette technique dont on ne peut pas encore mesurer à quel point elle va révolutionner la production, un peu comme au temps des « bricoleurs » du Homebrew Computer Club. Aucun domaine ne semble devoir échapper à cette nouvelle technique : de la biologie à la fabrication de matériaux de construction permettant de bâtir une maison à partir d'imprimantes 3D géantes.

Comme pour toutes les branches de la révolution numérique, la production par imprimante 3D utilise des méthodes et répond à des objectifs spécifiques. Au départ, il y a le partage de la technologie et de l'expérience. Un autoproducteur peut télécharger des plans pour son imprimante 3D en vue de sa propre consommation. Un inventeur ou un entrepreneur, qui a l'idée d'un nouveau produit, peut le numériser grâce à des programmes de CAO en accès libre comme Autodesk. Le projet initial peut être amélioré selon une logique collaborative avec d'autres personnes qui travaillent sur des sujets proches et utilisent, par exemple, la carte électronique libre de droits Arduino. Cette mise en commun des idées, dans la logique du logiciel libre ou de l'*open source*, peut se faire soit sur Internet, soit dans les *makerspaces* ou *fab labs* qui commencent à se créer partout dans le monde. Une fois le prototype mis au point, l'entrepreneur peut l'« imprimer » en un petit nombre d'exemplaires, notamment sur les machines dites de bureau, par analogie avec les ordinateurs PC, dont les prix devraient baisser de manière aussi vertigineuse qu'hier celui du téléphone portable.

Autre constante, la production 3D est plus économe car elle utilise des technologies par dépôt de couches successives et évite les gaspillages et les chutes, contrairement à la production industrielle traditionnelle qui procède plutôt par découpe. Pour ajouter à cette sobriété, cette nouvelle forme de production peut s'appuyer sur une énergie autoproduite ou disponible sur des réseaux décentralisés, s'appuyant sur le développement des énergies vertes dont les coûts – notamment s'agissant du solaire – ne cessent de baisser. De même, la production 3D a toutes les caractéristiques pour utiliser les produits des réseaux de recyclage de matières premières.

Le passage du prototype à la production en série et à sa commercialisation peut désormais passer par des circuits totalement différents de ceux de la seconde révolution industrielle.

Après la mise au point d'un prototype, l'innovateur ou le créateur peut lancer une série plus longue en envoyant son plan en 3D à des usines qui vont la produire à des coûts presque comparables aux séries industrielles. Plus besoin de financer et de gérer un outil lourd de production, il suffit de le louer. Pour tester ensuite le produit auprès des consommateurs, plus besoin, non plus, de lever des financements importants ou de céder une licence à une grande entreprise. Des sites de vente comme Etsy permettent de promouvoir et de vendre ces produits, qu'ils soient innovants ou artisanaux. Etsy, créée par Robert Kalin, permet ainsi à près de 1 million de petits fabricants de faire leur publicité, sans frais, sur ce site visité par plus de 60 millions de personnes chaque mois.

Consciente de l'ouverture d'une voie nouvelle pour accélérer la réindustrialisation américaine et la création de nouvelles industries, l'administration Obama a lancé, début 2012, un programme d'équipement des écoles en *makerspaces*, afin de sensibiliser les jeunes à cette nouvelle voie de création d'entreprise.

La démultiplication du pouvoir du consommateur

Le quatrième pilier de l'économie de marché de masse résidait dans la capacité à offrir aux consommateurs des produits standardisés et à en susciter le besoin, selon le théorème de Henry Ford selon lequel on avait parfaitement le droit de choisir sa voiture pourvu qu'elle soit noire.

En permettant aux individus d'échanger des avis et de se rassembler sans avoir besoin de structures faisant l'interface, Internet leur redonne le pouvoir face aux entreprises de masse et réalise une part du rêve de la contre-culture californienne d'ébranler le pouvoir des bureaucraties. Les démêlés, en 2005, du blogueur Jeff Jarvis et de l'entreprise Dell, alors leader de la vente d'ordinateurs sur le Net, illustrent ce renversement des pouvoirs. Jarvis[1] avait acheté un ordinateur portable avec service après-vente à domicile. Son PC portable avait des défauts de fabrication et, chaque fois, il devait remonter la chaîne d'appels du service de réparation. N'en pouvant plus, il s'est décidé à mettre sur son blog un article dans lequel il expliquait ses déboires et où l'on pouvait lire : « Cette machine est une daube » et surtout « Dell craint. Dell ment ». Fondé sur la réalité d'un service après-vente défaillant et relayé par la puissance de l'association, sur Google, des mots-clés « Dell » et « ça craint », les autres clients mécontents ont fait du blog de Jarvis leur point de ralliement. En quelques jours, ce blog est monté en première page de la recherche « Dell » sur Google, juste sous le site officiel de la marque. Ce mouvement de consommateurs mécontents tombait au mauvais moment,

1. Jeff Jarvis, *La Méthode Google...*, *op. cit.*

avec la publication de résultats financiers décevants. La presse s'en est mêlée, dans un article de *Business Week* mettant en cause le service clients de Dell. Le cours de l'action a plongé, jusqu'à perdre la moitié de sa valeur. Dell a compris et a lancé son blog Direct2Dell pour dialoguer avec les clients insatisfaits. En 2007, Michael Dell a lancé IdeaStorm, un site où l'on pouvait suggérer des idées à l'entreprise en votant. Contrairement à l'avis des cadres qui craignaient de ne pas pouvoir assurer le service après-vente, Dell a accepté l'idée, suggérée par les consommateurs, de vendre des ordinateurs sous système d'exploitation libre Linux et non plus seulement sous Windows de Microsoft. La réponse des clients aux inquiétudes des cadres de l'entreprise était révélatrice de la nouvelle philosophie Internet : il ne faut pas s'inquiéter de la fiabilité de Linux, la communauté des développeurs de ce logiciel libre est là pour cela, ce qui s'est révélé exact.

Au-delà de cette anecdote, qui renvoie déjà à la préhistoire de la révolution numérique, la reprise du pouvoir par les consommateurs érode le marché de la publicité. La publicité n'amuse ni n'attire plus autant, d'où la nécessité des techniques de ciblage personnalisées par le recours au *big data*[1]. On fait confiance, au contraire, à l'avis des autres.

C'est en cela que le modèle publicitaire de Google s'est imposé. Il retourne à son avantage beaucoup des codes originels d'Internet. Sa page d'entrée est immaculée, à l'image du continent virtuel sur lequel il s'étend. Elle semble illustrer le principe même de neutralité de la « Toile ». Google a une stratégie à double détente.

1. *Cf.* Jean-Baptiste Rudelle, *On m'avait dit que c'était impossible. Le manifeste du fondateur du Criteo, op. cit.*

Outre les meilleurs algorithmes de recherche, elle vise à offrir le plus de services possibles et au plus grand nombre. Ces services, des plus connus comme Google Maps ou YouTube aux plus confidentiels et novateurs comme SketchUp, qui permet de modifier les plans d'objets scannés en 3D, sont gratuits. Ils sont développés selon une logique collaborative. Les nouveaux services sont lancés en version bêta, c'est-à-dire en phase d'essai ou encore en développement, afin de faire participer les utilisateurs à leur mise au point et de ne pas s'exposer, comme Microsoft, aux critiques liées aux bugs qui restent toujours dans les phases de lancement. Google News a ainsi été lancé sans avoir tranché entre le choix d'un index par lieu ou par date. Une fois que Google a attiré l'essentiel des utilisateurs des moteurs de recherche (plus de 95 % de parts de marché en France), il peut vendre aux enchères aux entreprises la possibilité de les atteindre de manière extrêmement efficace et ciblée. Là encore, Google le fait sur la base du principe de transparence. Les annonces publicitaires apparaissent comme telles en haut à droite des pages de recherche.

La révolution Internet crée une nouvelle valeur-or : la donnée ou *big data*

Nous produisons des données sur une base exponentielle. La particularité est que nous le faisons au sein d'un même réseau et qu'avec l'élargissement du nombre d'adresses (IP) à des centaines de milliards, il sera très vite possible de suivre aussi les signaux des objets connectés. À cela s'ajoute notre capacité technique à trier, traiter et interpréter ces informations, à vitesse ultrarapide. Au rythme de croissance de la puissance et de la vitesse de traitement des ordinateurs, ce *big data* (ou « mégadonnées ») permet d'apprécier, de manière extrêmement fine, les tendances des sociétés – Google peut suivre, par exemple, la propagation d'une épidémie de grippe aussi précisément que les meilleurs réseaux de santé publique – ainsi que les goûts et les attentes de groupes ou d'individus. Du domaine de la publicité ultraciblée aux études sociologiques ou épidémiologiques en passant, bien sûr, par la politique – *cf.* l'avantage conféré par le *big data* à Barack Obama lors de sa réélection –, celui-ci offre des possibilités presque sans limites[1].

La question de l'utilisation à des fins commerciales du *big data* est devenue un enjeu majeur. Les géants du Net Google et Facebook offrent des services apparemment gratuits mais vendent les données qui y sont laissées par les utilisateurs. Aux États-Unis, le débat fait rage face à ce qui apparaît comme la tentation de l'« enclosure » des données et une atteinte au caractère ouvert du réseau mondial[2].

Les risques, en termes de respect de la vie privée, sont également décuplés par le *big data* et la possibilité de croiser des informations de toute nature. À une époque où les États, qui se qualifient de démocratiques, s'espionnent et espionnent des individus par millions sans règles, sans limites, et où cela ne provoque presque aucune réaction, le *big data* apporte à ces pratiques des moyens supplémentaires considérables et en élargit le champ aux intérêts privés.

On peut, bien sûr, soutenir que l'idée de vie privée est une création récente : dans l'Antiquité, au Moyen Âge,

1. *Cf.* Gilles Babinet, *L'Ère numérique, un nouvel âge de l'humanité*, *op. cit.*
2. En France, le président de l'Autorité de la concurrence a annoncé, en mars 2016, l'ouverture d'enquête sur le *big data*.

durant la Renaissance, tout, même le plus intime, était sur la place publique. La technologie aurait pour effet de fermer cette parenthèse, produit du triomphe de la bourgeoisie au XIXe siècle. Les risques de dérives, de nouveaux totalitarismes sont considérables. Le nouveau droit à défendre, à l'échelle planétaire, est certainement celui du respect de la vie privée, de son intégrité intérieure. Entraînées, dans un passé récent, dans les errements de leurs États, les grandes entreprises du secteur, comme Google et Apple, ont commencé à réagir en assurant le chiffrage des données de leurs clients et utilisateurs sur les systèmes d'exploitation (iOS et Android), au risque de s'exposer aux foudres de hauts magistrats estimant que ces pratiques entravent le bon fonctionnement de la justice[1] ou d'être présentés comme refusant de contribuer à la lutte contre le terrorisme.

À la frontière entre le sociétal et le politique, Internet révolutionne le rapport à l'enseignement et au savoir

L'exemple de l'éducation éclaire ce mouvement.

Notre organisation scolaire a été façonnée à l'image des deux premières révolutions industrielles. Il fallait former des bataillons d'ouvriers, puis d'employés, ayant acquis les connaissances nécessaires minimales et l'esprit d'obéissance pour s'intégrer à des structures hiérarchisées et de masse.

À l'image d'une organisation militaire, l'obligation scolaire concerne toute une génération, répartie par classes.

---

1. *Cf.* la tribune des procureurs de Paris et de Manhattan ainsi que de leurs homologues espagnols et britanniques dans le *New York Times* du 11 août 2015.

On ne saurait y discuter l'autorité du professeur. Échanger des informations entre élèves lors des épreuves, c'est tricher.

L'organisation de l'enseignement supérieur repose sur les mêmes bases auxquelles s'ajoute la sélectivité par l'argent, comme dans les pays anglo-saxons, et par des mécanismes de reproduction, comme en France. La respiration du système se limite à la promotion des élèves exceptionnels, *via* des systèmes de prêts ou, chez nous, de bourses.

L'esprit Internet et ses instruments bouleversent cette construction. Que ce soit dans l'enseignement primaire et secondaire avec notamment la Khan Academy (*cf.* chapitre 7 sur l'éducation), ou dans l'enseignement secondaire avec les MOOC[1], les modalités de transmission du savoir entrent dans une ère nouvelle.

Les MOOC sont nés en 2011 à l'initiative de Sebastian Thrun, professeur d'intelligence artificielle à Stanford, qui a décidé de mettre en ligne gratuitement son cours. Traditionnellement, celui-ci était suivi par 200 étudiants de l'université. Le premier jour d'enseignement sur Internet, 160 000 personnes du monde entier étaient en ligne. Près de 25 000 étudiants ont suivi le cours jusqu'au bout.

Thrun a démissionné de sa prestigieuse chaire et créé Udacity, première université en ligne dont l'objectif était notamment d'offrir un savoir de la plus haute qualité aux étudiants des pays les plus pauvres. Harvard et le MIT ont, selon la même logique, créé edX.

Comme souvent dans la révolution numérique, deux collègues de Thrun se sont séparés d'Udacity pour créer Coursera, université en ligne à but lucratif qui fédère

1. *Massive Open Online Course*, ou « cours en ligne ouvert à tous ».

une centaine d'universités et par laquelle sont déjà passés plusieurs millions d'étudiants.

Les MOOC, comme les enseignements de la Khan Academy, mettent en œuvre les mêmes principes. Le plus grand nombre peut avoir librement accès aux enseignements des meilleurs. Les modules de formation font appel à des vidéos de courte durée (souvent de l'ordre de dix minutes). Chaque élève ou étudiant peut avancer à son rythme – une vidéo est, en moyenne, arrêtée et repassée en arrière une dizaine de fois, ce qui est évidemment impossible dans un cours traditionnel. La progression est individualisée. La collaboration entre les élèves ou les étudiants est favorisée, ainsi que l'éveil par la conduite de projets communs. Le rôle des professeurs est d'apprendre à apprendre. Ils travaillent en réseau avec d'autres enseignants, partageant expériences et instruments pédagogiques. Les élèves s'entraident et se stimulent, les plus anciens pouvant évaluer les plus jeunes. Les élèves dialoguent, jaugent et font évoluer ou complètent les instruments pédagogiques de leurs enseignants.

C'est le système d'éducation militaro-tayloriste qui explose. Certes, on manque encore de recul pour en apprécier l'efficacité globale. Les cours en ligne se caractérisent par un taux d'abandon élevé mais les témoignages de jeunes en échec scolaire, qui s'en sont sortis grâce à ces nouvelles méthodes, sont impressionnants, tout autant que la force de l'émulation qui naît de la dynamique des travaux collectifs.

Par-delà la multiplication des initiatives et des instruments, ce nouveau mode d'enseignement devra trouver son modèle économique. Un système de grande envergure ne peut pas fonctionner seulement par des dons, comme ceux de Bill Gates pour la Khan Academy. Comment les grandes universités américaines pourront-elles continuer à faire payer 50 000 dollars par an à leurs élèves « en dur », alors que des enseignements de grande qualité sont mis en ligne, presque gratuitement, par ces mêmes universités ? Quelle valeur conserveront les diplômes quand les MOOC passeront d'un système de certificats de suivis d'enseignement à une véritable validation d'acquis universitaires[1] ?

C'est la question du modèle économique de la civilisation 3.0 qui est posée

Une première évolution se dessine, d'ores et déjà clairement, celle de l'affaiblissement, voire de l'effacement, de l'économie traditionnelle au profit de la nouvelle.

Que l'on soit dans le domaine du commerce, avec Amazon ou Cdiscount en France, de la musique en ligne, du tourisme avec Airbnb et les sites de comparaisons de prix et de conseils des utilisateurs, des transports avec Uber, les positions protégées et les secteurs de distribution à circuits longs, dans lesquels on empile les marges, sont menacés par de nouvelles entreprises caractérisées par la simplicité des usages, l'abondance des choix offerts, les prix serrés et la capacité d'innovation permanente.

Prenons l'exemple d'Amazon. Pour écrire l'introduction de ce livre, je voulais lire l'*Esquisse d'une histoire des Français* de Julien Benda, publiée en 1932 dans la *Revue de Paris*, et que Braudel citait dans son *Identité de la France*. En quelques minutes sur Amazon, la relation avec le libraire de province qui la vendait était faite. Huit jours

1. Voir les remarquables chapitres « MOOC » et « Éducations » des ouvrages de Jeremy Rifkin et Gilles Babinet.

plus tard, je la recevais. Sans Amazon, je n'aurais jamais dégagé le temps nécessaire pour aller consulter l'ouvrage à la bibliothèque Sainte-Geneviève à Paris. J'aurais renoncé à cette idée ou j'aurais simplement repris la citation faite par Braudel. Si Amazon remplace les librairies de quartier que nous avons tant aimées, c'est parce qu'il offre un service incomparable. Jeff Bezos n'a pas seulement créé un site de commerce. À première vue, c'est bien une entreprise de la grande distribution qui pousse encore plus loin les logiques existantes : « Amazon ne s'approvisionne que lorsqu'il reçoit les commandes de ses clients. Il n'a pas de magasin, ne paye pas de bail commercial, n'emploie pas de vendeurs. Il sous-traite sa chaîne logistique et, comme il traite de gros volumes, s'arrange pour négocier des tarifs avec ses prestataires. Du fait de l'importance du volume de ses ventes, il parvient à obtenir les meilleurs prix possibles[1]. » La véritable spécificité d'Amazon est, en réalité, d'offrir à un réseau de commerçants du monde entier une expertise de vente qui permet à cette multitude de commerçants – comme mon libraire de province – d'utiliser, contre versement d'une commission, sa puissance de vente mais aussi sa connaissance parfaite de nos attentes et de nos comportements de consommation. Sans la « proposition » Amazon, je n'aurais certainement jamais acheté, à un autre libraire spécialisé, l'*Exercice d'un enterré vif*, toujours de Julien Benda. Qui peut dire qu'« Amazon tue la culture à la papa » ? Par ailleurs, par le recours aux solutions les plus simples et les plus astucieuses jusqu'aux plus novatrices comme les drones de livraison, Amazon va s'imposer dans les services logistiques et contrôler à terme toute la chaîne de commercialisation. Des secteurs

1. Jeff Jarvis, *La Méthode Google...*, *op. cit.*

comme l'alimentaire, encore protégés, n'échapperont sans doute pas très longtemps à cette vague de fond.

Attaquées par ces géants, les entreprises traditionnelles sont également mises en péril par l'économie du partage. Les logiques d'accès, de recyclage et d'autoproduction conduiront inévitablement à une baisse des ventes et des marges sur les produits traditionnels, entraînant une fragilisation de secteurs entiers de l'économie. Les géants de l'énergie sont, sans doute, les plus menacés. Le développement des bâtiments producteurs nets d'énergie verte, les réseaux décentralisés et intelligents, la vente des surplus d'électricité produits sur le marché vont durement toucher les champions de la production et de la distribution de masse, issus de l'ère des hydrocarbures et du nucléaire.

La deuxième évolution qui apparaît clairement est celle de l'hyper-concentration de la nouvelle économie. Google est le moteur de recherche archi-dominant. Facebook, avec son milliard d'utilisateurs réguliers – avec des pics à un milliard et demi –, écrase tous ses concurrents, même s'il n'est pas à l'abri de l'apparition d'un concept plus performant qui pourrait le faire disparaître, comme hier Myspace ou Friendster. EBay n'a pas de concurrents. Apple domine les appareils haut de gamme et la diffusion des contenus.

Grâce à cette puissance, ces entreprises prennent le contrôle de la publicité commerciale et ont lancé l'enclosure du nouvel Eldorado du *big data*. Préparant de nouvelles conquêtes, elles utilisent leur puissance financière et acquièrent toutes les positions possibles dans les nouvelles technologies et l'innovation, en rachetant en masse les brevets dans ces domaines stratégiques.

Bien sûr, il y aura des secteurs qui ne changeront pas ou peu, comme le luxe ou l'artisanat, même si ce dernier ne tardera pas à entrer dans des logiques de mise en réseau. Il y aura aussi toujours des innovations imprévisibles qui créeront de nouveaux marchés ou s'y tailleront la part du lion.

Une question beaucoup plus difficile consiste à savoir ce qui sortira du face-à-face entre les entreprises à but lucratif de la nouvelle économie et celles qui sont demeurées fidèles aux logiques non lucratives. Nous sommes entrés dans l'ère de l'hybridation. Toutes les entreprises s'appuieront sur des logiques participatives, en intégrant dans leur fonctionnement des mécanismes de type *open source*. Symétriquement, même les entreprises reposant sur les logiques de partage devront trouver un équilibre économique. Celui-ci ne peut pas reposer durablement sur le seul financement par des dons.

Dans ce cadre, la question de l'appropriation des réseaux est déterminante. Derrière le débat apparemment académique sur la neutralité du Net, un combat essentiel est engagé entre les industriels qui veulent pouvoir tarifer différemment l'usage de leurs réseaux (mettre en place des systèmes de priorité, prendre en compte le volume des informations que l'on y fait circuler, instaurer des redevances...) et ceux qui défendent le modèle indifférencié d'Internet : une fois payé l'abonnement aux fournisseurs d'accès, chacun a exactement les mêmes droits, quel que soit l'usage qu'il en fait. C'est en cela que la proposition récente de la FCC, le régulateur télécom américain, de créer un réseau national de wifi gratuit, hors de tout système de licence, préfigure le nouveau rôle des pouvoirs publics qui vont devoir réguler et arbitrer entre les tenants de l'enclosure du Net et les défenseurs de l'absence totale de discrimination ou de logique tarifaire différenciée.

De la même manière, la question de savoir si Google doit être regardé comme un monopole naturel, qui devrait être, à ce titre, régulé, voire ouvert, comme hier AT&T dans la téléphonie, est majeure. Au-delà du débat juridique sur ce qu'est un monopole naturel et des procédures engagées par la Commission européenne, comment doit-on appréhender le quasi-monopole de Google dans le monde, à l'exception notable de la Russie et de la Chine ?

Parmi les autres enjeux essentiels figure celui de la propriété du *big data* et des conditions de son utilisation. Comment garantir, en toutes circonstances, le droit au respect de la vie privée ? Le *big data* n'a-t-il pas vocation à devenir une des bases imposables du XXIe siècle, comme le travail et la consommation l'ont été au XXe siècle (*cf.* chapitres 6 et 8) ?

L'intelligence artificielle est-elle une menace majeure pour l'emploi ?

Que ce soit dans l'économie traditionnelle ou dans la nouvelle, la question de l'emploi ou plutôt du chômage technologique est posée à travers le développement de l'intelligence artificielle.

On est loin désormais du constat que faisait le prix Nobel d'économie Robert Solow en 1987 : « On peut voir l'ère digitale partout, sauf dans les statistiques de la productivité. » Passé le temps de la transition de l'équipement et des réorganisations nécessaires, l'informatisation et la robotisation ont conduit à des gains de productivité importants, partout dans le monde. Les délocalisations du tournant des années 2000 ne sont ainsi pas la seule cause de destruction de l'emploi industriel : de 1995 à

2002, 22 millions d'emplois industriels ont été supprimés dans l'économie mondiale[1].

Ce mouvement s'est renforcé avec la crise de 2008, les entreprises ayant accéléré le recours à l'automatisation pour préserver leur compétitivité et leur rentabilité. En 2012, les États-Unis avaient effacé les effets de la grande dépression puisque leur PIB avait retrouvé le niveau de 2007, mais cela avec 4 millions de travailleurs en moins dans l'industrie[2]. Le mouvement de robotisation s'étend désormais aux pays émergents et notamment à la Chine, avec, comme exemple emblématique, le plan de robotisation à outrance lancé par le taïwanais Foxconn, l'assembleur des iPhone.

L'arbitrage porte aujourd'hui bien moins sur le choix de produire dans les pays à bas salaires que sur celui de remplacer ces productions par le recours à la robotisation de nouvelle génération. C'est dans ce cadre qu'il faut replacer le mouvement de relocalisation notamment des entreprises industrielles américaines et japonaises, et une situation dans laquelle la relocalisation industrielle en France, couplée à un recours massif à la robotisation, serait créatrice nette d'emplois.

La principale rupture réside dans la possibilité de robotiser désormais des emplois de services, singulièrement de plus en plus qualifiés. La progression exponentielle des capacités de calcul et de traitement des données des ordinateurs, poussée par la loi de Moore[3], porte cette vague de fond. Dans les métiers du commerce, le géant américain Walmart équipe déjà ses hypermarchés avec des caisses automatiques ou en libre-service où l'on paye

1. Jeremy Rifkin, *La Nouvelle Société du coût marginal zéro*, *op. cit.*
2. *Ibid.*
3. *Cf.* p. 87.

après avoir scanné les codes-barres des produits sur son téléphone portable. Très vite, ce sera même inutile : avec la baisse du coût des puces qui pourront être placées sur la plupart des produits, il suffira de faire passer son Caddie sous un portique. La grande distribution française maîtrise parfaitement ces techniques mais se refuse à les mettre en œuvre pour des raisons d'acceptabilité sociale et politique. Combien de temps pourra-t-elle tenir avec le développement de la vente en ligne et des libres-services, où l'on peut déjà acheter ou retirer des produits de toute nature ?

L'enjeu central réside dans les progrès de l'intelligence artificielle. Les ordinateurs couplent leur puissance de calcul au *big data* pour appréhender des structures complexes, évaluer des hypothèses et choisir entre elles, reconnaître la subtilité du langage parlé, traduire de plus en plus efficacement. La victoire aux échecs de l'ordinateur d'IBM Deep Blue sur Garry Kasparov, en 1997, a été le début de la prise de conscience que l'ère de la rivalité entre l'homme et la machine pouvait avoir commencé. Le grand public américain en a été frappé, en 2011, quand Watson, le nouveau superordinateur d'IBM, a écrasé les deux cracks du jeu de connaissance Jeopardy !. La victoire d'AlphaGo, en mars 2016, sur Lee Sedol, le troisième joueur mondial de go, a marqué une nouvelle étape de la progression de la machine, là où l'esprit humain semblait sans rival.

L'intelligence artificielle commence à s'imposer dans des métiers qui semblaient être réservés à l'intelligence humaine : le diagnostic médical, les recherches juridiques – avec l'eDiscovery – et même la création. IBM diffuse Watson – l'ordinateur de Jeopardy ! – dans le secteur médical hospitalier (*cf.* chapitre 10). Les logiciels juridiques experts remplacent déjà des avocats aux

États-Unis pour des recherches et des analyses toujours plus complexes et avec une fiabilité réelle. Des systèmes experts rédigent aussi des articles de presse, notamment dans le domaine sportif, ou des dépêches couplant information et image. Le *big data* permet de trier de manière efficace parmi des chansons ou des scénarios, et de mesurer lesquels ont le plus de chances de rencontrer le succès auprès du public. De nombreux métiers, comme celui de la traduction, sont menacés de disparition. Des secteurs aussi divers que la comptabilité ou le commerce vont subir le choc d'offres de substitution à base d'intelligence artificielle.

La conjugaison d'une reprise sans création d'emplois, après 2008, et de cette menace grandissante sur les emplois qualifiés conduit, aux États-Unis, à la montée d'une inquiétude nouvelle : assiste-t-on au basculement d'une logique traditionnelle de progrès technique destructeur d'emplois devenus obsolètes, mais plus largement créateur de nouveaux emplois, vers un progrès technique destructeur net d'emplois ? Des ouvrages comme *Race Against the Machine*[1] ou *Automate This*[2] ont été autant de prises de conscience et de traumatismes pour une société américaine qui sait bien que, derrière de bonnes statistiques du chômage, il y a des destructions d'emplois incessantes, des emplois à temps partiel subis et des millions d'Américains contraints à des petits boulots ou totalement découragés dans la recherche d'emplois.

Pour ceux qui, comme Jeremy Rifkin, considèrent que l'économie du partage va remplacer le capitalisme, miné par la généralisation du coût marginal presque nul,

1. Erik Brynjolfsson et Andrew McAfee, *Le Deuxième Âge de la machine*, *op. cit.*

2. Christopher Steiner, *Automate This*, Portfolio-Penguin, 2013.

et que l'automatisation annonce *La Fin du travail*[1] – titre de son premier ouvrage à retentissement mondial en 1995 –, le remplacement de l'homme au travail par la machine est cohérent et va dans le sens d'une civilisation meilleure.

Une telle approche est stimulante car elle a le mérite d'offrir une vision globalisante et systémique de l'avenir. Je ne la partage cependant pas.

D'abord parce que le rapport entre l'homme et la machine au travail est beaucoup plus complexe encore qu'on ne l'imagine. Même s'il est de moins en moins confirmé, le paradoxe de Moravec est éclairant. Pour ce roboticien, il est plus facile pour l'intelligence artificielle de prendre en charge un raisonnement de haut niveau que de reproduire des aptitudes sensori-motrices humaines. Moravec le résume ainsi : « Il est assez facile pour un ordinateur d'avoir des résultats de niveau adulte aux tests d'intelligence ou au jeu d'échecs mais il est difficile, voire impossible, de lui donner les capacités d'un enfant de un an quand celui-ci acquiert perception et mobilité[2]. »

Là encore, par un surprenant retour des choses, il serait plus facile à l'intelligence artificielle de concurrencer un actif très qualifié qu'un jardinier ou une femme de ménage.

Surtout, l'avenir devrait plutôt être à la complémentarité entre l'homme et la machine qu'à leur concurrence ou leur substitution. L'exemple des compétitions d'échecs est très instructif. Face à la puissance de calcul des

1. Jeremy Rifkin, *The End of Work : The Decline of the Global Labor Force and the Dawn of the Post Market Era*, Putnam Publishing Group, 1995 ; *La Fin du travail*, La Découverte, 1996.

2. Erik Brynjolfsson et Andrew McAfee, *Le Deuxième Âge de la machine*, *op. cit.*

superordinateurs, des génies comme Fisher, en son temps, ou Kasparov ne peuvent rien. En revanche, dans les tournois de *freestyle*, dans lesquels on peut librement constituer des équipes associant des joueurs humains et des machines, les résultats sont très différents. Un champion associé à un ordinateur de puissance moyenne écrase les superordinateurs. Plus intéressant encore, deux bons amateurs utilisant trois ordinateurs *standard* sont meilleurs qu'un grand maître utilisant un ordinateur puissant.

La clé de l'efficacité économique va, en fait, résider dans une double coopération : entre les hommes, et entre eux et les machines.

Dans l'immédiat, les ruptures technologiques seront cependant source d'une crise d'adaptation probablement très violente. Les conditions de la concurrence entre les entreprises et entre les blocs économiques vont se durcir avec l'attrition des marchés et des emplois. La formation et la mobilité professionnelle vont devenir des enjeux encore plus importants qu'aujourd'hui. Face aux destructions d'emplois, le combat pour accéder et dominer les nouveaux emplois liés à l'automatisation et aux applications de l'intelligence artificielle – ce que je résume par l'expression de « ceux qui commandent aux robots » – va faire rage.

Réduire les charges sur les entreprises et les impôts, simplifier les réglementations et donner de la flexibilité au marché du travail sont nécessaires. Mais il ne s'agit que d'un préalable, d'un rattrapage, au regard de l'enjeu essentiel : l'adaptation des qualifications à cette nouvelle économie et la capacité de nos entreprises à se positionner dans le secteur de l'intelligence artificielle et de ses usages.

La techno-médecine : espoirs et dangers

Avec l'emploi, la médecine est l'autre secteur qui va être le plus bouleversé par les nouvelles technologies et la convergence de leur usage. C'est dans ce secteur aussi que des risques majeurs vont apparaître.

La rencontre de la biologie, de l'informatique, des nanotechnologies et de l'intelligence artificielle, ce que l'on regroupe sous le vocable NBIC (Nanotechnologies, Biotechnologies, informatique et sciences cognitives), pourrait être la source de progrès considérables. Nous sommes en train de passer d'une médecine dans laquelle le diagnostic comme les traitements correspondent à des observations faites sur la base de la moyenne des malades à une médecine personnalisée, infiniment plus efficace et moins invasive. Les traitements immunologiques ciblés des cancers donnent déjà des résultats extrêmement encourageants, et l'on se prend à croire que bientôt la chimiothérapie, qui consiste à tout détruire dont les cellules cancéreuses, sera renvoyée aux temps passés de la médecine.

Les progrès médicaux vont prendre trois directions, chacune déterminante. D'abord, le médecin ne sera plus seul au sommet de la pyramide du savoir mais s'appuiera sur des instruments décuplant ses capacités de diagnostic. Le *big data* tout autant que les sites de partage d'expériences des malades ou de médecine participative – PatientsLikeMe, Patients Know Best, ou, chez nous, Doctissimo – vont améliorer la connaissance des maladies et permettre un meilleur ciblage et dosage des traitements. L'intelligence artificielle va prendre toute sa place aux côtés du médecin grâce à sa puissance d'aide au diagnostic par le traitement de millions de précédents qui seront analysables au moyen du *big data*. Dans ce cadre, le retard que nous prenons dans le lancement du dossier médical partagé – engagé en 2004 et toujours pas en place – et les questions de confidentialité qu'il soulève représentent des enjeux majeurs.

La médecine personnalisée va pouvoir s'appuyer également sur la généralisation du séquençage de l'ADN. Poussé par la croissance exponentielle de la puissance de calcul des ordinateurs, son coût est passé de plusieurs milliards de dollars en 2003-2007, pour les deux premiers séquençages de Craig Venter et de James Dewey Watson – le codécouvreur de l'ADN en 1953 –, à un petit millier de dollars aujourd'hui et, très bientôt, à une centaine de dollars. Ce séquençage couplé au *big data* va permettre de connaître, dès le début de notre vie, les risques de maladies auxquels nous sommes plus particulièrement exposés. Sergueï Brin, le cocréateur de Google, a su, dès 2009, qu'il était exposé à développer la maladie de Parkinson – étant porteur d'une mutation sur le gène LRRK2 –, ce qui l'a conduit à créer et à investir dans la société 23andMe spécialisée dans le séquençage de l'ADN et, plus spécifiquement, dans la recherche de nouvelles voies de traitement contre cette maladie.

Le séquençage de l'ADN, autorisé aux États-Unis mais encore interdit en France, ouvre des perspectives essentielles à la médecine préventive. Quand on connaît les maladies que l'on risque de développer, quand on est informé de l'importance des facteurs environnementaux (alimentation, expositions à risques, activité physique...), s'il existe des traitements préventifs, il devient possible de bâtir un programme personnalisé de prévention d'autant plus efficace qu'il peut s'appuyer sur des dispositifs de diagnostics avancés. Ce progrès est d'évidence un défi pour les comptes de l'assurance-maladie. Aujourd'hui, la grande majorité des dépenses sont concentrées sur les malades âgés, voire dans les derniers mois de leur vie. Avec l'essor de la médecine prédictive, les dépenses commenceront dès le jeune âge. Comment pourront-elles être financées ? Les économies que cette médecine prédictive induit seront-elles ou non plus importantes que les dépenses nouvelles qu'elle générera ? Les problèmes éthiques sont également très lourds. James Dewey Watson a ainsi refusé que soit recherchée son éventuelle prédisposition à développer la maladie d'Alzheimer (refus de lecture du gène ApoE) car il savait qu'il n'y avait aucun traitement contre cette maladie. Doit-on tout rechercher, tout savoir, tout révéler ?

Le troisième axe de progrès est celui du développement des prothèses : hanche, cœur, œil artificiels. Les exemples et les succès ne manquent pas, et les recherches en cours, notamment pour pallier les handicaps physiques ou mentaux, en annoncent de nouveaux.

Derrière les progrès de la techno-médecine se profile la marche vers l'homme augmenté[1], le transhumanisme

On retrouve dans cette démarche les mêmes protagonistes ou presque que la révolution Internet, le même esprit rebelle, les mêmes moyens quasiment illimités. Derrière les investissements de plusieurs milliards d'euros de Google, en vue d'« éradiquer la mort », et le recrutement pour cela de Bill Maris, il y a la conviction qu'en faisant converger des techniques jusqu'ici éloignées ou séparées – la génétique, la médecine de

1. Pour une analyse aussi précise qu'inspirée de cette question, voir Laurent Alexandre, *La Mort de la mort*, *op. cit.*

la reproduction, les nanotechnologies, l'intelligence artificielle – et en les mettant en résonance grâce à la puissance de calcul des ordinateurs, aucun progrès face à la maladie, au vieillissement et même à la mort n'est hors de portée.

Il convient évidemment de prendre de la distance par rapport à ces projets, quand on sait la complexité des mécanismes d'interaction génétique et du fonctionnement cellulaire. Symétriquement, et sans aller jusqu'au catastrophisme d'un Francis Fukuyama[1], il serait irresponsable de n'y voir que des élucubrations d'illuminés milliardaires de Palo Alto à la recherche d'une nouvelle frontière et chauffés à blanc par les articles de la revue *Wired*.

Deux dérives sont engagées et leur convergence présenterait des dangers majeurs. La première est l'absence de limites aux recherches génétiques et biomédicales. Il y a une forme de *continuum* à l'intérieur duquel il n'est pas aisé de poser des interdits : entre soigner des pathologies et des handicaps par le génie génétique, faire reculer le vieillissement et améliorer les performances de l'Homme. Le second facteur de risque réside dans le développement, sans frein, de l'intelligence artificielle jusqu'à ce que l'on appelle le point de la singularité, c'est-à-dire le moment où ces systèmes experts seraient en mesure de se transformer et de se développer d'une manière autonome. Le progrès ne serait plus alors le produit de l'esprit humain mais celui des machines. Cette idée ne renvoie pas seulement aux romans de science-fiction des années 1960 ou au film *2001, l'Odyssée de l'espace*. La singularité est un véritable mouvement intellectuel et de recherche, avec son université dont il faut noter

1. Francis Fukuyama, *La Fin de l'homme*, Gallimard, 2004.

que le créateur est Ray Kurzweil, le héraut du transhumanisme[1]. Cette université est financée notamment par Google, dont l'intelligence artificielle est le cœur de métier. L'aboutissement ultime de la convergence entre l'homme amélioré et l'intelligence artificielle, c'est l'hybridation, la fusion homme-machine, non plus seulement à base de prothèses physiques mais en vue d'augmenter ses capacités cognitives.

Là encore, il faut, tout à la fois, se garder de considérer que de telles perspectives sont pour demain comme de penser que le risque n'existe pas.

Sans attendre la mise au point de techniques d'hybridation, il y a des progrès qui peuvent entraîner des changements considérables. Les recherches sur la commande mentale à distance progressent, principalement pour répondre à la situation des personnes paralysées. Le couplage commande mentale-accès à Google, notamment par la mise au point de lentilles oculaires[2], permettant la connexion entre l'espace mental et le Net, est de nature à transformer radicalement les notions fondamentales de savoir et de mémoire. Or, une telle convergence est parfaitement possible à un horizon inférieur à dix ans.

Très vite et tout au long du siècle, c'est un nouveau droit international qu'il va falloir élaborer pour trouver et faire respecter les points d'équilibre, favoriser les progrès et prévenir les désastres car aucune règle n'aura la moindre efficacité autrement qu'à l'échelle mondiale.

---

1. *Cf.* Laurent Alexandre, *La Mort de la mort*, *op. cit.*
2. L'échec commercial des lunettes Google n'arrête pas les recherches et applications visant à se passer de l'interface de l'ordinateur ou du téléphone portable.

L'État, le politique vont devoir se redéfinir dans le cadre de la civilisation 3.0

Nous n'entrons pas dans le temps de l'effacement des responsabilités politiques. Tant sur le plan sociétal qu'économique et éthique, un nouvel État, de nouveaux pouvoirs politiques et de nouvelles conditions de leur exercice vont émerger.

Une nouvelle ligne de partage va voir le jour entre l'État et la société.

Le scénario d'un rapport de force entre les États et l'espace de liberté qu'est Internet est plutôt improbable.

Certes, la tentation de reprise en main d'Internet par certains États et de son utilisation à des fins liberticides n'est pas une hypothèse d'école. Comme le soutient Eric Schmidt[1], si les États ne peuvent pas contrôler la diffusion des informations sur la « Toile », ils ont la main sur ses infrastructures (antennes, relais répartiteurs, boucles locales en cuivre ou en fibre optique...) qu'ils peuvent couper, comme on l'a vu lors des révolutions arabes. Ils peuvent aussi exercer des pressions sur les acteurs pour faire supprimer des informations, comme l'a fait la Turquie en obtenant de YouTube de faire disparaître toute mise en cause d'Atatürk. La Chine utilise toute une palette de moyens car elle souhaite le développement d'Internet pour des raisons économiques mais en évitant qu'il ne devienne un instrument de déstabilisation politique. Les sites Internet doivent s'enregistrer auprès des autorités tout comme les blogueurs, les cybercafés et leurs clients. Les fournisseurs d'accès et les moteurs de recherche sont chargés de surveiller le trafic vers les sites étrangers et de

1. *Cf.* Eric Schmidt et Jared Cohen, *À nous d'écrire l'avenir*, Denoël, 2013.

bloquer les sites interdits. Les mots-clés « parti unique », « Falun Gong[1] » ou « 4 juin[2] » provoquent l'extinction de l'écran et le rappel à l'ordre des utilisateurs. En 2011, un corps de 30 000 à 40 000 cyber-policiers aurait été constitué et 300 000 internautes seraient aujourd'hui chargés de valoriser l'action du gouvernement sur le Net. Cette situation de « Grande Muraille virtuelle » qui s'est élevée autour de l'Internet chinois a conduit Google à préférer laisser le champ libre à son concurrent chinois Baidu.

Il s'agit, à mon sens, de combats d'arrière-garde, car Internet et son prolongement de téléphonie mobile sont des caisses de résonance, d'une puissance inouïe, de la liberté d'expression.

Le nouveau point d'équilibre entre l'État et la société va bouger en faveur de cette dernière.

Les communautés de proximité ou de projets voudront se structurer pour gérer les services essentiels, notamment dans le domaine de l'énergie, de l'autoproduction, voire de la petite enfance et de l'enseignement primaire. Dans le domaine social, des systèmes de type mutualiste ou des coopératives – qui n'ont jamais cessé d'exister – pourraient prendre le pas sur les structures globalisées comme la Sécurité sociale.

À la question de la ligne de partage entre centralisation et décentralisation va se substituer celle entre politiques d'État et responsabilités collectives

Le rôle de l'État pourrait consister à prendre en charge ce qui ne peut pas l'être par les communautés :

1. Ancienne discipline de *qigong* interdite par le gouvernement chinois.
2. 4 juin 1989, date des manifestations de la place Tian'anmen.

les fonctions régaliennes, les dispositifs de solidarités et de compensations financières entre les territoires et au profit des plus vulnérables, les réseaux globaux nationaux et transnationaux.

Le développement de l'économie coopérative et du partage pose ainsi la question de la réduction du périmètre de l'État, de manière assez symétrique, voire proche, de la façon dont elle est posée par les économistes libéraux. La nouvelle économie porte en elle une très forte réduction des bases imposables. L'autoproduction, l'échange, la réduction des marges des entreprises commerciales conduiront à la fonte des recettes de la TVA et de l'impôt sur les sociétés (IS). Les bâtiments producteurs d'électricité, les véhicules électriques en autopartage réduiront d'autant la taxe sur les produits pétroliers. Certes, on pourra réfléchir à créer de nouvelles bases imposables, notamment à partir de l'utilisation des réseaux ou du *big data*, mais cela ne sera pas si aisé dans une économie dont le moteur ne sera plus seulement la recherche de la plus grande production et du plus grand profit.

Au-delà du périmètre, le fonctionnement de l'État ne pourra pas échapper longtemps aux progrès du numérique et aux logiques d'*open source*. L'« État en ligne », le croisement et l'alimentation automatique des fichiers, la mise à disposition de systèmes experts d'assistance aux formalités administratives sont autant de réponses au problème du poids excessif des réglementations, sans que cela ne passe par une attrition des droits et des protections.

S'agissant du processus de décision, le pouvoir politique ne pourra pas échapper encore longtemps aux logiques coopératives, sauf à se couper davantage des citoyens. Il devra, au contraire, y trouver une opportunité de gagner en clarté et en efficacité. Il n'y a aucune raison que, dans les domaines de la recherche et de l'innovation ou dans les entreprises, l'*open source* génère des progrès importants et que cela ne soit pas le cas dans celui de l'action publique, c'est-à-dire justement là où chacun est concerné. La vraie difficulté sera d'organiser ces processus pour qu'ils soient réellement efficaces et qu'ils ne soient pas seulement la caisse de résonance de contestations de toute nature.

Ces évolutions ne vont cependant pas effacer l'importance du politique et la fonction d'autorité

En plus des missions régaliennes, l'État va retrouver, sous des formes nouvelles, une mission économique stratégique. En raison de la coexistence, probablement durable, d'un secteur capitaliste et d'un secteur coopératif, l'État devra jouer un rôle essentiel de régulateur. Là sera la nouvelle ligne de partage droite-gauche. Elle consistera à savoir lequel de ces deux secteurs il faudra privilégier et quel sera le bon équilibre à trouver, notamment s'agissant de la propriété des réseaux et des conditions tarifaires d'accès.

Dans un monde bouleversé par les innovations de rupture et leurs dangers, le pouvoir politique aura également la charge d'armer les citoyens face à ces mutations. L'éducation, la formation devront être repensées de fond en comble. C'est une nécessité et une opportunité pour faire de l'égalité des chances une réalité. Le pouvoir politique devra jouer un rôle majeur dans les grandes questions d'équilibre du monde : réchauffement climatique aujourd'hui, limites à poser au développement de l'intelligence artificielle[1] et aux avancées de la techno-médecine demain.

Dans ce monde complexe où toute l'information est disponible, ce qui est à la fois un progrès et une source d'anxiété collective, la fonction pédagogique, l'autorité, la capacité à décider en dernier ressort seront plus que jamais essentielles.

Paradoxalement, dans une société ouverte et de consensus, le besoin de personnalités fortes, de guides, de décideurs devrait aller en grandissant. Comme l'a dit Henry Kissinger : « Un de Gaulle ou un Churchill ne peuvent pas naître sur Facebook. »

À un système d'organisation pyramidale des pouvoirs, du local au national et s'appuyant sur la multiplication des corps intermédiaires, devrait succéder une nouvelle architecture fondée sur l'horizontalité du fonctionnement de la société et la verticalité de l'exercice du pouvoir politique.

Une civilisation 3.0 se dessine, telle que l'a définie l'Américain Peter Barnes : « La différence cruciale entre les versions 2.0 et 3.0 est l'inclusion dans la seconde d'un ensemble d'institutions que j'appelle le secteur des communaux. Au lieu d'avoir un seul moteur – le secteur privé que dominent les grandes entreprises –, notre système économique amélioré en aurait deux : le premier se consacrerait à gérer le profit privé, le second à préserver et accroître la richesse commune[2]. »

Pour la première fois, peut-être, le futur est plus important que le passé. Le futur dévore le présent. Il nous faut

---

1. *Cf.* les rappels lancés, début 2016, par Bill Gates et Elon Musk, le patron de Tesla et SpaceX.

2. Peter Barnes, *Capitalism 3.0 : A Guide to Reclaiming the Commons*, Berrett-Koehler Publishers, 2006.

l'accepter et comprendre que l'essentiel réside dans la capacité à donner aux Français les facultés nécessaires pour s'imposer dans ce nouveau monde, à la fois sur le terrain économique et sur celui des valeurs.

C'est d'autant plus essentiel que la révolution Internet porte en elle à la fois les réponses potentielles aux grands problèmes actuels (course aux profits et à la consommation, épuisement des ressources, réchauffement climatique) et les dangers considérables liés à la marche insensée, qui est engagée, vers l'Homme augmenté, l'Homme concurrencé.

4

Ce qui nous attend si nous continuons à subir

Nous sommes au point de jonction des mouvements violents et contradictoires d'un siècle dont nous commençons à voir se dessiner le visage.

La mondialisation a vidé nos usines et transformé en friches tant de nos poumons économiques d'hier, au nord comme à l'est. Désormais, c'est notre agriculture – cœur et symbole de notre identité – qui est attaquée. Une nouvelle civilisation technologique s'installe. Nous en utilisons les instruments et les progrès, mais nous ne mesurons pas encore sa puissance destructrice de ce que nous avons connu et reconstructrice de tout autre chose. En tant que Nation, nous en sommes absents. Alors que nous avons toujours été dans le concert des puissances économiques, nous sommes en train d'en sortir, de nous placer à la périphérie de ce nouveau monde, tout à la fois potentiellement meilleur et plus dangereux.

Au même moment, nous sommes confrontés à la remontée de la barbarie religieuse qui infecte et transforme en bêtes enragées une partie de la jeunesse du monde, laissée sans défense immunitaire par l'absence d'idéal et de sens qui caractérise les sociétés actuelles. Alors que les questions religieuses devraient, depuis longtemps, appartenir au for intérieur de chacun, elles nous obsèdent, nous antagonisent, nous détournent de l'essentiel : quel sens collectif donner au progrès technologique ?

Si nous ne relevons pas, en même temps, ces deux défis, ce n'est pas une fin douce, en tant que puissance, que nous allons connaître. Bien au contraire, il faut nous préparer aux spasmes violents et à la souffrance du basculement accéléré dans une société de pauvreté, d'inégalité et de confrontation. N'oublions jamais que la France est le pays des tragédies.

Sans restauration, à court terme, de l'appareil productif, sans spécialisation qui nous permette de devenir une nation exportatrice, il n'y aura pas de croissance. La croissance par la consommation est une illusion quand il n'y a pas de travail. La clé de l'emploi, même dans les services, nécessite un tissu industriel puissant. Nous sommes passés de 6 % de croissance par an au début des années 1970, fondée sur le niveau d'investissement le plus élevé en Europe, à une croissance plus molle autour de 1,5-2 % jusqu'au début des années 2000 – on finira bientôt par avoir la nostalgie de ces « trente piteuses » qui ont succédé aux Trente Glorieuses. Depuis la crise financière de 2008, nous sommes entrés dans des années de croissance zéro. C'est une décennie de récession qui pourrait lui succéder, à l'image de ce que vient de connaître le Japon.

Sans projection dans la civilisation 3.0, nous allons voir progressivement laminées nos grandes entreprises et voir les emplois qualifiés dévorés par l'avancée de l'intelligence artificielle. L'éducation, la formation, notre capacité à garder les talents français, si nombreux, dans cette nouvelle économie, sont des enjeux vitaux, dans une perspective de moyen terme.

La question n'est pas réellement celle du départ de ceux qui, fortune faite, font le choix d'émigrer. Non, le danger, c'est le départ des jeunes diplômés, des forces vives qui n'ont aucune envie de galérer pendant des années pour accéder à un CDI puis de subir, pendant des années encore, une situation bloquée par la pesanteur hiérarchique de nos grands groupes et avant qu'on leur explique, à 45 ans, qu'ils sont trop vieux pour les postes à responsabilité. Déjà, près du quart des jeunes diplômés veulent quitter la France[1]. Il suffit de passer quelques jours à Londres, New York ou Los Angeles – mais c'est sans doute vrai aussi en Chine, au Canada, en Australie ou au Mexique – pour croiser partout de jeunes Français dans les entreprises, dans les universités ou simplement comme vendeurs ou serveurs. Faites l'exercice de demander à un jeune Français qui travaille dans un restaurant londonien s'il est content de sa vie. Il vous dira qu'il est « super heureux ». Et juste après, il vous expliquera que c'est dur et cher de se loger, qu'il a, en général, deux boulots. Mais il n'a pas ce regard vide qu'il aurait eu en France. Il a l'impression d'être en mouvement et que, s'il se donne à fond, il aura sa chance et qu'il pourra réussir sans qu'on lui demande quelle est l'origine de son nom ou de quelles écoles il est diplômé. C'est probablement plus dur ailleurs qu'en France mais l'avenir y est ouvert, possible. Le danger mortel pour notre pays est de perdre une partie vive de sa jeunesse et de désespérer une autre qui n'aura pas la force de partir pour trouver une vie meilleure.

Sans un double mouvement de rattrapage et de projection, la réalité s'imposera très vite.

Quand les marchés verront que, contrairement à nos principaux voisins, nous sommes incapables de restaurer notre compétitivité et nos soldes extérieurs, quand ils

1. Enquêtes citées par Christian Saint-Étienne, *L'Iconomie pour sortir de la crise*, Odile Jacob, 2013.

auront compris que nous approchons du seuil de refus de l'impôt, nous rentrerons dans une phase aiguë de crise de la dette, comme l'ont connue l'Italie et l'Espagne. Les mesures à prendre seront très violentes. Les ultimes hausses d'impôts que l'on pourra encore faire n'y suffiront pas. C'est dans les dépenses sociales et de transferts qu'il faudra couper. Peut-être revivra-t-on les baisses autoritaires des traitements des fonctionnaires ou la sortie des cadres, c'est-à-dire des licenciements d'agents publics, comme en 1934 ou comme viennent de le vivre les pays du sud de l'Europe. Notre modèle social n'y résistera pas non plus. De déremboursement en généralisation des dépassements d'honoraires, nous basculerons dans une médecine à deux vitesses, qui sonnera le glas de notre société égalitaire, au moins face à la maladie. À force de geler les pensions de retraites, nous verrons renaître la misère des personnes âgées, condamnées aux petits boulots pour joindre les deux bouts et incapables d'aider des petits-enfants prisonniers de l'impossible recherche d'emploi. L'unité de l'espace français explosera aussi. L'Île-de-France, l'Alsace, Rhône-Alpes, certains foyers industriels du Nord ou autour de Toulouse ne pourront pas continuer à supporter les transferts nécessaires au maintien des services publics et des aides économiques et sociales dans les régions rurales ou désindustrialisées[1]. Comme la forêt a reconquis l'espace gallo-romain après la chute de l'Empire, le désert économique, la pauvreté gagneront la majorité de nos territoires.

Les facteurs d'unité qui nous lient s'effaceront alors au profit d'une logique de confrontation généralisée : ceux qui payent les impôts contre ceux qui n'en payent pas ; ceux qui ont un emploi protégé ou des CDI contre ceux

1. Sur cette question, voir Laurent Davezies, *La crise qui vient : la nouvelle fracture territoriale*, Le Seuil, 2012.

qui galèrent ; les jeunes contre les vieux ; les régions économiquement encore fortes contre les nouveaux déserts français, les banlieues contre les centres-ville, les Français de souche – ou croyant l'être – contre les immigrés récents.

Déjà, nous cherchons des boucs émissaires. Au couple rejet des musulmans/racisme antifrançais s'ajoute la résurgence de l'antisémitisme. Lorsque des descendants de l'abomination qu'a été l'esclavage se retrouvent dans un même antisémitisme que les porte-drapeaux d'une extrême droite identitaire et raciste, c'est que des pare-feu sont tombés sur le terrain des valeurs fondamentales. La fièvre s'est emparée de la société.

Le basculement dans une société de pauvreté et de violence, conjugué avec le rejet de la mondialisation et des plans de rigueur imposés de l'extérieur peut conduire à l'arrivée au pouvoir du Front national. À l'image de la nuit des Longs Couteaux, durant laquelle Hitler a éliminé les SA, violemment anticapitalistes, pour gagner le soutien des milieux d'affaires et arriver au pouvoir, Marine Le Pen vient d'abattre le père. Cela en dit long sur sa détermination à accéder au pouvoir. Et, comme dans un cauchemar, une troisième Le Pen se profile qui fait résonner la fibre ultraconservatrice française. L'interdit gaulliste explosera, au moins en partie. Le Front national trouvera des alliés dans une partie de la droite moisie qui n'a jamais rendu les armes et qui s'était parfaitement accommodée du pétainisme. Certes, l'expérience ne durera pas : dix-huit mois tout au plus. Mais quelle confusion idéologique, quel désordre, quelle image donnée au monde. Quelle tension pour une société française déjà à vif et qui se trouvera emportée par une vague incontrôlable de populisme d'autant plus forte qu'il apparaîtra, très vite, que l'échec économique sera patent. Le choix d'un gouvernement de technocrates qui devrait sortir de cette expérience désastreuse ne suffira pas au redressement qui, en France, passe toujours par un sursaut politique et l'affirmation d'un « leadership ».

Ce qui nous guette si nous « laissons filer », c'est le basculement dans une société de l'échec, une société « confrontationnelle » ayant perdu la meilleure part de sa jeunesse, sa dignité, ses valeurs, ses espérances. Ce qui nous guette, c'est de devenir un pays pauvre, un pays à vendre, un pays qui ne compte plus, qui ne compte pas.

Le risque est celui d'une France vidée, d'une France zombie à laquelle ne croiraient plus, par un étrange retournement des choses, que les descendants des immigrés d'hier – si nombreux encore à aimer la France –, à l'image des combattants cosmopolites qui formèrent le gros des troupes d'Aetius qui arrêta l'invasion d'Attila à la bataille des champs Catalauniques et sauva, pour un instant encore, une Gaule romaine moribonde.

La France pourtant ne connaîtra pas cette chute. C'est son destin et son génie de toujours se relever et d'être là où on ne l'attend plus. Mais désormais le temps joue contre elle.

SECONDE PARTIE

Que faire ?

Les mutations en cours sont si profondes qu'il est impossible de se borner à les décrire. On ne peut qu'aller plus loin et passer des questions à des tentatives de réponses.

Très vite, l'exercice se révèle cependant impossible tant le champ de ce qu'il faudrait traiter est immense, complexe, incertain.

Le travail qui suit est donc à la fois l'expression de convictions et la volonté de donner un éclairage particulier sur certains domaines pour ouvrir le débat.

Ma première conviction est qu'il faut hélas se battre sur tous les fronts. On ne peut se borner à traiter les problèmes immédiats sans préparer l'avenir, et réciproquement. D'où la nécessité pour chacun des grands domaines abordés de présenter des mesures de rattrapage : sortie des 35 heures, baisse et réforme de l'impôt, suppression de l'ISF, contrat de travail unique, simplification des contraintes pesant sur les entreprises..., et des mesures de projection : révolutionner les méthodes éducatives par le numérique, transformer les processus de décisions publiques par le développement de la démocratie participative, relancer l'Europe par le grand projet de transformer nos bâtiments en producteurs d'énergie verte et en engageant les fiscalisations du *big data* (chapitre 6), réindustrialiser le pays par la robotisation, adapter le droit du travail aux nouvelles technologies avec plus de souplesse – contrat de mission – et de nouvelles protections – droit à la déconnexion...

Ma deuxième conviction est qu'une forme de radicalité, au sens noble du terme, est nécessaire. En France, les grands changements sont toujours partis de l'État, qui doit montrer l'exemple (chapitre 5). Des propositions comme la suppression de la fonction de Premier ministre, la fusion du Sénat et du Conseil économique social et environnemental, le passage à deux échelons de décentralisation et le rapprochement des caisses d'allocations familiales de l'échelon de proximité apparaîtront certainement irréalistes, choquantes ou remettant en cause des fondements mêmes de notre histoire institutionnelle et de notre modèle. Si nous partions d'une page blanche, ferions-nous cependant le choix de l'architecture actuelle ou d'une structure plus simple et faisant la place aux logiques participatives dans les prises de décisions ? Ces propositions ont vocation à nous conduire à nous poser la question.

Ma troisième conviction est que le chantier prioritaire est l'accès du plus grand nombre aux formations supérieures. Quasiment pas de chômage chez les diplômés, que ce soit en France ou aux États-Unis où ils sont les seuls pour lesquels l'emploi a continué à progresser depuis la grande récession de 2008 et l'accélération de la substitution de l'homme par la machine. Le numérique est une chance extraordinaire à saisir afin d'armer tous nos enfants pour ce nouveau monde où ils vont être projetés (chapitre 7).

Nous devons enfin passer d'un schéma mental où les institutions (l'État, l'Europe, la Sécurité sociale...)

seraient la condition de l'accomplissement individuel à une vision centrée sur la personne et la valeur du travail (chapitre 9). Faire redécouvrir aux enfants et aux jeunes l'exigence de travailler dur pour se construire un avenir, mettre la fiscalité en cohérence avec la conviction que le travail et la création sont les moteurs du progrès collectif (chapitre 8), faire du dialogue dans l'entreprise l'instrument premier d'élaboration du droit du travail (chapitre 9), s'appuyer sur la capacité d'initiatives et de propositions du plus grand nombre notamment pour gérer, à terme, la Sécurité sociale (chapitre 10) sont autant de traductions de la conviction qu'il faut travailler autant à la grandeur de la France qu'à celle des Français.

Je n'ai pas fait, en tant que tel, un cadrage budgétaire des propositions. L'exercice est nécessairement parcellaire et artificiel, au stade de la réflexion et du débat. J'ai veillé cependant à être précis sur le bouclage budgétaire des baisses d'impôts proposées (chapitre 8). Il dépend d'économies reposant non sur des logiques de rabot, mais sur la simplification et la suppression de structures administratives centrales, locales ou de sécurité sociale. S'agissant de celle-ci, les propositions, qui sont faites tant sur les retraites que sur l'assurance-maladie, sont essentiellement porteuses d'économies, sans remise en cause des fondements de notre pacte social (chapitre 10). Afin de conduire à la fois des réformes structurelles et la première d'entre elles, les baisses d'impôts, il sera essentiel de convaincre nos partenaires européens de créer un régime d'exception transitoire pour réformes structurelles (chapitre 6).

Il y a des questions, en revanche, pour lesquelles, malgré du travail et une volonté de penser sans *a priori*, je ne parviens pas à des solutions. C'est l'appropriation par une infime minorité d'une part grandissante des revenus et de la richesse créée (chapitre 8). Ce débat posé notamment par Thomas Piketty fait rage aux États-Unis. Il est curieusement absent en France, alors qu'il renvoie à l'interrogation fondamentale de l'entrée en déséquilibre profond de l'économie de marché.

Je me suis attaché enfin à proposer une méthode différente pour engager des réformes. Ma proposition consiste à soumettre à un référendum unique[1], suivant immédiatement les élections présidentielle et législatives, l'essentiel du programme du candidat élu (chapitre 5). Un programme, c'est un bloc. Le référendum est le moyen de concilier démocratie, cohérence et vitesse d'exécution.

Beaucoup de sujets importants sont enfin absents des chapitres qui suivent : la diplomatie, la police, la justice, l'économie agricole, tant d'autres encore. Ils exigeraient plusieurs ouvrages. La mise en ligne de la seconde partie du livre, dans une logique d'*open source*, pourrait être l'occasion de traiter ces questions essentielles.

1. Sur le fondement de l'article 11 de la Constitution.

5

Construire un nouvel État participatif

Les enjeux auxquels nous sommes confrontés sont tels que nous n'y répondrons pas par de simples réformes, fussent-elles de grande ampleur. La nécessaire baisse des dépenses publiques, par exemple, ne viendra pas de politiques de gels et de « rabots ». Elle ne peut être que la résultante d'une nouvelle architecture des pouvoirs. Dans une société marquée par l'émergence de la transversalité, le passage à une République participative est aussi inévitable qu'elle est la clé du redémarrage.

Le paradoxe est que, pour rentrer dans cette nouvelle ère, une forme de concentration des pouvoirs, d'action déterminée et de vitesse d'exécution fondée sur un corpus idéologique est nécessaire. Il faut déverrouiller les institutions, prendre, par référendum, les mesures de rattrapage qui n'ont que trop tardé et se projeter dans cette nouvelle civilisation 3.0 qui est, qu'on le veuille ou non, désormais la nôtre.

La définition d'un nouveau cap a toujours pour préalable un choix politique et sa traduction institutionnelle.

Il nous faut choisir entre nos deux visages. Le premier, statique, faisant une large place à l'empilement des pouvoirs locaux, méfiant vis-à-vis du progrès et de l'ouverture au monde ; un modèle d'apparence démocratique, en réalité conservateur, résistant mal aux chocs jusqu'à nous faire parfois sombrer dans l'anarchie, la querelle, voire la tragédie. Le second, interventionniste, brillant, dangereux aussi quand, poussé à l'extrême, il se fait césariste comme Napoléon après Bonaparte. Dans notre histoire, nous n'avons cessé d'hésiter entre ces deux modèles, la succession de la IVe et la Ve République en étant le dernier avatar.

Ce n'est pas du manque de dynamisme ou de croissance qu'est morte la IVe République. Ce n'est pas non plus du manque de talents individuels. Un Mendès France avait toutes les qualités pour être un très grand homme d'État. C'est de l'incapacité à changer de cap, à prendre acte que l'empire était terminé et que l'Algérie n'était pas la France, mais un colonialisme de peuplement, qui était dépassé et nous empêchait de prendre toute notre part dans un nouveau monde industriel et de l'échange. 1958 est, à l'inverse, l'exemple du changement de cap réussi : affirmation de l'objectif de projection de la France dans un monde dominé par la recherche et l'industrie ; vitesse d'exécution en faisant, en quatre ans, la paix en Algérie, le choix de l'Europe et de la primauté du président de la République sur un parlementarisme stérile.

Mais, en France, rien n'est jamais acquis. Quand on croit que l'un des deux visages s'est imposé, voilà qu'il s'estompe et que, comme un jeu de masques vénitiens dans le clair-obscur, l'autre réapparaît. La Restauration ou l'orléanisme ont pu succéder à la Révolution et à l'empire. Nous ne le mesurons pas réellement mais imperceptiblement, la IVe République s'est, d'outre-tombe, mise à dévorer la Ve, comme la forêt reconquiert l'espace abandonné par le labeur du paysan. François Mitterrand a tenu parole : il a mis fin au coup d'État permanent. Il a conservé pour lui-même les attributs monarchiques du régime mais en a détruit l'esprit de conquête et de modernité. Son arme : une décentralisation mal maîtrisée qui a réintroduit la multiplication et la division des pouvoirs. Elle a restauré les baronnies marquées par le pouvoir personnel, l'inefficacité, les obligés, et a fait flamber l'impôt. Alors qu'il nous fallait nous lancer dans la mondialisation, elle nous a aspirés vers le localisme, comme une tragique machine à remonter le temps. La construction européenne et la perte de la souveraineté monétaire et des moyens de l'action économique ont parachevé ce mouvement.

C'est pour cela que nous ne pouvons pas changer progressivement. Seule la conjonction d'un pouvoir fort en lien direct avec la Nation et s'appuyant sur un corpus idéologique clair permet, chez nous, la mise en mouvement.

C'est une nouvelle architecture des pouvoirs, ou plutôt une nouvelle horlogerie des pouvoirs qu'il nous faut mettre en place, un modèle à trois roues dentées qui s'entraînent les unes les autres : un pouvoir central concentré s'appuyant sur un État technologique, un pouvoir local simplifié et un pouvoir d'opinion qui irrigue les deux autres et les place sous un véritable contrôle démocratique.

Aller au bout de la logique de la Ve République et de la présidentialisation du régime

La première étape est d'unifier l'exécutif en supprimant la fonction de Premier ministre. Le problème n'est pas aujourd'hui que le président de la République a trop de pouvoirs, c'est qu'il n'en a pas assez. La dualité de l'exécutif pouvait avoir un sens avec le septennat, et encore, dans la mesure où elle conduit toujours à une rivalité entre l'Élysée et Matignon, qui est une source d'inefficacité dans l'action et conduit parfois à de lourdes erreurs quand la rivalité se transforme en haine... ce qui est presque toujours le cas. Cette dualité n'a plus de réelle justification aujourd'hui. Un Premier ministre n'est pas un collaborateur et ne le sera jamais. La puissance que confère l'élection au suffrage universel du président de la République fait que le Premier ministre ne peut pas être non plus le chef de la majorité ni celui qui décide en dernier ressort. En revanche, cette dualité permet au Président de jouer du temps et des pouvoirs plutôt que de se consacrer à l'action frontale.

L'unification de l'exécutif correspond aussi à notre époque où la personnification s'impose partout : on veut savoir qui décide. Il n'y a plus d'idéologies globalisantes qui dominent et commandent aux individus. L'image d'un président de la République s'avançant seul le long d'un tapis rouge pour faire face à un parterre de centaines de journalistes et de bloggeurs, tout cela retransmis, en direct, sur les chaînes d'information en continu, est à l'image de notre temps dont le pendant est l'émergence de l'Internet citoyen, qui s'est imposé comme un contre-pouvoir surpuissant.

L'architecture des pouvoirs sera claire : un président seul chef mais, en contrepartie, seul responsable, et des ministres qui ne procèdent que de lui et doivent pleinement assumer leur mission première de chefs de leur administration. Cette nouvelle architecture aurait pour conséquence de réunir, sous la même responsabilité, les fonctions de secrétaire général de la présidence de la République et de secrétaire général du gouvernement. À cela devrait s'ajouter une troisième fonction, celle de porte-parole du président sur les questions de politique intérieure.

Face au Président, quel pouvoir législatif ? Une ou deux assemblées ? La question mérite d'être posée. Dans l'Union européenne, 15 pays sur 28 ont une seule assemblée. Si l'on prend l'Europe dans son ensemble, la proportion est encore plus forte : 25 pays contre 17 ayant deux chambres. Le Danemark en 1953, la Suède en 1969, l'Islande en 1991 et la Norvège en 2008 sont passés de deux à une assemblée. Beaucoup des nouvelles démocraties européennes ont fait le choix de monocamérisme.

Faut-il maintenir notre système alors que la création de 13 grandes régions a renforcé les pouvoirs locaux et que la dépense publique représente, au titre du Sénat, 340 millions d'euros ?

Ma tendance naturelle serait d'avancer vers une assemblée unique couplée avec l'examen systématique des lois par le Conseil constitutionnel, s'agissant notamment du contrôle de l'intelligibilité et de la cohérence des textes. Un de mes illustres patrons, que je testais sur le sujet, m'a répondu : « C'est la meilleure façon d'ouvrir une vaste querelle institutionnelle. À partir de ce moment-là, il ne faut plus compter faire passer des réformes utiles. »

À l'image du référendum de 1969, voire de la réforme italienne de 2015, une solution serait de fusionner le Sénat et le Conseil économique, social et environnemental. Cette réforme pourrait s'accompagner de la réduction du nombre de sénateurs à deux cents, soit deux par départements actuels[1]. À l'image de la réforme italienne, certaines matières pourraient échapper à la compétence législative du Sénat. En revanche, sa mission de contrôle de l'État ainsi que de réflexion prospective pourrait être renforcée.

1. Pour une proposition en ce sens : Bruno Le Maire, *Ne vous résignez-pas !*, Albin Michel, 2016. Voir également Claude Bartolone, Michel Winock, *Refaire la démocratie*, La Documentation française, 2015.

Soumettre à l'adoption immédiate et par référendum les principales mesures du programme présidentiel

Pour sortir du cycle promesses-déception-paralysie de l'action, il faut lier l'élection du président de la République à la mise en œuvre de son programme. Au même titre que l'élection législative qui suit donne au Président une majorité pour gouverner, il faut que le pays adopte directement les principales lois nécessaires à la mise en œuvre du projet sur lequel il a été élu. Un référendum devra être soumis aux Français dans la foulée de l'élection législative et après un débat au Parlement, conformément à l'article 11 de la Constitution. Ce référendum devra conduire à l'adoption des principales réformes à mener durant le quinquennat : les réformes constitutionnelles et institutionnelles, la politique fiscale avec la réforme de l'impôt sur le revenu ou sociale avec la réforme des retraites[1].

Le premier référendum de ce type pourra aussi prévoir la modification de l'article 11 de la Constitution pour permettre l'élection des députés et le vote du référendum sur le projet présidentiel le même jour.

Cette démarche aura le mérite de la clarté : elle évitera les promesses démagogiques puisque celles-ci devront immédiatement être mises en place, et conduira à choisir autant l'homme ou la femme que son programme.

1. Malgré les précédents de 1962 et 1969, il y a un débat juridique sur la possibilité de modifier la Constitution dans le cadre de l'article 11, qui sera tranché à cette occasion.

La reconstruction d'une architecture simple et économe des pouvoirs locaux est le deuxième chantier

Le problème ne réside pas dans les principes qui fondent la décentralisation. Ils sont difficilement contestables : rapprocher le pouvoir des citoyens, rendre l'action publique plus efficace car décidée et conduite au plus près des réalités du terrain.

La décentralisation a été une rupture avec le centralisme napoléonien. Elle témoigne aussi de la volonté de rompre avec l'élitisme de la classe politique parisienne. Gaston Defferre, concepteur de la réforme, dénonçait cette élite, convaincu que « seuls ceux qui appartiennent à un certain milieu social où se transmet héréditairement le pouvoir économique sont capables de gouverner la France quand ils ont reçu un certain type d'éducation et d'instruction qui, croyait-on, les destinait à être supérieurs aux autres ».

Sur le papier, l'architecture des lois Defferre était cohérente : création de la région afin de donner aux pouvoirs locaux un cadre adapté pour exercer des compétences nouvelles, notamment économiques ; fin du rôle du préfet comme exécutif du département, dont la fonction revient au président élu du conseil général, le préfet étant chargé de la direction des services de l'État et, avec les Cours régionales des comptes, du contrôle des collectivités locales ; dévolution des compétences fiscales propres aux conseils élus et création d'une fonction publique locale au service du principe de libre administration des collectivités locales ; enfin, volonté de mettre en place des blocs de compétence pour chacun des échelons de l'administration locale.

À certains égards, la décentralisation a eu des résultats positifs en permettant notamment le développement de l'investissement public sur tout le territoire. Pour prendre l'exemple des lycées, transférés aux régions en 1983, qui se caractérisaient si souvent par leur vétusté, les dépenses d'équipement y ont été multipliées par dix en dix ans[1]. Entre 1998 et 2009, les dépenses d'éducation des collectivités locales ont aussi plus que doublé[2]. Un constat comparable pourrait être fait en matière de transports ferroviaires régionaux, depuis leur transfert effectif en 2002. Au total, les collectivités locales réalisent aujourd'hui 70 % de l'investissement public. Le nombre et la qualité des équipements publics en témoignent, de la salle polyvalente dans presque toutes les communes de France aux salles de spectacle dans les grandes villes de province, en passant par un maillage exceptionnel d'équipements sportifs.

Mais, globalement, la décentralisation s'est traduite par la multiplication des pouvoirs et l'enchevêtrement des responsabilités, qui conduisent à l'opacité, à l'inflation des dépenses et à une forme d'irresponsabilité liée à l'absence de décideurs identifiables. Ce que l'usager a pu gagner, le contribuable et le citoyen l'ont largement perdu.

À l'origine de ce phénomène se trouve la clause de compétence générale des différentes collectivités locales. À l'exception de la formation professionnelle qui ne relevait que de la région, tous les domaines d'intervention des collectivités territoriales ont, de fait, été partagés entre les différents échelons d'administration.

En pratique, la décentralisation a figé et démultiplié les pouvoirs locaux avec, à l'origine, la décision de

1. Pierre Méhaignerie, Avis n° 377 relatif au projet de loi constitutionnelle relatif à l'organisation décentralisée de la République, Assemblée nationale, 2002.

2. De 21 milliards d'euros à 38 milliards d'euros, selon les comptes de la Nation de l'Insee.

François Mitterrand de couper court à toute velléité de son Premier ministre de remettre en cause la place du département[1]. Ainsi, alors qu'entre 1950 et 2007 l'Allemagne réduisait le nombre de ses communes de 41 % et le Royaume-Uni de 79 %, la France ne le faisait que de 5 %[2]. Il y a, en France, 39 000 assemblées communales, intercommunales, départementales, régionales qui ont le pouvoir de fixer le taux des impôts locaux car un des principes fondateurs de la décentralisation est que la liberté locale a pour corollaire le droit de lever l'impôt.

Jusqu'en 2014 et le passage à treize régions, s'agissant de notre carte administrative, on n'a fait qu'ajouter, pour répondre à de nouveaux besoins, sans jamais supprimer. Nous ne sommes plus, pourtant, au XIXe siècle où l'essentiel de l'administration pouvait s'exercer au niveau communal et où il fallait n'être distant que d'un jour de cheval pour se rendre au lointain chef-lieu de département afin de traiter des affaires les plus complexes. La taille et les moyens des communes sont souvent trop limités pour répondre aux nouveaux besoins des Français dans le domaine social, de l'équipement, des réseaux (eau, énergie, propreté, transport ou numérique) ou dans les domaines de l'action économique. Cela a conduit à la création d'une nouvelle strate d'administration : les structures de coopération intercommunale, consacrées par la loi Chevènement de 1999 et dont le développement a été accéléré par la prime donnée à leur création par l'augmentation des dotations de l'État. Elles se composent d'une multiplicité d'échelons : les syndicats intercommunaux à vocation unique ou multiple, les communautés de communes, les

1. *Cf.* Éric Giuily et Olivier Régis, *Pour en finir vraiment avec le millefeuille territorial*, L'Archipel, 2015.

2. Rapport du Comité pour la réforme des collectivités locales, mars 2009.

communautés d'agglomération pour les ensembles de plus de 50 000 habitants, les communautés urbaines pour ceux de plus de 500 000 habitants et, d'une manière générale, les établissements publics de coopération intercommunale dont les compétences ne cessent de s'étendre au-delà du développement économique et de l'aménagement de l'espace.

En 2015, on comptait en France 11 métropoles, 9 communautés urbaines, 226 communautés d'agglomération, 1 885 communautés de communes, près de 14 000 syndicats de communes (à vocation unique ou multiple) et 36 658 communes[1].

Cela a conduit à ce que les élus dénoncent désormais eux-mêmes comme un « millefeuille » institutionnel local non maîtrisable : financements croisés, compétences concurrentes, dilution des moyens d'action. L'objectif de démocratie locale y a aussi largement perdu : la réalité des compétences et du pouvoir s'est déplacée vers ces structures dont les membres ne sont pas directement élus et qui fonctionnent dans une opacité dont on a pu dire qu'il « s'y concoctait une tambouille fort peu transparente par-delà les appartenances politiques[2] ».

Ce foisonnement, presque tumoral, s'est traduit par l'explosion des dépenses des collectivités locales qui, entre 1980 et 2007, ont augmenté deux fois plus vite que la richesse nationale, passant à 20 % des dépenses publiques totales. Les transferts de compétences de l'État vers les collectivités locales en 1983 et en 2003, avec l'acte II de la décentralisation, n'expliquent pas réellement cette hausse. Entre 1980 et 2007, les dépenses des collectivités locales ont augmenté de

1. Source DGCL.
2. David Guéranger et Fabien Desage, *La Politique confisquée. Sociologie des réformes et institutions intercommunales*, Éditions du Croquant, 2011.

3 % du PIB. À périmètre de compétence constant, la hausse est de 1,8 % du PIB. Cette progression résulte pour l'essentiel des effectifs. Entre 2000 et 2012, la fonction publique territoriale s'est accrue de 500 000 emplois, passant à plus de 1 800 000 agents[1]. Dans le même temps, les effectifs de l'État central ne baissaient que de 170 000 agents.

La hausse des dépenses de personnel provient, pour l'essentiel, des communes et de leurs groupements (entre 2000 et 2005, ils ont contribué pour 71 % à la croissance des effectifs de la fonction publique locale) alors que depuis 1983, l'ensemble communal ne s'est vu transférer aucune compétence significative. Le diagnostic fait par la Cour des comptes en 2014 est clair : « Les dépenses de personnel des groupements intercommunaux à fiscalité propre sont passées de 1,59 milliard d'euros en 2000 à 6,27 milliards d'euros en 2012, soit une multiplication par près de quatre, principalement imputable au développement des compétences transférées par les communes. Cependant, dans le même temps, ces dernières ont vu leurs dépenses de personnel progresser de 23,33 milliards d'euros en 2000 à 34,06 milliards d'euros en 2012, soit une hausse de 46 % qui s'est prolongée jusqu'à la fin de la période… Au total, loin d'avoir entraîné des économies d'échelle, le développement des EPCI à fiscalité propre s'est accompagné, entre 2000 et 2012, d'une croissance de 61,8 % des dépenses de personnel du bloc communal. »

Nous sommes là au cœur d'une des causes de la flambée de la dépense publique et de l'impôt au cours des dernières décennies. Dans le souci de renforcer la démocratie locale et le service public, l'État a transféré d'importantes compétences aux collectivités locales

1. « Les finances publiques locales », rapport thématique de la Cour des comptes, 2014.

(Acte I Mauroy/Deferre en 1981-1983 et Acte II Raffarin en 2003). L'État n'a cependant pas réduit, à due proportion, ses effectifs, et a bien souvent sous-évalué les recettes transférées aux collectivités locales en contrepartie des compétences nouvelles. Comme, dans le même temps, l'État n'a pas baissé ses dépenses, tout s'est additionné : les dépenses et les effectifs de l'État n'ont pas diminué ; les dépenses, les effectifs et les impôts des collectivités locales ont explosé. Ce phénomène s'est accentué sous l'effet de deux nouvelles spirales négatives. Avec la montée de l'intercommunalité, au début des années 2000, les communes ont transféré des compétences à ces groupements sans rien réduire de leurs effectifs. C'est ce que dénonce la Cour des comptes. Avec la crise de 2008, l'État a commencé à vouloir faire des économies sur les dotations aux collectivités locales, ce qui s'est traduit par une forte hausse des impôts locaux.

Cette spirale inflationniste a été rendue possible par la capacité des collectivités locales à fixer le taux des impôts locaux et par l'importance de leurs ressources fiscales, consacrées par l'article 72-2 de la Constitution qui dispose que les recettes fiscales doivent représenter pour les collectivités territoriales une part déterminante de l'ensemble de leurs ressources.

Avec la crise économique de 2008, la prise de conscience qu'une des causes de l'explosion des dépenses publiques résulte d'une décentralisation mal maîtrisée s'est largement diffusée par-delà les différences partisanes. On est même passé d'un sujet politique, la décentralisation comme moyen d'approfondir la démocratie, à un sujet budgétaire, baisser les dépenses locales pour baisser les dépenses publiques. Ce mouvement de balancier a résisté à l'alternance de 2012. On est passé du gel en volume, puis en valeur des gouvernements Fillon, au tournant de 2014 avec la baisse en valeur des dotations de l'État aux collectivités locales. Chacun mesure aussi les limites des seules logiques budgétaires. Ainsi, en 2014, la Banque postale a tiré la sonnette d'alarme sur les risques d'une baisse massive des investissements des collectivités locales, à l'horizon 2020. Le mouvement récent des maires de petites communes incapables de faire face à leurs obligations en témoigne également.

D'où la multiplication des réflexions et des initiatives législatives, par-delà l'alternance, visant à trouver la réponse à la crise actuelle dans la simplification de la carte territoriale. Certes, le président Hollande a inauguré son quinquennat en supprimant le « conseiller territorial », instauré en 2010 par son prédécesseur. Il est aussi revenu en arrière sur la suppression de la clause de compétence générale pour les régions et les départements avant de la faire sienne dans la loi du 27 janvier 2014. Mais une étape déterminante a été franchie en 2014 avec la décision de passer de 22 à 13 régions, même si le nombre de conseillers régionaux reste inchangé.

La réforme territoriale a commencé, mais l'essentiel est à faire

La première question est celle de l'objectif. Il ne saurait être strictement budgétaire. Alors que la France se fracture territorialement et que sa désertification avance, la réforme territoriale doit se caractériser non pas par moins d'administration locale mais plus là où l'on en a besoin. De même, elle doit être l'occasion d'un approfondissement de la démocratie locale. Ce n'est que d'une architecture institutionnelle locale simplifiée mais ambitieuse que viendront les baisses d'impôts et de dépenses.

Il faut prendre acte ensuite du fait que la France n'est plus un pays homogène. Jusqu'au début du XXe siècle, la population était distribuée de manière équilibrée sur tout le territoire. La France restait fortement rurale et le développement industriel se faisait au plus près des ressources naturelles : au nord et à l'est. Depuis les Trente Glorieuses, tout a changé. La France est devenue massivement urbaine. Son espace s'est vidé au profit des grandes métropoles et, bien sûr, de l'Île-de-France.

Plus fondamentalement, l'uniformité territoriale, issue de la Révolution, n'a plus de sens. Comment veut-on appliquer la même organisation territoriale dans des zones où l'on prend le métro pour aller de Lille à Tourcoing et où il suffit de traverser une rue pour se retrouver en Belgique alors qu'il faut près d'une heure de route, sinueuse et dans la forêt, pour aller de Corrèze à Meymac ?

L'enjeu, comme le montrent les travaux d'Éric Giuily et Olivier Régis[1], est de passer à une « carte à la carte », c'est-à-dire à une répartition des compétences qui se calque sur les réalités économiques et urbaines.

On pourrait légitimement se poser la question du maintien de la région, qui est une institution récente (1972-1983) et qui n'a pas réellement fait ses preuves, dans le domaine de l'action économique, depuis sa création. On pourrait aussi se demander si les treize régions issues de la loi du 16 janvier 2015 correspondent bien à la réalité des bassins économiques français. L'analyse de Jean-Louis Guigou, ancien directeur de la Datar[2], ne manque pas de pertinence quand il soutient que la

1. Éric Giuily et Olivier Régis, *Pour en finir vraiment avec le millefeuille territorial*, *op. cit.*

2. Délégation interministérielle à l'aménagement du territoire et à l'attractivité régionale.

France se partage, en réalité, sur la base de nos cinq grands fleuves et de la Somme : Rhône-Méditerranée, Rhin-Meuse, Loire-Bretagne, Seine-Normandie, Adour-Garonne et Artois-Picardie.

Pour avancer, il faut s'appuyer sur la réforme actuelle, ne pas y revenir, comme nous le faisons si souvent, au risque d'y perdre encore dix ans et de rouvrir la porte à la tentation du *statu quo*. On peut cependant s'interroger sur deux regroupements régionaux supplémentaires qui auraient du sens sur le plan économique : Centre et Pays-de-Loire et, surtout, Île-de-France et Normandie, regroupement qui relierait Paris au Havre, son port naturel.

La région doit avoir une compétence spécifique et limitative de développement économique : gérer les aides aux entreprises et l'ensemble des transports non nationaux (routes, ports, ferroviaire régional). En revanche, la région devrait perdre ses compétences sur les lycées, qui relèveraient du bloc des services publics de proximité. En termes de ressources, les régions pourraient se voir affecter l'ensemble des impôts économiques directs actuels : la cotisation sur la valeur ajoutée des entreprises (ex-TP), l'imposition forfaitaire sur les entreprises de réseaux et la part actuelle de la taxe intérieure de consommation sur les produits énergétiques.

Le second échelon d'administration locale doit être celui de la proximité

C'est là qu'il faut faire du « sur-mesure » entre la commune, les intercommunalités et le département. Cet échelon, dans la France du XXIe siècle, est très majoritairement celui de l'intercommunalité.

L'objectif est de regrouper, dans un seul échelon d'administration territoriale, l'ensemble des services aux personnes : l'enseignement (écoles, collèges, lycées), les services publics de proximité, l'urbanisme, les aides au logement, les prestations en faveur des personnes âgées et handicapées, l'action sociale, mais aussi les aides aux familles. La politique familiale est aujourd'hui largement assurée par une branche, à part entière, de la Sécurité sociale, et financée par des cotisations employeurs ainsi que par la CSG. C'est un héritage du patronat social du XIXe siècle et de la volonté de l'après-guerre de redresser la démographie de la Nation. Cette construction a cependant largement perdu sa vocation initiale. Certes, les allocations familiales sont versées à toutes les familles sur la base du principe d'universalité, mais la majorité des prestations familiales sont sous conditions de ressources et ont une vocation sociale. Le nécessaire mouvement de baisse des charges sur les entreprises devrait passer par le basculement des cotisations familiales patronales vers l'impôt et principalement la TVA. Rien sur le terrain des principes ne justifiera alors le maintien d'une branche de la Sécurité sociale.

La création d'un grand échelon administratif de proximité incluant les aides aux familles sera certainement mal acceptée par le mouvement familial et dans le monde syndical, par la CFTC qui gère la branche depuis des décennies. Mais pourquoi laisser subsister une organisation administrative dans laquelle les Caisses d'allocations familiales, désormais départementalisées, font face aux services du conseil départemental, gèrent le RSA pourtant financé par le département, ont leurs propres dépenses d'actions sociales qui viennent s'ajouter à celles des communes ou des départements ? Ce qui est en jeu, c'est de supprimer ces doublons, c'est d'améliorer le service par la mise en place de dossiers et de suivis uniques et personnalisés. C'est également de répondre à la question posée par ceux qui dénoncent le fait que des familles dans lesquelles les parents ne travaillent pas auraient, en réalité, plus de ressources que celles dont les parents sont au SMIC. On ne peut pas aujourd'hui objectiver cette question car il n'y a pas d'instrument de centralisation et de suivi des aides versées. L'échelon de proximité, en charge de toutes les aides, pourra le faire. Ce mouvement n'affectera pas la priorité donnée à la politique familiale dont les prestations seront toujours fixées au niveau national. En termes d'exécution, il faudra tirer toutes les leçons de la fusion de 2009-2010 entre l'ANPE et l'Unedic en associant les agents dont les statuts sont différents et en évitant la stratification des échelons de décision.

Comment dessiner cet échelon de proximité ? Éric Giuily et Olivier Régis ont poussé leurs travaux[1] jusqu'à proposer une nouvelle carte du territoire calquée sur ces réalités. Elle a une réelle pertinence.

Le premier niveau, le plus évident, est celui des quatorze plus grandes métropoles dont la liste a été fixée par la loi du 28 janvier 2014. À l'image du régime en place à Paris, Lyon et Marseille, elles cumuleront les missions actuelles des communes et des départements. Chacun élira ses conseillers municipaux et de métropole. La fiscalité sera votée au niveau de la métropole. La commune deviendra un échelon déconcentré des services de proximité immédiate avec, comme figure essentielle, le maire qui ne saurait disparaître. Mais le patron de la métropole sera son président.

Dans les zones fortement urbanisées dans lesquelles existe une agglomération d'au moins 100 000 habitants, le

1. Éric Giuily et Olivier Régis, *Pour en finir vraiment avec le millefeuille territorial*, *op. cit.*

même modèle pourra être reproduit pour la quarantaine de communautés d'agglomération concernées. La répartition des compétences entre l'échelon intercommunal et les communes pourra être cependant différente de celle des métropoles pour tenir compte des réalités locales.

Reste la question beaucoup plus délicate du monde rural et périurbain. Poser la règle que les communes ne pourront désormais adhérer qu'à une seule intercommunalité permettra de rationaliser la situation, mais beaucoup d'intercommunalités n'auront pas la taille critique pour gérer l'ensemble des services de proximité, et notamment sociaux, comme le font les départements aujourd'hui. C'est dans ces zones qu'il faut être pragmatique et laisser subsister les départements. Ce choix conduira néanmoins à la suppression d'au moins la moitié des départements actuels. Selon les réalités locales, il faudra répartir les services de proximité entre ces départements et les communautés de communes.

Dans les trois cas (métropoles, communautés d'agglomération, départements), ce niveau d'administration de proximité pourrait se voir affecter la fiscalité sur le foncier : taxe d'habitation, taxe sur le foncier bâti et non bâti, cotisations foncières des entreprises et droits de mutation.

Avec cette nouvelle carte, on passera, en métropole, du « millefeuille territorial » actuel à six échelons (treize régions, quatre-vingt-seize départements, quatorze métropoles, plus de deux mille établissements de coopération intercommunale, quatorze mille syndicats intercommunaux, trente-six mille communes) à deux échelons d'administration en zone urbaine (soit onze régions, quatorze métropoles ou quarante communautés d'agglomération) et trois en zone rurale et périurbaine (soit onze régions, cinquante départements et deux mille communautés de communes). À cela s'ajoutera le rapprochement avec la branche famille dont les missions seront exercées à l'échelon territorial de proximité.

Outre-mer, la logique de la réforme conduira au passage au couple collectivité unique/communautés de communes.

Sur la base d'une telle clarification, il sera possible de rationaliser la dépense, de dégager des marges pour des actions nouvelles et de baisser les impôts. Cette carte administrative permettra aussi de franchir une nouvelle étape dans la démocratie locale. Ceux qui exercent les compétences économiquement les plus importantes, c'est-à-dire les responsables intercommunaux, seront directement élus. L'ensemble des élections locales pourraient être regroupées en une échéance unique grâce à l'uniformisation de la durée des mandats à cinq ans, et deviendrait, en quelque sorte, un *mid-term* à la française. Par ailleurs, afin de mettre en phase le temps de l'action – au bout de quinze ans, un élu a pu réaliser ce qu'il voulait entreprendre – et celui des mandats, le principe de trois mandats maximum consécutifs devrait venir compléter celui du non-cumul[1], qui s'appliquera à compter de 2017.

Pour le citoyen, la nouvelle architecture du pouvoir sera donc : l'Europe, pour faire face à la mondialisation (*cf.* chapitre 6), le président de la République et le Parlement, pour l'exercice des compétences régaliennes et pour fixer le cadre au développement économique et à l'exercice des solidarités, la région, pour l'aide aux entreprises et les infrastructures, les métropoles-communautés d'agglomération ou, en zone rurale, le couple départements-communautés de communes pour l'ensemble des services de proximité à la personne et aux familles.

1. Éric Giuily et Olivier Régis, *Pour en finir vraiment avec le millefeuille territorial, op. cit.*

L'*open source* au service de la démocratie politique et la marche vers l'État technologique

Le débat traditionnel entre démocratie représentative et démocratie directe prend une acuité nouvelle avec tout à la fois l'émergence d'une société participative, qui s'appuie sur les instruments numériques, et l'épuisement d'un modèle d'exercice du pouvoir pyramidal.

Dans le monde économique, l'innovation n'est plus le monopole des très grandes structures. Il naît, de plus en plus, hors des logiques de marché par la mise en commun volontaire des savoirs et des idées de la multitude. Toujours plus d'entreprises, pour ne pas être totalement dépassées, intègrent cette logique dans leur processus de fonctionnement, s'appuyant sur un modèle hybride entre le capitalisme et l'économie du partage (*open source*).

Cette logique doit s'étendre à la vie publique, les citoyens étant en prise directe avec l'ensemble des instruments d'action de l'État et étant les mieux à même de les évaluer, d'en percevoir les limites, les gaspillages et les évolutions possibles.

En cette matière tout est largement à construire. Au mieux le citoyen approuve aujourd'hui les grandes décisions par référendum. En général, il ne le fait qu'à travers ses représentants élus tous les cinq ans ou six ans pour les conseillers municipaux. S'agissant des grands projets, notamment d'infrastructures, des mécanismes de consultation existent certes mais demeurent confidentiels.

Pourtant, le mouvement d'*open source* politique a commencé. En 2011-2012, le projet de Constitution islandaise a mobilisé plus de 110 000 électeurs en ligne sur une population d'à peine plus de 300 000 habitants.

Le premier budget participatif a été mis en place en 1989 à Porto Alegre, au Brésil. Ce dispositif de contrôle populaire du budget municipal, pensé par les associations de quartiers, permet d'allouer 10 % du budget municipal à des projets proposés directement par les citoyens. Ceux-ci participent aux assemblées plénières régionales et thématiques au cours desquelles ils contribuent à déterminer les grandes priorités d'investissements qui les concernent. Au sein de ces assemblées, ils élisent des représentants pour une période de un an. Les mandataires qui siègent au conseil du budget participatif déterminent les besoins précis des quartiers et élaborent les projets à mettre en œuvre.

Au final, la Chambre des représentants de Porto Alegre valide les propositions d'investissements et, dans les faits, a donné suite à la grande majorité des demandes. Cet *orçamento participativo*, quoique complexe, a permis à la municipalité d'être réélue quatre fois, restant au pouvoir de 1989 jusqu'en décembre 2004. Indirectement, le « budget participatif » a assaini les finances municipales en minimisant l'opacité tout en relançant l'économie locale et le sentiment d'appartenance qui permet d'améliorer la sécurité publique. Ce processus, qui s'est développé sur le continent latino-américain (Équateur, Pérou, Argentine), en Afrique (Cameroun) et en Asie (Chine), connaît aussi des déclinaisons en Europe.

L'expérience du budget participatif parisien

Plus près de nous et à titre d'exemple, la Ville de Paris vient de lancer une expérience de budget participatif. Les Parisiens, sans condition d'âge ou de nationalité, peuvent proposer et décider des investissements de la ville ou des arrondissements, dans la limite de 5 % du budget qui y est consacré, soit 500 millions d'euros en six ans.

Les idées sont mises en ligne sur un site créé à cet effet. Les services de la ville apprécient la recevabilité des projets au regard des compétences de la collectivité ainsi que sur le plan financier (coût réel, impact en termes de dépenses de fonctionnement). Les projets retenus sont soumis au débat puis au vote des Parisiens (en ligne ou physique). Les projets qui ont obtenu le plus de voix sont adoptés par le Conseil de Paris, au terme d'un processus qui dure un an.

La ville de Grigny, dans le département du Rhône, va beaucoup plus loin encore, puisque 60 % de son budget d'investissement est alloué sur une base participative.

Ces expériences doivent être généralisées, tant au niveau des régions que des intercommunalités, sachant que les collectivités locales représentent 70 % de l'investissement public. L'échelon local est, en effet, le plus adapté pour engager cette nouvelle politique participative : les projets peuvent y être concrets, de proximité et largement dépolitisés.

L'*open source* et l'intelligence artificielle comme instruments de la réforme de l'État

L'*open source* doit aussi pénétrer les grandes politiques publiques. Il faut permettre aux citoyens de proposer des économies, des redéploiements budgétaires ou des changements fiscaux dans le cadre de l'élaboration du budget. Bien sûr, le site ouvert à cet effet recevra de nombreuses propositions fantaisistes ou attendues du type « Supprimons les prestations sociales aux étrangers », mais il y aura beaucoup d'autres choses, des démarches citoyennes d'où ressortiront des propositions inattendues, novatrices, constructives.

Créer un pouvoir d'amendement citoyen dans le processus d'élaboration de la loi

D'ores et déjà, des projets de loi sont soumis à consultation et contributions dans la phase de leur élaboration, comme cela a été le cas, en 2015, pour le texte sur la République numérique.

De manière générale, il faut créer, pour l'élaboration de la loi, un véritable pouvoir d'amendement citoyen. Une proposition, par exemple signée par plus de 50 000 personnes, devrait nécessairement être examinée par la commission parlementaire chargée du projet. Elle pourra la rejeter, l'amender ou l'adopter en vue de son examen en séance plénière. Une loi aussi essentielle que celle portant sur la transition énergétique aurait certainement gagné encore à une telle démarche.

Cette évolution citoyenne doit aller de pair avec l'émergence d'un véritable État technologique. Même si de réels progrès ont été réalisés, les nouvelles technologies peuvent considérablement simplifier la vie des usagers. Il faut encore faire des heures de queue pour retirer un permis de conduire, et mieux vaut ne pas perdre votre carte d'identité quand vos parents ne sont pas nés en France. De même, le développement de systèmes experts est une solution pour sortir de l'alternative entre moins de procédures et moins de droits et protections.

Il faut avancer vers la création de dossiers administratifs uniques, tant pour les individus que pour les entreprises. Sur la base d'une sécurisation, qui est le préalable absolu à la démarche, toutes les informations nous concernant doivent pouvoir être centralisées : état civil, résidence, Sécurité sociale, fiscalité... Elles doivent être automatiquement actualisées par le croisement des données des différents services et recevoir notre validation. Ce nouveau service public doit être interactif, et pouvoir vous interroger quand votre adresse, par exemple, sur une facture d'électricité ne correspond plus à celle de votre dossier. Dans la période de transition technologique que nous vivons, il faudra mettre en place des points physiques de service public dans les collectivités de proximité pour que les personnes les plus âgées ou vulnérables puissent se faire assister dans leurs démarches administratives.

Les avantages et les dangers d'une telle politique doivent être pesés et sont d'ailleurs symétriques : simplicité pour l'usager, efficacité décuplée dans la lutte contre les fraudes, dangers en termes de libertés individuelles. Mais ces questions existent avec la même acuité dans la nouvelle économie. Les géants du numérique nous offrent des services personnalisés d'une grande efficacité parce qu'ils disposent et traitent des informations nous concernant. Dans le même temps, ils devront mettre en place des systèmes de sécurisation des données, sans lesquels leur modèle s'effondrera. L'État doit se saisir de ce mouvement pour assurer son propre virage technologique.

Avec la nouvelle organisation des collectivités locales, l'émergence d'un État technologique permettra le redéploiement de l'emploi public. Il faudra du temps et, sans doute, des dépenses publiques en augmentation au démarrage du processus, mais l'avenir de l'État et son efficacité résident, pour une large part, dans ce virage technologique.

6

Europe, crises, verrou et solutions

Alors qu'elle aurait dû être l'instrument de la projection dans le futur, l'Europe est en crise, bien plus que les États qui la composent. À l'origine de celle-ci, il y a la pensée utopique : on a construit l'Europe sans se doter des instruments de gestion des crises.

Les pères fondateurs ont mis à la mer un vaisseau européen, mais sans même imaginer que, par-delà le rêve réalisé, il devrait être capable d'affronter les tempêtes.

Dans le même temps, l'Europe est une réalité qui a pénétré tout notre espace économique et social. Notre monnaie, qui est le premier attribut de la souveraineté économique, est communautaire, une part, probablement déjà majoritaire, de notre droit est subordonnée aux textes européens, qui ont une valeur supérieure à celle de la loi. Notre espace économique est commun, tout comme nos règles de concurrence ou les conditions dans lesquelles les États peuvent contribuer au développement économique.

Les espaces de souveraineté économique qui demeurent – la fiscalité, les dépenses publiques – sont très largement contraints par des normes fixées par les traités.

À bien des égards, le rêve fédéraliste des pères fondateurs de l'Europe semble avoir triomphé : les souverainetés nationales s'effacent au profit de la souveraineté européenne.

Mais un ordre nouveau n'est pas en train de remplacer l'ancien.

L'Europe oscille entre effacement, comme lors de la crise de 2008 durant laquelle le fait national a repris le dessus, et autoritarisme. Comment ne pas être stupéfait par la violence avec laquelle l'Europe, conduite par l'Allemagne, a traité la Grèce, l'un des siens ? S'il fallait une preuve supplémentaire de la fin de l'idéal européen, elle a été donnée durant ce tragique été 2015.

On pourrait l'admettre, à la limite, si l'Europe n'était pas en situation d'échec. Mais elle traverse une crise de croissance liée à un élargissement trop rapide entre pays trop disparates et, plus encore, une crise d'efficacité, ainsi qu'en témoigne son incapacité à la fois à renouer avec la croissance et à gérer la crise migratoire, et singulièrement celle des réfugiés.

Logiquement, les peuples sont passés d'une adhésion assez large à la construction européenne à un rejet grandissant, ce qui rend impossible toute nouvelle marche en avant, notamment en matière d'intégration économique.

Quant au retour en arrière – sortie de l'euro, sortie de l'Europe –, en admettant qu'il soit techniquement possible, il nous placerait dans une situation où il nous faudrait rivaliser avec les blocs de puissance du XXIe siècle et affronter seuls les crises récurrentes de la finance mondiale.

Tout en mesurant la fragilité du rêve européen et l'affaiblissement de la voix de la France, nous n'avons d'autre choix que de réinvestir la construction européenne.

Cela passe par une nouvelle architecture des pouvoirs : les États en charge du régalien et l'Europe en charge de l'avenir et des négociations internationales, principalement dans le domaine du numérique et des biotechnologies.

Sur le plan économique, il faut sortir du dogmatisme, pouvoir conjuguer bonne gestion des finances publiques et croissance, et notamment permettre aux États de faire usage d'une « exception pour réformes structurelles », c'est-à-dire de conduire les réformes nécessaires sans devoir, dans le même temps, respecter de manière instantanée les obligations des déficits publics. Il faut permettre aux États, et singulièrement à la France, de conduire parallèlement une politique de baisse des dépenses publiques et de baisse des impôts, quitte à accepter transitoirement une remontée des déficits. C'est ce qu'a fait l'Allemagne en 1998-2000.

Pour se construire, l'Europe a mis à bas les politiques d'aides d'État nationales. Pour exister dans la concurrence mondiale, elle doit aujourd'hui bâtir une politique industrielle européenne fondée sur des régimes d'aides communautaires.

L'Europe doit reconquérir les peuples. Elle ne survivra pas par l'autoritarisme et l'absence d'idéal. Dans deux domaines essentiels, seule l'Europe possède la masse critique pour agir : l'énergie et le numérique. Ils doivent être les deux grands chantiers d'une relance de la construction européenne.

Le référendum britannique va ouvrir un débat à l'échelle du continent sur le bilan et l'avenir de l'Europe. C'est une opportunité à saisir pour changer les politiques qui ne fonctionnent pas et relancer l'Europe, non plus par le franchissement d'une nouvelle étape du rêve utopique, mais avec réalisme, en prenant en compte la diversité des situations et en mettant en place les instruments de gestion de crise.

L'Europe est un objet indéfinissable

Géographiquement, elle n'existe pas. Elle est l'isthme occidental de l'Asie. Le Bosphore et l'Oural sont des limites de l'esprit, conventionnelles, construites. La frontière de l'Europe traverse deux pays qui nous permettent de nous définir par opposition : la Turquie, héritière de l'Empire ottoman, qui a fait trembler et s'unir, un temps, la chrétienté, et la Russie, seule nation européenne à avoir réussi à conquérir une partie de l'Asie, ce vieux rêve d'Alexandre, de César, de l'empereur Julien, de Frédéric de Hohenstaufen ou de Bonaparte[1].

Sur le plan historique, culturel et identitaire, on est tout aussi en peine de définir l'Europe. La pensée grecque nous est en partage, mais son héritage démocratique la rend plus universelle qu'européenne. Rome avait son berceau en Europe mais elle a bâti le mur d'Hadrien et n'a jamais osé s'aventurer loin en Germanie. Rome, c'était la Méditerranée et la tentation permanente de la marche vers l'Asie.

Ce qui réunit le plus sûrement l'Europe, c'est la chrétienté et d'avoir été le berceau de la civilisation occidentale.

Quoi de plus différent qu'un Portugais, un Anglais, un Letton ou un Bulgare, comme le rappelle la tour de Babel des langues européennes ? Pourtant, où que l'on soit en Europe, et malgré les différences de liturgies et d'architectures, les églises sont partout, marquant nos territoires d'une identité tellement évidente qu'elle en est paradoxalement presque niée. La philosophie des Lumières britannique et française est l'autre héritage fondamental que les Européens ont en commun.

L'identité européenne, qui va donner naissance à la civilisation occidentale, est née de la fusion inattendue, presque contre nature, des valeurs judéo-chrétiennes et

1. Voir la série de biographies de Jacques Benoist-Méchin, *Le Rêve le plus long de l'histoire*, 2 tomes, Omnibus, 2012.

du culte du progrès issu des Lumières. Dans son ouvrage *Civilisations : l'Occident et le reste du monde*[1], Niall Ferguson montre que la domination occidentale a relevé plus du miracle que de l'évidence et qu'elle est le résultat de la conjonction de valeurs très spécifiques : la concurrence entre les nations, source d'audaces – comme la conquête de l'Amérique – et d'innovation ; la science, moteur du progrès et de notre supériorité militaire ; le droit de propriété, ferment de la démocratie et du capitalisme ; la médecine ; la société de consommation et, bien sûr, l'éthique du travail.

Certes, il y a bien un troisième facteur d'unité, celui de nous être tellement déchirés, combattus – à quel pays européen la France n'a-t-elle pas fait la guerre depuis le XVIe siècle ? – que nous avons fini, sur les décombres et l'horreur, par nous construire une histoire commune.

La stratégie de l'ambiguïté des pères fondateurs de l'Europe

La construction européenne n'est pas le résultat d'un mouvement naturel, légitime, irrépressible, comme l'unification allemande ou italienne à la fin du XIXe siècle. L'Europe est née d'une conviction et d'une urgence. Après avoir été, durant les deux guerres mondiales, le théâtre des pires barbaries de l'histoire de l'humanité, il fallait créer les conditions du « plus jamais ça » : ferrer les nations européennes dans des solidarités économiques de plus en plus fortes afin de rendre la guerre impossible et les emmener, pas à pas, vers l'instauration d'un fédéralisme. Cette démarche, imaginée par les pères fondateurs

1. Niall Ferguson, *Civilisations...*, *op. cit.*

de l'Europe, s'imposait d'autant plus que le continent portait désormais, comme une cicatrice béante, la ligne de démarcation de la guerre froide, de chaque côté de laquelle étaient déployés les arsenaux nucléaires.

Le génie mais aussi la limite des pères fondateurs de l'Europe ont été de transformer la vieille utopie européenne d'un Thomas More ou d'un Hugo en une forme d'évidence faite d'un mélange de dogmes et de non-dits, laissant croire que la construction de l'Europe ne remettrait pas en cause la souveraineté des États mais s'ajouterait à elle, la couronnerait, en quelque sorte.

Cette stratégie de l'ambiguïté a conduit à ce que l'Europe fasse le choix originel, en pleine période de triomphe de la social-démocratie, du libéralisme économique : puisque l'on voulait bâtir une Europe sans frontières mais sans se doter, dans un premier temps, d'un État fédéral, la seule solution était de s'en remettre au marché et à la concurrence. C'est pour cela que les socialistes européens et, singulièrement, les socialistes français pouvaient être anticapitalistes en politique intérieure mais libéraux au plan européen.

Comme l'expliquaient le président Giscard d'Estaing et l'ancien chancelier Helmut Schmidt[1], l'objectif et la direction étaient connus, dès l'origine. Il fallait passer de politiques sectorielles (charbon et acier, agriculture) à un marché unique européen coiffé par une monnaie unique, d'autant plus indispensable après l'effondrement du système monétaire international de Bretton Woods. Il fallait passer d'institutions européennes technocratiques (la Commission) à une logique démocratique dont la première pierre a été l'élection du Parlement européen au suffrage universel

1. Valéry Giscard d'Estaing, *Europa, la dernière chance de l'Europe*, préface de Helmut Schmidt, XO Éditions, 2014.

en 1978. Les étapes suivantes étaient écrites à l'avance : instauration d'une Constitution européenne, élection du président de l'Europe au suffrage universel, mise en place d'un gouvernement européen avec transfert progressif des compétences de souveraineté économiques puis régaliennes.

Le droit et la patience étaient les instruments de ce grand remplacement des souverainetés nationales par la souveraineté européenne. Le droit européen, assimilé aux traités internationaux, a pris valeur supérieure à celle de la loi, et les juges nationaux en sont progressivement devenus les gardiens. Toutes les grandes avancées européennes, l'ouverture de secteurs stratégiques comme celui de l'énergie, le marché unique ou l'euro ont toujours été accompagnés de longues périodes transitoires qui ont permis la déconnexion entre l'idée générale et généreuse (une seule monnaie pour les Européens, par exemple) et les conséquences (pertes de souveraineté économique). Cette démarche a permis l'avancée de la construction européenne, dans une forme d'anesthésie de la conscience des peuples.

Derrière ce pragmatisme, l'utopie est demeurée le moteur de l'Europe. L'évidence européenne est telle, pour ses promoteurs, que sa réalisation aurait pour conséquence d'effacer les problèmes des nations. On a construit l'Europe comme un long fleuve tranquille. On n'a pensé ni les crises, ni les guerres, ni les différences de trajectoires économiques entre les membres.

Le retour de l'histoire, avec la chute du Mur, a déstabilisé la dynamique européenne

L'effondrement de l'Union soviétique et la libération des pays de l'Est ont contraint l'Europe à entrer dans une marche à l'élargissement. Avant d'avoir pu devenir une nouvelle république romaine au sens antique du terme, l'Europe s'est faite empire aux contours indéfinis. Certes, le projet européen avait, dès l'origine, vocation à embrasser tout le continent, mais pas à ce rythme. L'Europe des six était celle des principaux belligérants continentaux de la Première Guerre mondiale avec des niveaux de développement économique homogènes. Elle a symbolisé le dynamisme originel de la construction européenne et explique le rêve, aussi illusoire que récurrent, d'un retour à ce périmètre[1]. L'arrivée des nations du Nord et, singulièrement, du Royaume-Uni était inscrite dans un rapport de force historique, économique mais aussi géopolitique : l'Europe était le principal allié des États-Unis, dont les îles Britanniques étaient le berceau et l'indéfectible soutien. Il fallait arrimer l'Europe à la puissance américaine, le Royaume-Uni en étant le garant. D'où l'opposition de la France du général de Gaulle à l'entrée du Royaume-Uni dans l'Europe, mais qui n'a pas survécu à son départ.

L'ouverture aux pays du Sud a été la première manifestation d'une ambition européenne indépendante : revendiquer une identité historique en accueillant la Grèce, berceau de la démocratie ; s'affirmer comme le champion de celle-ci en accueillant des pays longtemps dans les fers de dictatures d'un autre âge : franquistes, salazaristes, dictature des colonels ; faire de l'Europe la zone du progrès économique en aidant ces nations à rattraper leur retard de développement grâce à des transferts massifs de ressources et à l'accès à un vaste marché. Avec, dans le même temps, l'élection du Parlement européen au suffrage universel, cet instant est probablement celui de l'âge d'or de la construction européenne.

---

1. *Cf.* Laurent Wauquiez, *Europe : il faut tout changer*, Odile Jacob, 2014.

Avec la chute du mur de Berlin, cette marche en avant, prudente et résolue, a dû céder la place à des impératifs de haute politique. Des vérités presque oubliées ont dicté leurs lois : Prague est tout autant en Europe que Bruxelles ou Madrid ; la capitale de l'Allemagne est Berlin et non Bonn. Exaltée par la victoire sans combattre de l'Occident sur l'Empire soviétique, l'Europe s'est grisée, croyant que tout lui était possible.

Elle a fait deux choix politiques fondamentaux qui sont à l'origine de la crise actuelle : l'élargissement accéléré à des pays très différents du noyau originel de l'Europe et la monnaie unique sans politique économique commune.

L'entrée des pays de l'est de l'Europe était certainement une exigence historique et démocratique, mais l'Europe à 28, bientôt à 30, n'est plus celle à 6. Les différences culturelles et de développement économique sont considérables. L'écart du PIB par habitant entre la Bulgarie et les Pays-Bas est de 1 à 3,7 alors que l'écart entre l'État le plus pauvre et le plus riche des États-Unis est de 1 à 2,1 et de 1 à 3 entre le Mexique et les États-Unis[1]. Les institutions européennes construites pour un cercle restreint de nations homogènes sont largement inadaptées à cet élargissement. Comment la Commission peut-elle fonctionner avec autant de commissaires et la multiplication des directions sectorielles ? Comment le Conseil européen peut-il être un lieu de décision avec un concert de nations aussi large ? L'Europe a fait le choix de changer radicalement de périmètre sans changer d'institutions, au risque de créer les conditions de la paralysie.

---

1. *Cf.* Pierre-Noël Giraud, *L'Homme inutile. Du bon usage de l'économie*, *op. cit.*

Une construction fondée sur des paris politiques risqués : le cas emblématique de l'euro

À l'utopie du projet s'est ajoutée la primauté du politique.

Le choix de la monnaie unique était avant tout politique. La France a accepté l'unification de l'Allemagne, mais a exigé d'elle un gage majeur d'enracinement en Europe : l'abandon du mark au profit de l'euro. En contrepartie, l'Allemagne a imposé des critères de déficits, de dettes et d'inflation de nature à garantir une politique économique rigoureuse dans la zone euro.

À l'image de la construction européenne, l'euro est une monnaie aux fondations fragiles, incomplète[1]. Il n'y a pas de coordination entre la politique monétaire conduite par la Banque centrale européenne (BCE) et la politique budgétaire, qui est une compétence des États, dans le respect des critères dits de Maastricht. Contrairement à la FED ou à la Banque d'Angleterre, la BCE ne peut pas acheter des titres de dettes souveraines afin d'assurer la liquidité, en dernier ressort, des États de la zone euro. Ce principe a été rappelé solennellement par l'avocat général près la Cour de justice de l'Union européenne, le 14 janvier 2015, dans le cadre d'une question préjudicielle de la Cour suprême allemande. Chargée de piloter l'inflation et non de contribuer aux politiques de croissance, la BCE n'était pas, jusqu'à la mise en place de l'Union bancaire en 2012-2014, chargée de la supervision et du contrôle du système bancaire, qui demeuraient de la compétence des États.

1. *Cf.* Michel Aglietta, *Europe : sortir de la crise et inventer l'avenir*, Michalon, 2014.

Dans l'esprit des promoteurs de l'euro, cette « incomplétude » devait s'effacer devant les effets vertueux de la monnaie unique. L'euro a effectivement conduit à la convergence et à la baisse des taux d'intérêt dans toute la zone. Cette baisse des taux devait favoriser l'investissement productif dans les pays les moins avancés, avec, comme conséquence, la hausse de la productivité et des salaires sans dégradation de la compétitivité. Puisque l'Europe faisait le choix, en 2000 à Lisbonne, de devenir « l'économie de la connaissance la plus avancée du monde », l'euro devait agir comme un puissant facteur de convergence et de progrès des économies de la zone.

La réalité a été tout autre. La baisse des taux d'intérêt réels a conduit les pays de l'Europe du Sud mais aussi l'Irlande à faire le choix de la croissance par l'immobilier, qui s'est rapidement transformée en bulle spéculative, poussant artificiellement à la hausse la valeur de ces actifs ainsi que des salaires au détriment de la compétitivité de l'appareil industriel.

L'Allemagne et les pays de sa zone d'influence ont suivi des trajectoires opposées. La conjonction d'une compétitivité hors prix (biens d'équipement, automobile) et d'une amélioration de la compétitivité prix (main-d'œuvre bien formée et moins chère de l'ex-Allemagne de l'Est ainsi que les mesures Schröder-Hartz du début des années 2000) a permis à l'Allemagne de prendre la vague de la mondialisation, jusqu'à obtenir l'excédent commercial le plus élevé du monde. Entre 1995 et 2012, les coûts salariaux unitaires pondérés ont baissé en Allemagne, contrairement aux autres pays occidentaux, et les prix de l'immobilier y sont restés stables, entre 1995 et 2008, alors qu'ils ont doublé ou triplé en France, en Espagne et au Royaume-Uni. La balance des paiements allemande connaît un excédent massif, contrairement à la France et aux pays du Sud qui ont basculé dans les déficits courants structurels.

C'est insuffisamment armée, en termes d'instruments de politique économique, et en totale divergence de trajectoires entre l'Allemagne et les pays du Sud que l'Europe a affronté la crise de 2008.

Les leçons de la crise de 2008 et de la Grèce

Cette grande dépression n'est certes pas née en Europe. C'est une crise américaine d'accumulation des dettes privées, notamment immobilières, et des produits hyper-sophistiqués destinés à essaimer les risques et à maximiser les profits qui a conduit à « infecter » tout le secteur bancaire mondial, jusqu'à mettre en péril son existence même. Mais cette crise, importée et subie, a été le révélateur et le miroir des faiblesses de la construction économique européenne.

On peut débattre de l'ampleur suffisante ou non de la relance de 2009-2010, mais l'action conjuguée des États-Unis, des pays européens et de la Chine a permis d'éviter un effondrement généralisé, dont le premier domino était la faillite de Lehman Brothers.

Les États-Unis et la zone euro ont, dans un premier temps, évolué d'une manière très similaire. Ils ont touché un point bas de récession mi-2009 – baisse de 5 % du PIB par rapport à un indice 100 en décembre 2007 – puis connu une reprise de la croissance. Mais à partir de septembre 2011, les trajectoires ont divergé : les États-Unis ont renoué avec la croissance et retrouvé, dès fin 2011, leur niveau de production de fin 2007, alors que la zone euro est retombée en récession. La divergence est encore plus marquée s'agissant du niveau d'investissement par habitant : fin 2013, il était aux États-Unis supérieur de 3 % à son niveau de fin 2007 mais inférieur de 18 % dans la zone euro[1]. Jamais l'Europe n'avait connu, depuis 1945, une telle chute économique : récession, absence de progression de la productivité depuis 2007, chômage à plus de 11 %, stagnation, voire baisse du pouvoir d'achat et, en 2014, déflation alors que l'économie américaine, sans négliger ses problèmes d'inégalités face à la croissance, tournait à nouveau à 2,4 % de croissance, avec un taux de chômage ramené de 10 % en octobre 2009 à 5,5 % début 2015 et un déficit budgétaire ramené de 9 % en 2010 à 2,8 % en 2014.

Cette divergence entre les deux rives de l'Atlantique a désormais une composante structurelle : alors que la dette privée – qui a été à l'origine de la crise et, en général, des cycles financiers – a baissé de 19 points de PIB aux États-Unis, ce qui est le signe d'un assainissement, elle est restée, en zone euro, à son niveau de 2008 (164 % du PIB).

Ce phénomène de divergence entre les économies a été encore plus net à l'intérieur de la zone euro : entre 2008 et 2013, celle-ci a connu une récession cumulée de 2,1 % mais cette moyenne masque des disparités entre une Allemagne en croissance de 3 % sur la période, une France dans la stagnation (+ 0,5 %), et l'Italie et l'Espagne qui plongent (respectivement de 8,4 % et de 7,4 %)[2]. De même, la dette privée a augmenté en France (+ 13 % de PIB) et en Italie (+ 6 %) alors qu'elle a baissé en Allemagne (– 7 %).

Qu'est-ce qui a marché aux États-Unis et n'a pas fonctionné dans la zone euro ?

---

1. Michel Aglietta, *Europe...*, *op. cit.*
2. *Ibid.*

Les États-Unis ont agi en professionnels de la politique économique et ont fait marcher à plein régime l'ensemble des instruments à leur disposition (budgétaires, monétaires et même les nationalisations pour éviter les faillites industrielles). Après avoir été à l'origine de la crise mondiale et être passés tout près de l'effondrement, les États-Unis ont enclenché un cycle vertueux. Par ailleurs, leurs entreprises ont décidé, parfois à rythme forcé, de relocaliser leurs productions, sans parler du choix du développement du gaz de schiste qui a abaissé fortement la dépendance et le coût de l'énergie.

Difficile de ne pas éprouver un sentiment de sidération devant ces États-Unis capables des pires irresponsabilités quand tout semble aller bien, mais capables aussi d'une efficacité invraisemblable face aux crises.

La zone euro a, au contraire, pâti de ses faiblesses originelles. Une mauvaise appréhension de la nature de la crise et le statut de la BCE ont conduit à des décisions de politique monétaire au mieux sans impact. Surtout, la nécessaire politique d'assainissement des bilans et du hors-bilan des banques n'a pas été conduite en l'absence d'union bancaire. Faute de révélation des pertes latentes et de recapitalisation, le système bancaire européen n'a pas pu jouer efficacement son rôle de financeur de l'économie.

C'est sur ce terrain d'atonie que la crise grecque a frappé. Bien que la Grèce ne représente que 5 % du PIB européen, la plupart des banques de la zone euro avaient acquis ses titres avec un risque de diffusion en cas de défaut du pays. Les investisseurs internationaux se sont rapidement délestés de ces actifs, faisant flamber les taux de la dette grecque et, par capillarité, ceux de l'Italie et de l'Espagne. Cette réaction en chaîne a provoqué un choc récessif cette fois propre à l'Europe, qu'elle n'a pas su gérer malgré la transfiguration de la BCE.

L'Europe a fait une erreur de diagnostic. Refusant de voir dans la crise grecque une crise de solvabilité, elle s'est obstinée à l'analyser comme une crise de liquidité. Au lieu d'accepter précocement une perte sur ses créances – ainsi que l'avait préconisé Dominique Strauss-Kahn dans sa tragique émission « post-Sofitel » –, l'Europe a imposé à la Grèce une politique ultrarigoureuse. Alors qu'il fallait agir en économiste froid et « prendre sa perte », elle a privilégié, sous la pression de l'Allemagne, une dimension morale visant au redressement par le sacrifice expiatoire des fautes passées.

Au lieu de circonscrire la crise grecque à ce qu'elle était – une crise de solvabilité absorbable –, l'Allemagne y a vu la marque d'un laisser-aller budgétaire dans l'Europe du Sud, auquel il fallait mettre un terme définitif.

Le traité SCG – Stabilité, Coordination et Gouvernance –, dit d'Union budgétaire de mars 2012, porte cette marque. S'il met en place des procédures utiles d'évaluation, de suivi et de coordination en matière budgétaire, il pose des règles plus restrictives encore que les critères de Maastricht. Il prévoit un plafond de déficit structurel – c'est-à-dire hors impact de la conjoncture – de 0,5 ou 1 % du PIB, selon le niveau de dette. Comment, avec de telles règles, relancer les investissements publics qui se sont effondrés depuis la crise alors que l'impact en termes de croissance est fort ?

Dans ce concert de décisions à contretemps, à forte dimension moralisatrice, c'est la BCE – c'est-à-dire l'institution que l'on n'attendait pas – qui s'est montrée la plus lucide et la plus proactive face à la crise.

À l'extrême limite de ce que permettent les traités, la BCE a décidé, à l'été 2010 et surtout fin 2012 (programme OMT), d'acheter sur les marchés secondaires des titres de dettes publiques des pays sous supervision de la Troïka. Elle a poussé à l'assainissement des bilans bancaires en obtenant, en 2012 et 2014, la mise en place d'une Union bancaire qui lui permette de superviser les 130 plus grandes banques de la zone euro et de leur imposer des *stress tests* en vue de leur recapitalisation éventuellement sur fonds publics (mécanisme de résolution unique ou MRU). Elle a enfin massivement baissé ses taux jusqu'à un niveau de zéro pour son taux directeur, en mars 2016, et mis en place des taux négatifs notamment sur les réserves excédentaires des banques.

La lucidité du président de la BCE face au choix européen de la rigueur

Malgré le carcan des traités, Mario Draghi, rompant en cela avec les dogmes de ses prédécesseurs, a amené la BCE a s'affranchir de la doctrine de la Bundesbank et mis en place une politique monétaire accommodante face à la situation de déflation dans laquelle l'Europe était entrée fin 2014 et face aux perspectives d'une stagnation séculaire en Europe[1].

Le président de la BCE a posé un diagnostic lucide sur la situation européenne et les remèdes à lui apporter. Son discours de Jackson Hole d'août 2014, au symposium annuel des banques centrales, sur le chômage dans la zone euro, mérite que l'on s'y arrête.

Après avoir constaté que la très longue récession dans la zone euro avait fait monter le chômage structurel à plus de 10 % avec des écarts considérables entre des pays comme l'Allemagne et l'Espagne, le président de la BCE a renvoyé chacun à ses responsabilités et affirmé

1. *Cf.* Michel Aglietta, *Europe…, op. cit.*

clairement que la politique monétaire ne pouvait pas tout faire.

Pour lui, « si le chômage dans la zone euro est un phénomène complexe, la solution n'est, quant à elle, pas trop difficile à comprendre. Toute stratégie cohérente de réduction du chômage doit s'appuyer sur des politiques axées à la fois sur la demande et sur l'offre, tant au niveau de la zone euro qu'à l'échelon national [...] Faute d'une hausse de la demande globale, le chômage structurel risque d'augmenter et les gouvernements adoptant des réformes structurelles pourraient faire simplement du surplace. Réciproquement, en l'absence de réformes structurelles résolues, les mesures de soutien de la demande globale s'essouffleront rapidement et pourraient *in fine* perdre de leur efficacité ».

En se plaçant dans le cadre du respect des traités, il préconise en matière budgétaire de conjuguer la baisse des impôts « dont le multiplicateur fiscal est le plus élevé à court terme » et la baisse des dépenses « dans les domaines non productifs caractérisée par un multiplicateur plus faible ». Il a complété cette proposition d'un appel au lancement d'un « vaste plan d'investissement public ». Selon le président de la BCE, le pendant de cette politique de relance de la demande réside dans l'assouplissement du marché du travail et notamment dans le fait d'« autoriser la conclusion d'accords au niveau des entreprises permettant aux salaires de mieux tenir compte des conditions prévalant sur le marché du travail local et de l'évolution de la productivité [...] à réduire les rigidités entravant l'ajustement des effectifs en particulier les dualités des marchés du travail ». L'autre politique structurelle jugée essentielle est l'amélioration de la qualification des salariés et leur orientation vers les secteurs à plus forte valeur ajoutée.

Un tel constat de carence de la politique économique européenne, dressé par celui même qui devrait être le gardien de l'orthodoxie, montre que la situation actuelle n'est pas tenable.

Ne nous y trompons pas : le petit redémarrage économique de la zone euro en 2015 doit bien plus à la baisse du prix du pétrole et de l'euro qu'à la marche forcée vers le retour aux équilibres budgétaires. Cela ne veut pas dire qu'il ne faut pas assainir les finances publiques et juguler la montée de la dette publique mais que cela ne peut pas être le seul objectif et instrument de politique économique. De même, le troisième plan de « sauvetage de la Grèce », légitimé pourtant par la réélection d'Aléxis Tsípras, ne répond pas à la crise. Il faut, bien sûr, que la Grèce sorte de l'inacceptable : les fraudes, les privilèges, le laisser-faire. Mais ne pas prendre acte que le niveau de sa dette publique est insoutenable – il va atteindre 200 % du PIB avec le nouveau plan d'aide de 86 milliards d'euros – relève de l'idéologie et non de l'économie. Qu'on le veuille ou non, il faudra restructurer et réduire cette dette pour parvenir à une situation pérenne. Enfin, croit-on que la violence avec laquelle ce pays a été traité et la mise sous tutelle de sa souveraineté seront sans conséquences sur l'image de la construction européenne ? Il ne faudra pas s'étonner demain si l'on voit réapparaître des Brigades rouges en Europe…

Comment relancer la construction et l'économie européenne ?

La solution intellectuellement la plus cohérente et ambitieuse serait d'achever l'intégration économique européenne avec l'institution d'un gouvernement économique européen, compétent en matière budgétaire et fiscale. Bref, d'accélérer la marche vers l'Europe fédérale[1].

Cette voie est actuellement hors de portée.

Le niveau de défiance est tel face à l'inefficacité de l'Europe que tout laisse à penser que les peuples ne l'accepteront pas. C'est le premier enseignement du vote des Français contre le projet de Constitution européenne en 2005. De quoi s'agissait-il ? Non pas d'adopter de nouvelles avancées dans la construction de l'Europe mais de reprendre dans un texte unique l'ensemble des traités successifs, précédés d'une Charte des droits au contenu très consensuel. « Compiler » ainsi l'existant et lui donner une forme plus politique et démocratique auraient dû être une formalité…

Acteur de cet échec au côté du président Chirac, j'ai mis du temps à comprendre que notre erreur n'avait pas été de faire le choix d'un référendum, qui aurait conduit les Français à ne pas répondre à la question, mais à manifester leur mécontentement sur la politique intérieure. Les Français ont, tout au contraire, exprimé une position claire sur un demi-siècle de construction européenne : plus question d'avancer encore, ni même de valider ce qui a été fait !

Cette leçon de 2005 est d'autant plus à prendre en compte aujourd'hui que l'Europe ne parvient pas à renouer avec une croissance suffisante et durable et que l'extrémisme s'en nourrit partout sur le continent. À cela s'ajoute la crise de Schengen qui symbolise toutes les faiblesses de la construction européenne : au départ, un choix politique, l'absence d'instruments communs de gestion de crises, des différences de situation entre l'Allemagne, les pays frontières et les autres États. Avec,

1. *Cf.* Daniel Cohn-Bendit et Guy Verhofstadt, *Debout l'Europe !*, André Versaille éditeur-Acte Sud, 2012.

à l'arrivée, un terrible constat d'échec : l'incapacité à mettre en place une réponse juste à la crise migratoire et la fermeture progressive des frontières intérieures, c'est-à-dire l'effondrement du système.

Par ailleurs, les Européens ne sont pas d'accord sur la ligne de politique économique à tenir. Entre l'Allemagne et les pays de sa zone d'influence, la France, les pays de l'Europe du Sud, sans parler du Royaume-Uni ou de la Grèce, les divergences sont profondes. Comment dans une telle situation engager une politique budgétaire commune, une convergence fiscale ou une politique de croissance volontariste ? Le rêve d'un retour à une Europe originelle à six ou huit, dont la France et l'Allemagne seraient les moteurs, n'est qu'une illusion, car l'Allemagne défend un *statu quo* qui, pour l'heure, lui convient, alors que nous avons besoin d'espace pour conduire des réformes structurelles sans plonger dans la récession.

L'autre solution globalisante serait la sortie de l'euro. Après tout, un des principes fondamentaux de la vie est qu'il ne faut pas s'en vouloir de s'être trompé mais qu'il est criminel de persister dans l'erreur.

À supposer que la sortie de l'euro soit techniquement réalisable, sans un coût matériel et technique insurmontable, elle aurait des effets d'appauvrissement immédiats. Les écarts de fondamentaux économiques, ainsi que la perception des marchés, devraient conduire à un niveau de valeur du nouveau franc inférieur à celui de l'euro actuel et très inférieur à celui d'un nouveau mark ou d'un euro des pays du Nord. Une dévaluation, par exemple de 25 %, conduirait à une amputation immédiate des patrimoines de chacun d'un quart. Par ailleurs, le décrochage entre le niveau de l'euro et celui du nouveau franc conduirait à une fuite des capitaux immédiate qui mettrait en péril le système bancaire ou au moins réduirait ses capacités de crédit aux entreprises tout en poussant les taux d'intérêt à la hausse. Difficile d'imaginer que l'on en revienne au contrôle des changes, dont on a pu mesurer l'inefficacité au début des années 1980.

Quant aux effets positifs structurels à attendre d'une sortie de l'euro, ils méritent d'être réellement pesés. Certes, nos produits gagneraient en compétitivité-prix, mais notre principale faiblesse réside dans la compétitivité hors prix. En revanche, la hausse des produits importés pèserait sur le pouvoir d'achat. Surtout, la Banque de France n'aurait pas la taille critique pour s'opposer aux attaques spéculatives contre le franc. Nous risquons, à rebours de l'objectif, de perdre toute indépendance de politique économique, celle-ci étant tout entière consacrée à prévenir les risques spéculatifs sur la monnaie.

Nous sommes donc dans une impasse de la construction européenne : le *statu quo* n'est pas tenable ; impossible d'accélérer ; impossible aussi de revenir en arrière.

Il faut sortir de la « pensée magique » selon laquelle la solution à la crise européenne réside toujours dans plus d'Europe. Il faut traiter la question européenne en adultes : partir des réalités et y apporter des réponses pragmatiques et volontaristes, en se gardant du danger mortel des idéologues utopiques ou du « tout rigueur budgétaire ».

La France doit pousser dans trois voies nouvelles :

— créer un cadre favorable aux réformes structurelles ;

— relancer la construction européenne à partir de deux grands projets dans les domaines de l'énergie et du numérique ;

— engager la mise en place de la fiscalité du XXIe siècle sur le *big data*.

Première priorité : instaurer un cadre adapté aux réformes structurelles

Après le référendum britannique, la campagne présidentielle française de 2017 permettrait d'adresser à l'Europe un message clair : la France va engager des réformes structurelles majeures (retraites, marché du travail, baisse des dépenses publiques...). Parmi ces réformes, elle va massivement baisser ses impôts. La France va ainsi apporter des réponses fortes à l'ensemble de ses handicaps structurels et le faire dès le début du quinquennat dans le cadre de l'adoption par loi référendaire de ces réformes. Cela risque de conduire à une hausse transitoire du déficit budgétaire qui sera la conséquence temporaire de cette démarche réformatrice.

Si les réformes structurelles sont réelles et approuvées par le peuple, pourquoi nos partenaires s'y opposeraient-ils ?

C'est, au demeurant, ce qu'a fait l'Allemagne au tournant des années 2000. On garde à l'esprit ses réformes du marché du travail, sa politique de baisse des dépenses publiques, notamment dans le domaine de la protection sociale, ainsi que la hausse de la TVA. On oublie souvent que ces réformes étaient assorties d'une réforme fiscale importante, lancée en 1998. Elle se caractérisait par une forte baisse des impôts directs : passage du taux inférieur de l'impôt sur le revenu de 26 % en 1998 à 15 % en 2005, du taux supérieur de ce même impôt de 53 % à 42 % sur la même période et baisse du taux normal de l'impôt sur les sociétés de 40 % à 25 %.

C'est ce choix de baisse des impôts concomitant à l'engagement de réformes structurelles, en plus de la conjoncture – suites de l'explosion de la bulle Internet – qui explique

que l'Allemagne a dépassé, pendant deux ans, le critère des 3 % de déficits publics : en 2003 (4,1 %) et 2004 (3,6 %). Cela a évité qu'elle ne plonge dans une récession durable (croissance de – 0,7 % en 2003 mais 3,2 % dès 2006) et a permis la réussite de la démarche.

Ce régime transitoire d'exception pour réforme structurelle a vocation à prendre sa place dans les traités. En effet, chaque pays européen présente des handicaps spécifiques et doit pouvoir les régler, sans en être empêché par des règles communes. Ces réformes structurelles doivent prendre place dans un cadre d'ensemble visant à faire redémarrer la croissance européenne sur une longue période.

D'une manière générale, l'Europe doit engager une réflexion totalement ouverte sur ses instruments de politique économique. Il est essentiel notamment qu'elle confronte le modèle européen, fondé sur l'ouverture aux marchés, la primauté du droit de la concurrence et l'interdiction de toute aide d'État, aux pratiques réellement à l'œuvre aux États-Unis ou en Chine. Peut-on continuer à accepter que les États-Unis imposent au monde des normes qu'ils ne s'appliquent pas réellement à eux-mêmes ? Croit-on pouvoir rivaliser, à armes égales, avec les groupes chinois dont l'émergence a été rendue possible par des politiques étatiques associant subventions massives, protectionnisme et accès aux technologies occidentales ? S'interroge-t-on ainsi sur les soutiens étatiques dont bénéficient les entreprises chinoises qui rachètent nombre de grandes entreprises européennes, alors que la Commission européenne a empêché, au début des années 2000, la fusion des entreprises Schneider et Legrand ? A-t-on conscience qu'il est impossible pour un État d'aider une entreprise à prendre pied dans un secteur innovant ne serait-ce qu'en lui donnant la priorité pour l'attribution de marchés publics et qu'il faut des mois de négociations avec la Commission pour pouvoir lancer, à partir d'acteurs publics, des projets d'intérêt général pour lesquels les logiques de marché ont été défaillantes ?

L'idée n'est pas d'aller vers un protectionnisme européen ou de basculer dans une Europe sans règles, mais simplement d'agir de manière réaliste et sans naïveté, de mettre en place des systèmes de priorités européennes et d'aides d'État sur des secteurs ciblés et d'avenir. Bref, de se battre à armes égales.

La deuxième priorité de la relance européenne, c'est la mise en place d'une politique industrielle et d'aides communautaires aux secteurs prioritaires et principalement dans la robotique et le numérique.

Il faut renouer avec les grands projets européens

Le plan Junker d'*investissement pour l'Europe* est une première inflexion.

Ce plan repose sur une prise de conscience de l'urgence : le niveau d'investissement en Europe est de 15 % inférieur à ce qu'il était en 2007. Il part du diagnostic que ce n'est pas de manque de financements privés dont souffre l'Europe mais d'une aversion au risque.

Le plan cible tout à la fois les secteurs d'avenir – énergie, réseaux de télécommunications, éducation –, avec, comme instrument, la création du Fonds européen pour les investissements stratégiques, ainsi que le financement des PME, avec le Fonds européen d'investissement, pilotés par la Banque européenne d'investissement (BEI). Le plan prévoit que les financements publics doivent porter sur les tranches les plus risquées des investissements (fonds propres et dettes subordonnées) et non les moins risquées comme jusqu'ici (prêts). En prenant en charge une part du risque de première ligne, les instruments du plan Junker sont susceptibles d'attirer des investisseurs privés sur des projets innovants mais « dérisqués ». C'est par un effet multiplicateur (1 euro d'argent public conduit à 15 euros d'investissements privés) que l'on passe de 21 milliards d'euros de dotations communautaires (budget européen et BEI) à 315 milliards d'euros de financements de projets. Par ailleurs, le plan incite les États à contribuer à ces financements en ouvrant la porte, bien qu'encore timidement, à deux évolutions essentielles : « une appréciation simplifiée au regard des règles en matière d'aides d'État » et, « dans le cadre de l'évaluation des finances publiques au titre du pacte de stabilité et de la croissance, la Commission considérera de manière favorable de tels apports de capitaux [des États] au Fonds ». En termes de gestion de ces dépenses publiques d'intervention, le choix est également innovant puisque, à l'image des sociétés de gestion des fonds d'investissement, c'est un comité des investissements spécialisé et composé d'experts qui validera chacun des projets au regard du double critère de l'intérêt économique et sociétal.

Le plan Junker porte une première volonté de déverrouillage des règles actuelles (assouplissement de l'application du régime des aides d'État et prise en compte des investissements productifs dans le respect des critères du pacte de stabilité) et ouvre la porte au retour des grands projets.

Il faut aller beaucoup plus loin en ciblant l'effort sur un petit nombre de projets fortement structurants.

Le premier projet concerne la mise en place d'un habitat producteur d'énergie

L'objectif est, à l'horizon des cinquante prochaines années, de transformer une grande partie des 180 millions de bâtiments en Europe non plus en consommateurs d'électricité mais en producteurs. Cette idée de troisième révolution industrielle, pour reprendre le terme d'un de ses théoriciens, Jeremy Rifkin, permettra, d'une part, de renouer avec une croissance longue, car l'effort de rénovation des bâtiments et en équipements sera titanesque et non délocalisable, et, d'autre part, de répondre au problème du réchauffement climatique.

Ce projet doit s'inscrire dans le cadre plus large d'une politique européenne de l'énergie[1]. Les énergies renouvelables sont la priorité. Elles se substituent aux énergies carbonées, répondent au défi de l'épuisement programmé des ressources naturelles et au réchauffement climatique. Les projections les plus optimistes de la Commission européenne prévoient cependant qu'elles représenteront 55 % seulement de notre consommation à l'horizon 2050. La raison de cette montée en puissance lente n'est pas le coût de ces énergies, qui ont engagé un mouvement de baisse faisant sortir de l'utopie l'idée même d'un prix de l'énergie quasi nul, mais leur intermittence. Sans vent, sans soleil, les centrales éoliennes ou photovoltaïques s'arrêtent alors que nous continuons à consommer. Tant que l'on n'aura pas résolu les problèmes de stockage, à grande échelle, de l'énergie, il faudra recourir à des centrales de production d'électricité nucléaire à base d'hydrocarbures ou de charbon.

1. *Cf.* Michel Barnier, *Se reposer ou être libre*, Gallimard, 2014.

Par ailleurs, les énergies renouvelables sont aussi concentrées en termes de zones de production au sud-est de l'Europe (solaire) et le long des côtes (éolien offshore ou énergie océanique de demain). Les zones de stockage actuelles, *via* notamment les *steps* des centrales hydroélectriques, sont concentrées dans les Alpes et les Pyrénées. Il est donc essentiel de pouvoir acheminer cette énergie vers le centre de l'Europe. C'est tout l'enjeu du développement des interconnexions en Europe, ce que l'on qualifie d'« autoroutes énergétiques ».

C'est dans le cadre de cette politique de mise en place d'un marché unique de l'énergie en Europe que pourra prendre place le projet d'habitat producteur d'énergie. Nous ne partons pas d'une page blanche puisque la directive du 19 mai 2010 sur la performance énergétique des bâtiments prévoit qu'à l'horizon 2021 « tous les bâtiments présentent une consommation d'énergie quasi nulle ».

Sans que nous en ayons eu pleinement conscience, des innovations récentes (petites éoliennes, photovoltaïque, verres producteurs de chaleur, biogaz, techniques nouvelles d'isolation, méthanisation...) rendent ce projet techniquement possible. Ses conditions de mise en œuvre seront évidemment différentes dans les pays du sud ou du nord de l'Europe mais partout il est techniquement envisageable de rendre nos bâtiments non pas quasiment pas consommateurs d'énergie mais bien producteurs d'électricité.

En théorie, l'idée est simple : il faut édicter des normes pour les nouvelles constructions et transformer les bâtiments existants susceptibles de l'être. Ces bâtiments pourront vendre l'électricité produite sur le marché et amortir ainsi une partie des dépenses de construction ou d'adaptation du bâti et, à terme, réduire la facture énergétique des familles comme de l'Europe. Des aides publiques seront évidemment nécessaires pour assurer le démarrage et la viabilité économique de ce choix.

Il faut travailler à un système de financement innovant, associant subventions ou prêts publics à long terme avec des offres de nouveaux industriels finançant une partie des travaux, en échange de pouvoir commercialiser l'énergie produite. Pour contribuer à ce financement, l'Union européenne pourrait, par exemple, mettre en place un Fonds européen de l'énergie auquel serait affectée une taxe carbone, applicable dans tous les pays de l'Union européenne, et qui émettrait également des « eurobonds » pour couvrir les prêts à long terme. Les États pourraient abonder ce fonds sans que ces dotations ne soient prises en compte dans le calcul des déficits publics et de la dette, au sens des traités.

Le développement d'une offre de marché intégrée en sera le complément essentiel. Des entreprises devront se créer afin de réaliser les travaux nécessaires sur les bâtiments pour les isoler, les équiper et les rendre producteurs d'électricité, et de racheter, sur une longue durée, l'énergie produite afin de réduire d'autant le coût des travaux et des équipements.

Ce défi industriel devra être relevé d'abord par les grands énergéticiens européens qui vont passer de la production de masse d'énergie à un « mix » entre ces productions – qui demeureront encore au moins un temps indispensables – et un marché faisant sa place à la somme des micro-productions. On verra émerger de nouveaux groupes associant leurs compétences en matière de production d'énergie, de construction et de services énergétiques, et s'appuyant, pour l'exécution des travaux, sur des sous-traitants et artisans de proximité. Sur le plan des biens d'équipement énergétique, ce sera l'occasion pour l'Europe de rattraper son retard, notamment dans le domaine photovoltaïque en ciblant les aides publiques sur les équipements produits, en tout ou partie, en Europe. Dans le même temps, les aides à l'innovation devront être orientées vers ces activités dans lesquelles nous perdons pied, comme le montrent les chiffres des brevets déposés par les Européens par rapport à leurs concurrents américains ou asiatiques.

Une telle mutation prendra nécessairement plusieurs décennies. Elle est beaucoup plus facile à mettre en œuvre sur les bâtiments nouveaux et les ensembles collectifs que sur les bâtiments individuels existants et parfois anciens. Des questions pratiques seront déterminantes : où habiter et avec quelle prise en charge, le temps que les travaux soient réalisés ? Quelle part de dépenses restera à la charge des familles et comment aider les plus modestes à les supporter quand elles sont propriétaires de leur logement ? Comment adapter les immeubles de bureaux sans désorganiser les entreprises ?

Les bailleurs sociaux, avec, en France, le soutien de la Caisse des dépôts, pourraient être les premiers à s'engager dans cette voie, et cela d'autant plus que le poids des dépenses d'énergie est très lourd pour leurs locataires.

De même, ce projet porte en lui la nécessité de l'unification du marché de l'électricité avec la mise en place d'un régulateur unique européen et d'un réseau de transport, de distribution et de stockage unifié.

Les obstacles à surmonter et les moyens à dégager sont considérables mais les retombées à en attendre le sont bien plus : une relance durable de la croissance par l'adaptation de dizaines de millions de bâtiments ; une filière industrielle à bâtir qui pourra ensuite se projeter à l'international ; une double réponse à la question de l'indépendance énergétique et du réchauffement climatique.

L'Europe doit affirmer une véritable souveraineté numérique

La nouvelle économie porte des défis considérables : le secteur du numérique en Europe, pris isolément, a un taux de croissance supérieur à celui de la Chine en général, une logique de destruction/création d'emplois dont on ne mesure absolument pas encore l'ampleur et des enjeux stratégiques d'indépendance et de protection des personnes.

Seule l'Europe a la taille critique pour relever réellement le défi numérique. D'abord dans le secteur des infrastructures où il est essentiel qu'elle se dote d'un réseau Internet à très haut débit (plus de 100 Mbps) à la fois dans une perspective de développement économique et d'indépendance stratégique. C'est l'objectif qui avait été fixé, en 2010, par l'Union européenne mais qui n'a pas été atteint en raison du cloisonnement et de la multiplicité des acteurs dans le secteur des télécoms. Il y a environ 140 opérateurs en Europe contre 4 aux États-Unis et 3 en Chine. Ils n'ont pas la taille critique pour supporter les investissements nécessaires à l'échelle du continent.

Le préalable au développement de l'Europe du numérique est ainsi d'avancer vers un marché unique des télécoms avec un régulateur européen et de pousser à la concentration des entreprises du secteur en mettant en place des licences de téléphonies paneuropéennes. La libération de la bande 700 MHz, à partir de 2016, au profit des opérateurs télécoms, et les ressources qui en résulteront pour les États pourraient venir alimenter un fonds européen visant à accélérer la mise en place du réseau continental unifié à très haut débit.

Seule l'Europe a, par ailleurs, la capacité à imposer des règles dans le secteur des données, qu'il s'agisse de leur sécurité ou de leur exploitation.

Les révélations d'Edward Snowden, en juin 2013, sur le programme PRISM de la NSA, ainsi que les accords d'échanges de données de la NSA avec ses homologues britanniques, canadiens, australiens et néo-zélandais (accords de renseignements informels dits « Five Eyes »), ont mis en lumière l'ampleur des atteintes au droit et au respect de la vie privée. La gravité de la situation a résulté de la participation – ce qui ne semble plus être le cas désormais – au programme PRISM de Google, Facebook, Yahoo et Microsoft. Comme l'a révélé le journal *The Guardian*, la NSA et le GCHQ – son homologue britannique – accéderaient même directement aux données Internet, hors de toute demande aux entreprises du secteur, en piratant les câbles terrestres et sous-marins ainsi que la quinzaine de routeurs intermédiaires qui constituent la « dorsale d'Internet ».

À la fois pour des raisons économiques et de libertés publiques, l'Europe doit se doter d'infrastructures indépendantes, de normes communes ainsi que d'une mise en réseau des *clouds* sur son territoire afin d'en assurer l'intégrité et la sécurité pour les Européens et pour d'autres clients dans le monde qui partageraient cet objectif.

D'une manière générale, plutôt que de s'être « couché » face à une prétendue raison d'État – voire d'y avoir collaboré comme, semble-t-il, l'Allemagne –, l'Europe doit s'engager et mettre tout son poids pour l'adoption d'une convention internationale de protection des libertés individuelles sur les réseaux de communications électroniques. Comment comprendre, là encore, que ce soit Tim Cook, le patron d'Apple, qui ait pris la tête de ce combat dans le bras de fer juridique qui l'oppose au FBI sur la question du cryptage de ses smartphones ?

Il faudra du temps pour y parvenir, dans un contexte marqué par le terrorisme international, mais l'Europe doit s'imposer comme le continent du respect de l'état de droit numérique.

L'Europe doit se doter d'une politique dans le domaine de l'utilisation des données collectées par les grands acteurs du Net, Google et Facebook en tête. Jusqu'à aujourd'hui, l'accord dit de « Safe Harbor » permettait le transfert des données collectées en Europe vers les États-Unis sans autorisation des CNIL européennes, au motif que le niveau de sécurisation y serait satisfaisant. Les conclusions de l'avocat général Yves Bot, de septembre 2015, suivies par la Cour de justice de l'Union européenne dans le cadre d'un litige opposant Facebook à un citoyen autrichien contestant l'utilisation qui est faite par ce réseau social des données collectées, montrent qu'il n'en est rien. La négociation de l'accord transatlantique doit permettre de fixer des règles d'échanges des données sur une base sécurisée. Pour cela, il faudrait créer une autorité de contrôle européenne, tête de réseau des CNIL et des institutions comparables qui existent en Europe.

L'Europe doit-elle se doter d'une politique industrielle numérique ?

C'est une question délicate, car le terme de politique industrielle sonne comme l'antithèse de tout ce qui met en mouvement l'économie numérique : le foisonnement, la collaboration libre, la rencontre de l'innovateur et du capital « risqueur ». Est-il encore réaliste de vouloir faire émerger un concurrent à Google ou ne faut-il pas admettre qu'il s'agit désormais d'une sorte d'infrastructure essentielle mondiale et que l'enjeu est que cette entreprise respecte les règles de concurrence européenne, comme vient de le faire la Commission en ouvrant une procédure notamment en abus de position dominante portant sur le service de comparaison de prix et sur le système d'exploitation Android ?

La démarche est risquée et le succès peut ne pas être au rendez-vous. Mais ne pas l'entreprendre serait accepter de devenir une simple province de l'empire numérique américain.

Certes, nous ne sommes plus au temps du lancement d'Airbus. Les défis technologiques sont d'une ampleur incomparable à celle du système de guidage satellitaire Galileo. La tentative franco-allemande de lancement du moteur de recherche Exalead, en 2005, n'a pas été un succès. Mais dans le même temps, les Chinois et les Russes ont le leur, et ce dernier – Yandex – est techniquement très performant.

En mesurant la difficulté, il faut s'y engager avec une méthode nouvelle. Un appel d'offres européen pourrait être lancé assorti d'un dispositif de co-investissement public-privé. À l'instar de ce qui a été fait avec Airbus, les États européens pourraient entrer au capital du moteur de recherche européen aux côtés du consortium industriel retenu. Celui-ci devrait l'être sur la base de choix technologiques de rupture en termes d'algorithmes, de déploiement et de stratégie commerciale. Un pacte d'actionnaire prévoira que les acteurs publics ne devront pas intervenir dans la gestion de l'entreprise, qui relèvera de la compétence exclusive du consortium industriel. À horizon de cinq à dix ans, les participations publiques devront être vendues sur le marché.

Au-delà du Google européen, il faut une politique d'accélération du développement des entreprises européennes dans le domaine du numérique et des objets connectés. La concentration du secteur des télécommunications autour d'un petit nombre d'opérateurs la favorisera. Pour aller plus loin et faciliter l'accès des jeunes entreprises à des financements de capital-risque, on peut imaginer de mettre en place un livret d'épargne numérique européen[1] défiscalisé qui permettra d'alimenter des fonds de capital-risque partout en Europe. De même, il faut laisser aux États la possibilité, pendant une période transitoire de dix ans, d'aider les entreprises du secteur, par exception aux règles sur les aides d'État. Cette logique, il faut l'appliquer à l'ensemble du secteur du numérique.

Pour financer ces politiques d'avenir, il faut des ressources. C'est la troisième priorité pour la relance du projet européen.

Pour une fiscalité européenne sur le *big data*

Nous savons que les assiettes fiscales du XXe siècle que sont le travail, les bénéfices, la consommation vont fondre sous le triple effet du chômage technologique s'agissant des emplois qualifiés (baisse des recettes de l'impôt sur le revenu), de l'effondrement des marges des entreprises lié à l'« uberisation » de l'économie (baisse des recettes de l'impôt sur les sociétés) et de la diffusion de l'économie du partage (réduction du produit de la TVA). Par ailleurs, le caractère mondial des grandes entreprises de la nouvelle économie leur permet d'optimiser la localisation de leurs activités, de leurs licences et de leurs résultats, afin de payer le moins d'impôts possible.

1. Michel Barnier, *Se reposer ou être libre*, *op. cit.*

Surtout, ces entreprises sont en train de confisquer, d'enclore la nouvelle richesse du XXIe siècle : le *big data*. Comme le montre le rapport Collin et Colin sur la fiscalité de l'économie numérique[1], nous sommes confrontés à un marché biface. Les services offerts par Google ou Facebook sont, en apparence, gratuits. Mais, en réalité, les utilisateurs produisent gratuitement des données qui sont retraitées et commercialisées par ces entreprises. En quelque sorte, en utilisant les moteurs de recherche, en s'exprimant sur les réseaux sociaux, en visionnant des vidéos sur YouTube, nous sommes devenus, pour reprendre l'expression du rapport Collin et Colin, des travailleurs gratuits.

Techniquement, il est très difficile d'appréhender cette nouvelle base imposable. Faut-il le faire sur le volume des données collectées ? Faut-il taxer le seul résultat de l'utilisation du *big data* ? Comment le faire sans handicaper nos entreprises du secteur[2] ? Peut-on coupler taxation et incitation – imposition différenciée – à un comportement responsable des entreprises, en termes de recueil du consentement réel et éclairé de ceux dont les données sont collectées ?

Ce qui est certain, c'est qu'il est illusoire de vouloir le faire à l'échelle d'un État comme la France, qui n'a pas la masse critique pour éviter les délocalisations de serveurs et toute autre pratique empêchant de s'appuyer sur la notion d'établissement stable, qui fonde l'imposition. Par ailleurs, notre marché n'a pas la taille permettant d'engager un vrai rapport de force avec ces entreprises à dimension mondiale.

---

1. Pierre Collin et Nicolas Colin, « Mission d'expertise sur la fiscalité de l'économie numérique », ministère de l'Économie et des Finances, janvier 2013.

2. Avis n° 2013-3 du Conseil national du numérique, septembre 2013.

La solution est européenne[1]. Impossible à l'échelle du continent de délocaliser les serveurs et les équipements. Le rapport de force est encore en faveur de l'Europe, compte tenu de la taille de son marché. C'est une opportunité pour l'Europe de montrer son utilité : défense de la souveraineté numérique, création d'un nouveau modèle fiscal recherchant un équilibre entre développement de l'innovation et financement des services publics et de la solidarité. Les recettes de la fiscalité du *big data* monteront progressivement en puissance. Elles pourront, dans un premier temps, financer le projet de bâtiments producteurs d'électricité puis, en fonction du volume de recettes, être redistribuées entre les États, à concurrence des volumes et des caractéristiques des données collectées sur leurs territoires.

Les logiques s'inverseraient : ce ne serait plus l'impôt des États qui viendrait financer l'Europe mais celle-ci qui apporterait des ressources nouvelles pour financer les services publics nationaux.

Selon la même logique, c'est à l'Europe de prendre les devants pour l'élaboration d'un cadre protecteur au développement des biotechnologies. Les dangers de la marche vers l'homme augmenté, le transhumanisme, sont réels et d'une gravité que l'on ne mesure pas encore. Cette marche doit être encadrée, contrôlée, au besoin stoppée.

1. L'Union européenne a déjà engagé l'harmonisation, entre 2015 et 2019, de la TVA, à partir de l'État de consommation, pour les services électroniques, et travaille à un régime commun de calcul de l'assiette imposable des entreprises exerçant leurs activités en Europe (projet ACCIS).

7

Éducation, l'immense opportunité numérique

L'école est le premier des miroirs de la réalité française. Elle porte notre idéal d'égalité et de progrès. Elle est l'une des grandes réussites du modèle de 1945. Un extraordinaire effort de développement et de démocratisation a été réalisé, en quelques décennies.

L'école a aussi subi tous les choix et tous les chocs des années de crise. Le passage au collège pour tous, à partir des années 1975-1981, a coïncidé avec l'enracinement du chômage, la montée des inégalités, une population qui s'est transformée, en quelques années seulement, pour devenir diverse et multiculturelle. L'explosion des cellules familiales, l'effacement de l'autorité des pères, la montée des violences, le culte de l'argent et de l'image ont heurté, ballotté, pénétré l'école et singulièrement celle des quartiers en difficulté. L'échec relatif des ZEP, malgré l'idéal de départ et l'assouplissement de la carte scolaire ont conduit à un cercle vicieux, caractérisé par les meilleurs élèves quittant les établissements réputés mauvais ou dangereux dans lesquels se concentrent les élèves les plus en difficulté et les enseignants les plus jeunes et les moins expérimentés. Les comparaisons internationales, comme les études PISA[1] de l'OCDE, le montrent : non seulement les résultats de notre système scolaire ne cessent de se dégrader, mais celui-ci est de plus en plus inégalitaire, fracturé.

Le récent débat sur la réforme du collège symbolise l'impasse actuelle, marquée par la confrontation entre la défense du projet égalitaire mais sans pouvoir et savoir comment y mettre les moyens, et la nostalgie dérangeante d'une école élitiste qui devrait redevenir une machine à classer, orienter, trier.

Il faut sortir d'une vision abstraite de notre devise républicaine. Dans un XXIe siècle hyper-concurrentiel et technologique, c'est à l'école, à l'université que l'exigence d'égalité doit être promue, construite, absolue. Après, c'est la liberté qui doit primer : pouvoir créer, réussir et bénéficier des fruits de son travail.

C'est pour cela qu'il ne faut évidemment pas renoncer au collège pour tous – très vite l'objectif devra, au demeurant, devenir la formation supérieure pour tous. Surtout, il faut faire entrer l'école dans son siècle. L'école reste construite sur le modèle uniforme du XIXe siècle. Elle est peut-être le seul lieu de la société qui n'ait pas été transformé par les nouvelles technologies de l'information. Au fond, elle est restée tayloriste : toute une génération indistinctement vissée sur une longue chaîne de transmission d'un savoir bien souvent inadapté ou dépassé.

Faire entrer l'école dans l'ère numérique, ce n'est pas seulement doter les élèves de tablettes ou les classes de connections à haut débit. C'est aller beaucoup plus

1. Le programme PISA (Program for International Student Assessment, « Programme international pour le suivi des acquis des élèves » en français) est un ensemble d'études menées par l'OCDE et visant à la mesure des performances des systèmes éducatifs des pays membres et non membres.

loin. C'est inventer et généraliser le manuel scolaire numérique, interactif, permettant à tous les élèves de bénéficier de l'enseignement des meilleurs. Pour prendre un exemple volontairement élitiste : où qu'ils se trouvent, quelles que soient leurs situations sociales ou culturelles, tous les élèves doivent pouvoir découvrir, se faire expliquer *Phèdre* par les enseignants les plus brillants, car c'est de la prise de conscience du beau, de l'exceptionnel que naissent l'envie de se construire un destin et l'ambition. C'est par la connaissance de l'histoire et de la culture française que naît l'admiration pour son pays sans laquelle il ne peut y avoir de citoyenneté autre qu'abstraite. Les apprentissages scientifiques, technologiques – qui sont évidemment essentiels dans le monde actuel – en découlent presque naturellement.

S'il y a un domaine où le numérique apporte les solutions, c'est bien l'école. Si nous avons le courage de le mettre au cœur de notre système scolaire, il peut permettre de réaliser le double rêve égalitaire et intégrateur de la République.

À cet objectif essentiel, il faut ajouter désormais celui de l'hyper-qualification, qui est la seule réponse au nouvel équilibre annoncé entre l'homme et la machine. Là encore, le numérique est la solution.

Chacun croit connaître notre système scolaire pour y être passé. On ne peut pourtant pas le comprendre réellement sans revenir sur son historique

Comme souvent en France, c'est Napoléon qui, systématisant les avancées de la Révolution, a posé les bases de l'organisation administrative du système scolaire. Jusque-là, c'était le foisonnement. La Révolution, avec les projets de Condorcet, Saint-Fargeau ou Robespierre, avait posé l'ambition d'une école pour tous, inspirée de l'idéal des Lumières. La loi de 1806 et le décret impérial de 1808 ont fixé le cadre (l'Université impériale) dans lequel la diversité scolaire allait se fondre en une pièce unique.

L'Éducation est devenue l'affaire de l'État. La France a été découpée en autant d'académies qu'il y avait de cours d'appel. L'article 5 du décret impérial a coulé les fondations de ce qui est encore largement notre organisation scolaire.

L'Éducation nationale a été organisée sur un mode hiérarchique presque militaire : l'empereur nommait le grand maître de l'Université (le futur ministre de l'Instruction publique) qui nommait les recteurs des académies. Les proviseurs régnaient sur les lycées et les principaux sur les collèges. Même les hussards noirs de la République étaient, en quelque sorte, déjà en place. L'article 128 du décret impérial disposait que « le costume commun à tous les membres de l'Université sera l'habit noir, avec une palme brodée en soie bleue sur la partie gauche de la poitrine ».

Sur ces fondations, la France s'est engagée dans deux siècles de progrès scolaire. La Restauration et le Second Empire ont préparé les réalisations de la IIIe République : la loi Guizot de 1833 a imposé à chaque commune d'avoir au moins une école primaire. La loi Falloux (1850), au-delà de ses objectifs de mise au pas d'une Université jugée trop libérale et de garantie de la place de l'enseignement catholique, a imposé aux communes de plus de huit cents habitants d'ouvrir des écoles pour les filles. Victor Duruy, dans un Second Empire finissant (1865-1867), a autorisé les communes à instituer la gratuité des écoles primaires.

C'est sur ce socle que va se construire ce que l'on appelle l'école de la République. Les lois Ferry de 1881 et 1882 ont mis en place l'école primaire obligatoire (pour les enfants des deux sexes de 6 à 13 ans), gratuite et laïque. La loi Goblet de 1886 a dessiné l'organisation du premier cycle des écoles maternelles aux écoles primaires supérieures. On a créé les écoles normales et normales supérieures pour recruter et former les professeurs. La loi de 1889 a mis fin au pouvoir de nomination des instituteurs par les conseils municipaux en instaurant un véritable service public de l'État. L'enseignement secondaire s'est ouvert aux jeunes filles, grâce à Camille Sée. L'enseignement technique, placé sous l'autorité du ministère du Commerce et de l'Industrie, a vu le jour en 1892. Le décret de 1902 a organisé le secondaire, mais celui-ci est resté réservé à une élite sociale. Il est demeuré aussi profondément marqué par une hiérarchie entre les écoles primaires supérieures et les classes de collèges des lycées prestigieux.

Le Front populaire a instauré l'obligation de scolarisation jusqu'à l'âge de 14 ans mais a échoué à faire voter le projet d'école unique de Jean Zay, unifiant le primaire supérieur et le premier cycle des lycées. Le Front populaire a également mis en place le sport à l'école et les travaux dirigés, ouvrant un long cycle de débats aussi stériles que passionnés sur ce que doit enseigner l'école et comment.

Les travaux de la commission Langevin-Wallon de 1945 témoignent de notre ambition pour l'école : « La réforme doit réaliser, dans toute la mesure compatible avec les aptitudes individuelles, l'égalité de tous les enfants devant l'éducation [...] Elle doit s'efforcer d'introduire la justice à l'école, condition nécessaire à la justice sociale [...] Le but de l'école est double : initiation à la culture et préparation professionnelle [...] L'école doit s'efforcer non pas de munir les jeunes gens d'un bagage plus ou moins encyclopédique de connaissances vite oubliées ou périmées mais de développer en eux de bonnes habitudes de travail, de la curiosité d'esprit et le goût de s'instruire, la culture, comme le développement de la personnalité sous ses divers aspects, devant être l'œuvre de toute une vie [...] Pour préparer vraiment les jeunes gens à leur double activité de citoyens et de travailleurs, l'école devra s'ouvrir plus largement qu'elle ne le fait sur le monde extérieur [...] Les méthodes d'enseignement devront être adaptées au développement psychologique de l'enfant [...] Trop collectif sous la forme actuelle, l'enseignement devra tendre à s'individualiser pour permettre à l'élève de marcher à son pas[1]. »

L'énorme œuvre de démocratisation de l'enseignement

Le changement majeur s'engage entre 1959 et 1989, donnant tout son sens à la notion d'école pour tous. Il est mis fin à la séparation millénaire de l'éducation des garçons et des filles. Le secondaire s'ouvre aux enfants n'appartenant pas à l'élite sociale ou intellectuelle.

La scolarisation obligatoire est portée à 16 ans en 1959. En plusieurs étapes (1959, 1962 et loi Haby de 1975), le collège devient unique. Il est mis fin aux filières séparées des collèges, avec chacune leurs propres professeurs et leurs classes de transition qui accueillaient les élèves jugés incapables de passer le certificat d'études. L'article 4 de la loi Haby dispose que « tous les enfants reçoivent dans les collèges une formation secondaire. Celle-ci succède sans discontinuité à la formation primaire en vue de donner aux élèves une culture accordée à la société de leur

1. Cité par Lydie Heurdier et Antoine Prost, *Les Politiques de l'éducation en France*, La Documentation française, 2014.

temps ». Derrière ces mots simples, presque d'évidence, c'est une révolution démocratique qui est engagée : tous les enfants ont désormais accès au secondaire, et cela dans les mêmes conditions. Coïncidence des dates, cette réforme marque un point culminant de notre ambition scolaire, alors qu'au même moment notre modèle de 1945 atteint son zénith.

Le collège unique qui est, en réalité, le collège pour tous transforme radicalement notre système scolaire. On passe de 870 000 élèves scolarisés dans les cours complémentaires et les premiers cycles des lycées en 1959 à près de 2,4 millions en 1981. Le taux de scolarisation à 16 ans monte de 45 % en 1960 à 75 % en 1981 et à 90 % en 1990. À 18 ans, 25 % des élèves étaient scolarisés en 1975. Ils seront 50 % en 1983 et 85 % en 1992. C'est une révolution qui transforme totalement le visage du secondaire. Celui-ci n'a plus pour mission de former une élite d'élèves issus des milieux favorisés, de filles et fils d'enseignants ou d'intellectuels, mais une classe d'âge tout entière avec des élèves de tous horizons et de toutes origines. Fidèles à notre tradition, nous avons fait le choix d'un modèle unique bien que les élèves soient différents : bagage culturel, soutien familial, capacités propres. C'est toute la grandeur mais aussi l'extrême fragilité du collège unique.

Mai 68 est aussi passé par là. L'école s'est ouverte aux tumultes de la société. Le discours d'Edgar Faure devant l'Assemblée nationale, fin juillet 1968, témoigne de cette réalité nouvelle : « La masse des étudiants croissant, sa maturation se faisant plus vite dans un monde transformé [...] C'est l'évolution même de la société qui retentit aujourd'hui sur l'Éducation nationale et qui lui impose de se rénover. Cette évolution est à la fois dramatique et exaltante. »

Le défi de l'éducation pour tous était immense à relever. On croit y répondre par la décentralisation. Les collèges et les lycées deviennent des établissements publics locaux et une place y est faite aux représentants des collectivités territoriales. Les départements et les régions sont respectivement responsables des bâtiments des collèges et lycées. L'ambition scolaire se renforce encore, à la fin des années 1980, avec l'objectif d'amener 80 % d'une classe d'âge au niveau du baccalauréat, grâce notamment au développement de l'enseignement technologique et à la création du baccalauréat professionnel.

Avec les années 1980, l'école rentre en crise avec, et comme, la société française

C'est d'abord une crise sociale, à laquelle la création des ZEP par la circulaire d'Alain Savary, de juillet 1981, ne parvient pas à répondre, et une crise du contenu des enseignements, des programmes et des valeurs à transmettre.

L'éducation prioritaire naît du changement en profondeur de la société française. Cette école républicaine que nous vénérons renvoie, en effet, à une France qui a disparu. L'école républicaine, obligatoire et gratuite, était celle de l'école primaire où, dans chaque commune, souvent rurale, des instituteurs passés par les écoles normales dispensaient, presqu'à la minute près, le même programme national d'enseignement à des enfants de familles largement coulées dans le même moule. Le concept d'échec scolaire n'existait pas. Si un élève ne réussissait pas, c'était nécessairement par manque d'intelligence ou de travail. On acceptait, sans révolte, que les enfants des familles modestes quittent en masse le système scolaire à 14 ans pour rejoindre le travail aux champs ou les usines. Les parcours méritocratiques des élèves les plus brillants à la Édouard Herriot masquaient une réalité fondamentalement inégalitaire. À la fin des années 1950, 5 % seulement d'une classe d'âge obtenaient le baccalauréat.

Avec les années 1970 apparaît une nouvelle France. Elle devient urbaine. 75 % des logements construits entre 1950 et 1973 sont collectifs et les villes nouvelles essaiment sur le territoire. En 1974, il est mis fin à l'immigration des travailleurs en même temps qu'est consacré le droit au regroupement familial. La crise du chômage s'abat sur la société française pour plusieurs décennies. Fini le temps où, avec ou sans qualification, on trouvait du travail en quelques jours. La formation est désormais essentielle pour accéder à l'emploi. L'école devient un enjeu majeur. On attend de plus en plus d'elle. Dans le même temps, la cellule familiale explose. Le divorce, vécu encore comme une situation honteuse au début des années 1970, se banalise jusqu'à devenir presque la règle aujourd'hui. La pauvreté quitte les centres-ville pour s'installer dans ce que l'on commence à appeler les cités. Le chômage, le déracinement culturel, l'effacement de l'autorité du père, la misère – parfois presque plus morale que matérielle – servent de terreau à la montée de la violence, de l'incivilité, de l'absence parfois totale de repères.

Cette réalité s'accompagne de la prise de conscience, issue des travaux américains des années 1960, des causes sociales des inégalités scolaires. Cela donnera naissance à l'éducation prioritaire, qui est une vraie rupture dans notre histoire puisqu'il ne s'agit rien de moins que de mettre en place une politique de discrimination positive inspirée des programmes de compensation américains des années 1960 ou des *Education Priority Areas* britanniques de 1967, en faveur de la *working class* et des *ethnics minorities*.

Alain Savary rend compte des objectifs de cette politique en 1983 : « La politique des zones prioritaires est née, d'une part, de la conviction que notre système éducatif doit répondre aux besoins de formation de tous les enfants d'âge scolaire et, d'autre part, du constat des inégalités devant l'école dues à la grande diversité des milieux sociaux et culturels. Le souci de formation des élèves en difficulté scolaire m'a conduit à définir une politique de priorité pour les zones défavorisées. La démocratisation du système éducatif et la lutte contre les inégalités sociales doivent se concrétiser par davantage de moyens et surtout par une plus grande attention pour ceux qui en ont le plus besoin... La démarche retenue repose sur trois données essentielles. Tout d'abord, l'ouverture du système éducatif sur l'extérieur. En effet, les difficultés scolaires étant étroitement liées à l'environnement socio-économique, une lutte efficace contre ces difficultés doit commencer par une étude préalable de l'ensemble des déficiences éducatives d'une zone [...] Ensuite, la décentralisation et l'autonomie. Le projet éducatif construit par les acteurs eux-mêmes est un facteur essentiel de réussite... »

Malgré la nécessité d'une telle action et la cohérence de ses objectifs, cette politique n'a globalement pas réussi.

On n'a cessé de multiplier les objectifs et les instruments, passant des ZP en 1982 aux ZEP, aux Réseaux d'Éducation Prioritaire (REP) en 1999, puis, en 2006, aux Réseaux Ambition Réussite (RAR) et de Réussite Scolaire (RRS), en passant par le programme Clair, en 2010, ou l'institution des internats d'excellence en 2009, et le plan de refondation de l'éducation prioritaire de janvier 2014. Les dispositifs de soutien aux élèves en difficulté se sont multipliés. Un rapport[1] de la Cour des comptes, de 2010, en recensait au moins dix.

Cette profusion d'instruments masque, comme souvent en France, une incapacité à concentrer nos moyens sur un petit nombre d'objectifs. L'éducation prioritaire concernait 10 % des élèves en 1982. Elle concerne aujourd'hui 18 % des écoliers et 21 % des collégiens. On est passé de 363 zones prioritaires en 1982 à plus de 1 000 réseaux, sans parler des cartes et dispositifs additionnels. Son champ s'est considérablement étendu, jusqu'à perdre en cohérence géographique. Dans le même temps, les moyens supplémentaires sont demeurés limités. La Cour des comptes, s'appuyant sur les travaux du ministère, considère que 1 milliard d'euros est consacré chaque année à l'éducation prioritaire, sur un budget de l'Éducation nationale de plus de 65 milliards d'euros, soit moins de 2 %.

Malgré des réussites incontestables dans certains établissements[2], la crise scolaire dans les zones les plus défavorisées n'a cessé de s'aggraver.

Les familles qui le peuvent sortent leurs enfants des collèges d'éducation prioritaire. L'assouplissement de la carte scolaire en 2007, censée contribuer au renforcement de l'égalité, n'a fait qu'accélérer ce mouvement[3]. Les stratégies d'évitement des familles, sur fond de concurrence entre établissements, ont conduit à la concentration des difficultés dans des établissements où, par ailleurs, on affecte les enseignants les plus jeunes et les moins expérimentés. Ainsi, 40 % des enseignants ont

1. « L'Éducation nationale face à l'objectif de la réussite pour tous les élèves », rapport public, mai 2010.

2. Voir les exemples mis en valeur dans le rapport des inspections (IGEN et IGAENR) de 2006 sur la contribution de l'éducation prioritaire à l'égalité des chances des élèves.

3. *Cf.* Sylvain Broccolichi (dir.), *École : les pièges de la concurrence. Comprendre le déclin de l'école française*, La Découverte, 2010.

moins de trente ans en Seine-Saint-Denis, contre 15 % en moyenne en France et 6 % à Paris, et ce ne sont pas les primes spécifiques ou les avancements de carrière qui y changent quelque chose. 50 % des sites de prévention violence sont concentrés sur l'Académie de Créteil, où l'accumulation des retards scolaires et la perte de repères d'un nombre grandissant d'élèves rendent la situation parfois non maîtrisable.

Au-delà de l'enseignement prioritaire, la grande ambition du collège pour tous s'est brisée sur le mur de la crise et des réalités, ainsi qu'en témoigne l'évolution des performances de notre système éducatif.

Les performances de notre système scolaire ne cessent de se dégrader. Il devient aussi de plus en plus inégalitaire

Nos résultats ne peuvent pas se mesurer seulement à partir de la proportion d'une classe d'âge ayant obtenu un diplôme de second cycle du secondaire (CAP, BEP ou baccalauréat), qui dépasse largement les 80 %, car la massification et la démocratisation de l'accès au secondaire se sont aussi caractérisées par un recul de l'exigence dans les notations. L'ambition égalitaire, qui devrait aller de pair avec le primat méritocratique, s'est accompagnée d'une logique consistant à, trop souvent, « surnoter » pour gommer les différences et satisfaire élèves et parents à qui l'on donne l'illusion de bons résultats malgré, bien souvent, l'évidence d'une insuffisance de travail et de niveau. Comme signe supplémentaire de cette dérive, on voit resurgir le débat récurrent sur l'abandon des notes, presque aussi ancien que l'école républicaine – la notation sur vingt a été instituée par un arrêté du 5 juillet 1890 –, ou sur le remplacement de l'examen du baccalauréat par un contrôle continu.

Par-delà l'illusion des diplômes obtenus, les indicateurs de maîtrise des enseignements et les comparaisons internationales dressent un sombre tableau de l'état de nos performances. On est loin de l'ambition exprimée par l'article L. 111-1 du code de l'éducation qui dispose que « l'acquisition d'une culture générale et d'une qualification reconnue est assurée à tous les jeunes, quelle que soit leur origine sociale, culturelle ou géographique ».

Les études du ministère, les tests passés par les jeunes Français lors de la journée d'appel de préparation à la défense (JAPD) et les enquêtes périodiques de l'OCDE sur les compétences en lecture, mathématiques et sciences des élèves de 15 ans (PISA) permettent d'appréhender cette réalité et l'accélération de sa dégradation.

Notre école ne parvient pas à transmettre à tous les acquis de base. Toutes les études convergent : plus d'un jeune sur cinq a des difficultés importantes ou sévères de lecture. D'une manière générale, les évaluations du ministère montrent que la majorité des élèves ne maîtrisent pas les connaissances requises par les programmes.

Les études PISA, conduites dans 65 pays parmi lesquels les membres de l'OCDE, montrent la position globalement moyenne de la France tant en mathématiques qu'en compréhension de l'écrit et en sciences. La performance de la France est en baisse depuis 2003, notamment en mathématiques. Cette dégradation est en partie atténuée par l'amélioration des résultats des filles alors que ceux des garçons régressent de manière significative. Surtout, la dernière étude PISA de 2012 montre le caractère inégalitaire de notre système scolaire et l'aggravation de la situation depuis 2003. Il existe une véritable fracture scolaire qui se caractérise par une moitié d'élèves qui se situent parmi les meilleurs de l'OCDE et une autre moitié parmi les plus mauvais. Comme le souligne le rapport PISA : « En France, la corrélation entre le milieu socio-économique et la performance est bien plus forte que dans la plupart des pays de l'OCDE [...] Le système d'éducation est plus inégalitaire qu'il ne l'était 9 ans auparavant. En d'autres termes, lorsqu'on appartient à un milieu défavorisé, on a aujourd'hui moins de chances de réussir qu'en 2003 [...] Les élèves issus de l'immigration représentent en France 15 % des élèves testés et sont au moins deux fois plus susceptibles de compter parmi les élèves peu performants. » La conclusion de la note PISA 2012 sur la France est sans appel : « Les statistiques mettent en évidence combien le poids des inégalités est fort en France et surtout combien il s'est aggravé entre 2003 et 2012. »

L'inégalité de notre système éducatif se traduit aussi dans la nature des diplômes obtenus. Certes, près des deux tiers d'une classe d'âge obtiennent un baccalauréat, mais un tiers seulement un baccalauréat général qui, avec le bac technologique, ouvre les portes de l'enseignement supérieur. 80 % des enfants des catégories les plus favorisées obtiennent un baccalauréat général contre 18 % pour ceux issus des catégories défavorisées. Les inégalités entre établissements sont également très fortes. Les taux de réussite sont compris entre 13 % et 100 % pour les lycées professionnels, et entre 22 % et 100 % pour les lycées d'enseignement général et technologique.

Aussi, 15 % d'une classe d'âge, soit plus de 130 000 jeunes, sortent du système scolaire sans diplôme. Or, nous ne sommes plus au début des années 1970 où le taux de chômage des jeunes sans diplôme était de 5 %.

Il dépasse aujourd'hui 45 %, contre 12 % pour les diplômés du supérieur.

Contrairement à ce qui est souvent avancé, notre système scolaire n'est, en revanche, pas significativement moins ou plus coûteux que celui de nos voisins. En consacrant de l'ordre de 4 % de son PIB à l'enseignement primaire et secondaire, la France est dans la moyenne de l'OCDE.

La crise de notre système scolaire n'est donc pas une crise de moyens, comme l'a laissé penser la campagne présidentielle de 2012 centrée sur la question de la création de nouveaux postes à l'école.

Elle est beaucoup plus profonde. Elle est à notre image. Nous avons, à juste titre, affirmé une ambition égalitaire pour tous nos enfants mais nous avons, en quelque sorte, présumé de notre capacité à mener à bien ce dessein. Derrière l'apparence des statistiques de réussite aux diplômes nationaux, notre école reste profondément inégalitaire. Elle est en pleine crise sociale, symbolisée par la ghettoïsation de l'éducation prioritaire. Cette crise de l'école en annonce d'autres. Des générations ne peuvent pas être placées dans une telle situation d'absence de perspectives de vie, sans conséquences explosives pour toute la société.

À cela s'ajoute une inadaptation du système éducatif aux progrès technologiques et à ceux des systèmes d'information. Partout dans le monde, et pas seulement en France, on continue à enseigner sur le modèle prussien du XIXe siècle. L'ampleur des changements à conduire tétanise tous les États. Nos systèmes scolaires demeurent profondément conservateurs par peur de devoir changer de fond en comble les méthodes d'enseignement.

C'est pourtant une exigence et une chance. La France doit faire le choix d'être la première à décider de le faire.

Autonomie et responsabilité pour les établissements scolaires

Penser la réforme de l'école est un défi. L'institution est immense : 55 000 écoles maternelles et élémentaires, 5 200 collèges, 1 500 lycées d'enseignement général et technologique, 1 000 lycées professionnels publics ; l'enseignement privé et agricole aussi ; plus de 670 000 enseignants dans le public, 137 000 dans le privé, 65 milliards d'euros de budget, près de 13 millions d'élèves.

Le système scolaire n'est pas conservateur – les choses en seraient plus simples. Il est marqué par une culture forte, presque identitaire : la centralisation, l'unité des corps d'enseignants, le principe de liberté pédagogique. Les professeurs, malgré les difficultés grandissantes de leur exercice, sont coulés dans ce moule. Il les rassemble. Il les isole parfois aussi du reste de la société et des mouvements du monde.

L'Éducation nationale a été capable d'immenses mouvements tel celui de l'accueil de toute une classe d'âge dans le secondaire. Mais elle fonctionne d'un bloc, comme en témoignent les difficultés à mettre en place des instruments spécifiques pour l'éducation prioritaire. Il est éclairant de relire le rapport d'Alexandre Ribot, président de la Commission de l'éducation à la Chambre des députés, de 1899. À bien des égards, il semble avoir été écrit aujourd'hui : « Les professeurs sont trop spécialisés. Ils viennent surtout dans les hautes classes, comme dans un cours de faculté, donner à leurs élèves un certain nombre d'heures par semaine et, leurs cours faits, ils s'en vont [...] Mais le professeur ne doit pas se contenter d'être pour ses élèves un livre vivant [...] Les assemblées de professeurs sont des assemblées mortes

[...] mais elles deviendront rapidement fécondes et excellentes si elles sont consultées avec franchise par les chefs d'établissement [...] L'action éducatrice du lycée, aussi bien que celle de la famille, ne peut s'exercer qu'à condition d'être une. C'est la direction de l'établissement qui seule peut créer et maintenir cette unité et faire de la maison un organisme vivant et un être moral. » Et le rapport Ribot d'en appeler à « moins d'uniformité, moins de bureaucratie, plus de liberté ».

Il faut tenir compte d'une double réalité : l'Éducation nationale est un bloc, et on ne pourra pas conduire de changements profonds contre l'institution ou dans une stigmatisation de celle-ci qui serait aussi injuste qu'irresponsable.

Une nouvelle architecture de responsabilités[1]

La centralisation ne permet pas de traiter efficacement les différences de situations entre les élèves et les zones d'éducation. En pratique, les meilleurs projets et intentions ne passent pas réellement des textes à la réalité du terrain. Dans le meilleur des cas, il y a saupoudrage. En général, il y a un accroissement global des coûts sans amélioration des performances.

L'éducation est le premier des services publics. Il doit aussi devenir celui où la responsabilité politique et administrative s'exerce, au sens premier du terme.

L'État doit rester le garant de l'égalité et de la qualité de notre système scolaire. C'est à lui de déterminer les programmes, en faisant la distinction entre les socles

1. Pour une analyse et des propositions d'ensemble : Alain Juppé, *Mes chemins pour l'école*, JC Lattès, 2015.

de connaissances s'imposant à tous et les marges d'autonomie à laisser aux projets pédagogiques. C'est à lui de poser les bases d'un nouvel enseignement fondé sur l'usage généralisé du numérique. C'est à lui d'assurer la gestion des corps d'enseignants, qui devront rester nationaux. C'est à lui d'arrêter le budget de l'Éducation nationale et d'en répartir le montant entre les collectivités territoriales chargées d'en assurer la gestion.

Dans le cadre fixé au chapitre 5 sur la réforme des institutions, il faut mener à son terme le processus de décentralisation de l'Éducation nationale. Selon le caractère urbain ou rural du territoire, la métropole, la communauté d'agglomération ou le conseil départemental doivent devenir seuls compétents en matière de services publics aux personnes et aux familles. Il est essentiel que l'enseignement primaire et secondaire en fasse partie. Les collectivités territoriales gèrent déjà les bâtiments d'enseignement et les personnels non enseignants. Elles doivent désormais pouvoir choisir et nommer les chefs d'établissement, que ce soit dans le primaire, où il est primordial que les écoles deviennent de véritables établissements scolaires, ou dans le secondaire.

Il faut que cette chaîne de responsabilités s'appuie sur le nouveau rôle du chef d'établissement. Sous le contrôle du conseil d'administration, il doit pouvoir choisir les enseignants, sur une liste d'aptitude élaborée par le rectorat. Il s'agit de s'inspirer pour l'enseignement public des règles de l'enseignement privé sous contrat dans lequel l'affectation d'un nouvel enseignant est faite par le recteur après accord de la direction de l'établissement et, en pratique, après entretien entre l'enseignant et la direction de l'établissement.

Le chef d'établissement doit devenir le supérieur hiérarchique des enseignants. Actuellement, dans l'enseignement primaire, le directeur n'est qu'un collègue des autres professeurs, chargé de la bonne marche de l'école. Le supérieur, c'est l'inspecteur de l'Éducation nationale qui l'évalue et qui est dépositaire du pouvoir disciplinaire. Dans le second degré, le chef d'établissement n'a la charge que d'évaluer « la façon de servir des enseignants » sur le strict plan administratif. Il ne juge pas de la qualité pédagogique. Comme en Finlande, il est primordial que le chef d'établissement soit responsable de l'évaluation pédagogique afin d'attribuer aux professeurs une part de rémunération variable et fixée au mérite.

Le chef d'établissement doit être également le responsable d'un véritable projet pédagogique, fruit de la mobilisation de l'ensemble de la communauté enseignante ainsi que des représentants des élèves et des familles. Il doit être construit pour répondre aux difficultés spécifiques de l'établissement mais aussi bénéficier de larges espaces de liberté pour expérimenter des solutions pédagogiques nouvelles et porter l'accent sur telle ou telle priorité nouvellement définie.

Il est important que le chef d'établissement soit l'interlocuteur vis-à-vis de l'extérieur. C'est avec lui que devront être mises en œuvre des actions essentielles comme, par exemple, dans le domaine de la sécurité à l'école, en partenariat avec le préfet, le président de la communauté urbaine ou du conseil départemental, ainsi que les acteurs sociaux. Les métropoles, les communautés d'agglomération ou les conseils départementaux doivent pouvoir aussi engager des politiques spécifiques en matière d'enseignement et au-delà des exigences du socle national. Ce peut être le cas dans le domaine de l'enseignement des langues et en matière culturelle. Il appartiendra au chef d'établissement de veiller à l'insertion de ces priorités locales dans le projet d'établissement.

Le chef d'établissement doit être enfin le responsable en dernier ressort, représenter l'autorité vis-à-vis des élèves et venir en soutien de l'enseignant quand il peut être confronté à l'incivilité ou la violence. Il doit être aussi le dépositaire d'une exigence d'innovation et d'ouverture de l'école sur son environnement extérieur.

Ce serait un bouleversement considérable par rapport à une logique, deux fois séculaire, qui veut que l'enseignant soit souverain dans sa classe, qu'il ne soit que sous le contrôle lointain de l'inspecteur qui ne le visite que tous les cinq à dix ans, et qu'il bénéficie d'une liberté pédagogique bien que profondément contrainte par des règles strictes arrêtées au niveau national.

Il s'agit d'une indispensable avancée démocratique. Les citoyens, les familles ont besoin de savoir qui est en charge de l'école. Les élus locaux doivent être responsables du choix des chefs d'établissement, des bâtiments et de l'insertion de l'école dans l'espace public. C'est sur la qualité de ce service que se jouera largement leur réélection. Fini le temps de la responsabilité lointaine et abstraite du ministère, du rectorat. Le responsable, ce sera le président de la métropole, de la communauté d'agglomération ou du conseil départemental. Il faut aussi donner tout son sens à la notion de projet pédagogique et de communauté éducative.

Il est nécessaire que la réforme soit une réforme de responsabilités et d'innovations, et non une réforme de régression.

Il ne saurait être question de revenir sur le principe du collège unique, sous couvert de l'objectif de promouvoir une orientation professionnelle plus précoce. Dans un monde de plus en plus concurrentiel, la clé de l'égalité est dans l'accès à la formation et à l'excellence. L'apprentissage, les différentes formes de formations en alternance sont des composantes de notre système éducatif. On doit certainement faire mieux pour rejoindre l'efficacité des modèles de l'Europe du Nord mais cela ne peut pas être l'habillage d'une politique visant à résoudre le problème du collège en en sortant, le plus tôt possible, les élèves en difficulté ou en échec scolaire. On ne doit pas faire de l'enseignement professionnel le réceptacle des difficultés que nous ne parvenons pas à résoudre. Celui-ci doit être un choix positif des élèves et de leur famille.

Plus largement, si l'apprentissage et la formation en alternance peuvent apporter aujourd'hui des réponses au chômage des jeunes, c'est, à terme, essentiellement une formation supérieure de qualité qui sera la clé d'entrée dans l'emploi, et cela dans une course contre la montre entre l'amélioration des qualifications et le développement de l'intelligence artificielle[1].

L'évolution du statut d'enseignant

Pour l'heure et parallèlement à la réforme de l'architecture du système éducatif, le statut d'enseignant doit évoluer. Ainsi que l'avait déjà montré le rapport Pochard de 2008, il existe un malaise réel des enseignants qui n'est pas contradictoire avec un attachement profond à leur métier. Ce malaise est le fruit de conditions d'exercice de plus en plus difficiles en raison de l'hétérogénéité des élèves, du recul de leur autorité vis-à-vis de ceux-ci et de leurs parents, du développement des situations d'incivilité ou de violence. Ce malaise naît aussi d'un sentiment, en quelque sorte, de déclassement social. Alors

1. *Cf.* chapitre 3.

que les enseignants sont majoritairement issus des classes moyennes et supérieures, ils vivent leur place dans la hiérarchie sociale comme en constante dégradation. Leur niveau de rémunération en est une manifestation. Selon la Cour des comptes[1], la moyenne de la rémunération nette annuelle d'un cadre serait supérieure de 35 % à celle des enseignants. Cette situation est d'autant plus difficile à vivre que, depuis 2009, l'ensemble de cette profession doit être recrutée au niveau bac + 5. Selon les études de l'OCDE, les enseignants français gagnent entre 15 et 20 % de moins que leurs homologues européens. Alors que dans l'OCDE, les enseignants gagnent entre 80 % et 90 % du salaire moyen des cadres du privé, ce chiffre est de dix points inférieur en France. Enfin, alors que le pouvoir d'achat des enseignants se serait maintenu dans l'OCDE depuis 2000, il aurait baissé de près de 8 % en France[2].

Une réflexion d'ensemble est nécessaire, pour conduire à recentrer notre système éducatif sur les enseignements premiers – dans lesquels il faut intégrer l'anglais –, ce qui passe par l'abandon de la multiplication des options. Il nous faut comprendre aussi pourquoi nos voisins ont de meilleurs résultats avec moins d'heures de cours. Cette réflexion doit s'étendre à la bivalence des enseignants dans le secondaire, comme c'est déjà le cas pour les professeurs d'histoire et de géographie. Le développement de nouveaux outils pédagogiques est de nature à permettre et à parvenir à une logique où une réduction des effectifs dans le secondaire s'accompagnera d'une revalorisation des rémunérations de l'ensemble des enseignants. Ce

1. « Gérer les enseignants autrement », rapport public thématique, mai 2013.
2. *Ibid.*

mouvement doit aller de pair avec la mise en place d'une véritable formation continue des enseignants, dont on ne peut pas se résigner à ce qu'un rapport du Haut Conseil de l'éducation, de 2012, la qualifie de « sinistrée ».

Ne pas renoncer aux dispositifs d'éducation prioritaires

La volonté de modernisation doit se traduire par le renforcement de l'éducation prioritaire, qui ne saurait être remise en cause dans son principe. Ses instruments sont certainement trop nombreux, trop complexes, mais ils reposent sur des logiques intelligentes de mise en réseau des établissements scolaires avec les autres acteurs de leur environnement et de développement d'instruments pédagogiques, et de soutien personnalisé en faveur des élèves en difficulté.

Le problème réside dans la faiblesse des moyens et l'absence de diffusion des expériences réussies ainsi que dans la logique de saupoudrage et d'uniformité. Comment veut-on apporter des réponses à la crise qui touche 20 % des élèves et des établissements en mobilisant seulement 1 milliard d'euros sur 65 milliards d'euros de budget de l'Éducation nationale ?

Il serait à l'échelle du problème de pouvoir utiliser 10 % du budget total à l'éducation prioritaire. C'est ce que consacre par exemple, au Canada, l'État de l'Ontario à l'aide à l'éducation à l'enfance en difficulté. Pour cela, il faut aller chercher des économies par la mise en place de nouveaux instruments pédagogiques et sur le budget des lycées, là où l'écart est notable par rapport à nos voisins.

Bien sûr, on s'exposerait au risque bien français de dépenser plus pour ne pas faire mieux qu'avant. Faut-il pour autant baisser les bras, abandonner une partie de la jeunesse de France au risque de fouler aux pieds nos idéaux et de créer les conditions d'une explosion sociale probablement non maîtrisable ?

Là encore, la réponse réside dans une nouvelle architecture des responsabilités. Il appartiendra aux collectivités territoriales compétentes de gérer, avec les rectorats, s'agissant de l'affectation des professeurs, les enveloppes de l'éducation prioritaire réparties sur la base d'une carte nationale. À elles de mobiliser les acteurs locaux, de susciter les innovations pédagogiques, en s'appuyant sur les chefs d'établissement, et de mettre en œuvre les meilleures pratiques, rendues disponibles au niveau national. À elles aussi de décider, à rebours de l'assouplissement de la carte scolaire, de prendre jusqu'à des mesures drastiques comme celle de répartir les élèves d'une zone très défavorisée dans tous les établissements d'une ville, voire au-delà, afin d'assurer plus de mixité, ainsi que le proposait, sur une base expérimentale, la Commission Thélot sur l'avenir de l'école de 2004.

L'enjeu, c'est aussi l'affirmation de valeurs nouvelles pour l'école

La querelle, qui a fait rage depuis le début des années 1990, entre les « pédagogues » convaincus du caractère encore archaïque de l'école (trop de cours, trop de matières, trop de travail, trop de sélection…) et les « républicains » convaincus qu'il faut renouer avec les valeurs et méthodes traditionnelles (plus assez de contenus, plus assez d'autorité, plus assez d'exigence et de méthodes d'apprentissage rigoureuses, plus assez de travail...) n'est pas le signe d'une querelle byzantine mais d'un débat fondé[1].

À bien des égards, les uns et les autres ont raison.

Les « républicains » ou « instructionnistes » rappellent des vérités essentielles sur la mission de l'école. Elle est là pour former. L'enfant, quand il devient élève, découvre un autre monde que celui de sa famille, une autre autorité que celle du père. Il prend la mesure de la notion d'effort, des limites qu'il lui faudra dépasser, qu'il n'est pas le centre du monde contrairement à ce que lui avait laissé croire jusque-là l'amour de la mère. Il doit apprendre à se taire, à écouter, à s'inscrire dans une première communauté : l'école, la classe. L'enfant y acquiert les savoirs essentiels sans lesquels il n'y a pas de vie en société : lire, écrire, compter. Le choix des méthodes pour ces apprentissages est fondamental[2]. L'école est aussi un lieu de découverte, de formation de ses goûts propres, d'admiration. La transmission de la culture est ainsi une mission première de l'école avec la difficulté de le faire entre des enfants qui sont nés dans un environnement favorable et ceux dans les foyers desquels le livre est absent. C'est pourtant possible et c'est le rôle du maître, au sens originel du terme, que de faire naître l'émerveillement, le choc littéraire ou l'adhésion aux valeurs portées par un personnage historique.

L'école est aussi un lieu où le caractère se forge. Le débat sur l'abandon des notes ou des examens présente un caractère au mieux irresponsable. La note est le

1. *Cf.* Denis Kambouchner, Philippe Meirieu, Bernard Stiegler, *L'École, le numérique et la société qui vient*, Mille et Une Nuits, 2012.

2. Voir notamment (mais pas sur ce point seulement) Natacha Polony, *Le pire est de plus en plus sûr : enquête sur l'école de demain*, Mille et Une Nuits, 2011.

miroir de ses limites, de ses abandons, de ses efforts, de ses progrès, bref, de tout ce qui est au cœur d'une vie à venir. L'examen est initiatique, par excellence. On ne peut s'appuyer ni sur les parents, ni sur les autres. On est face à soi-même pour la première fois. Rien ne saurait remplacer une telle expérience. C'est pour cela que les notes doivent demeurer objectives, justes, sévères et que les examens doivent être sélectifs. L'enfant ne saurait donc être le centre du système éducatif, comme on a pu l'inscrire dans la loi. Il doit s'y construire. Cela ne veut pas dire que la finalité de l'enseignement doit être de produire de futurs adultes formatés. L'enfant doit apprendre à penser par lui-même, affirmer sa singularité, ouvrir des voies nouvelles. Cette exigence est d'autant plus importante que le monde dans lequel nous sommes entrés est dominé par la créativité et voit monter les logiques de travail coopératif.

L'école n'est pas une île coupée du monde où tous les enfants y entreraient égaux. Elle est indissociable du rôle des parents. Éducation, transmission des valeurs : la famille et l'école se complètent, interagissent, s'opposent parfois. Sauf cas isolé, exceptionnel, un enfant ne peut pas se construire par l'école seule. La famille doit assumer son rôle. Les exemples ne manquent pas, dans les cités, de fratries vivant sur le même palier, les unes dans lesquelles des familles sont décomposées ou qui ont baissé les bras, les autres dans lesquelles l'autorité du père et la cohésion familiale s'exercent. Des fratries où la plupart ont mal tourné et d'autres où tous ont réussi, car il n'était pas question de traîner dehors, de ne pas faire de sport à haut niveau ou d'avoir des mauvaises notes. Bien sûr, il est beaucoup plus difficile pour un enfant de réussir quand il est dans un environnement difficile, qu'il n'y a pas d'espace pour travailler au calme. Mais les parents, qu'ils soient en couple ou séparés, trouvent toujours des solutions dès lors qu'ils assument leurs responsabilités et exercent leur autorité. C'est un enjeu majeur tout autant que la réforme de l'école. L'exercice de l'autorité parentale ne se décrète évidemment pas mais il se promeut en en faisant une valeur essentielle et en sanctionnant les carences. L'actuelle majorité a abrogé la loi Ciotti, de 2010, permettant aux inspecteurs de l'Éducation nationale de demander aux caisses d'allocations familiales de suspendre le versement des allocations en cas d'absentéisme caractérisé. C'était une erreur. Certes, la mesure était difficile à mettre en œuvre et pouvait conduire à ajouter de la difficulté à une situation familiale déjà critique, mais elle témoignait de l'exigence par la collectivité nationale que les parents exercent leur autorité.

Avec la concentration de l'ensemble des compétences relatives aux aides aux familles entre les mains de la métropole, de la communauté d'agglomération ou du conseil départemental, cette logique pourra trouver tout son sens et toute son efficacité. Les chefs d'établissement pourront signaler à la collectivité territoriale les carences manifestes. Après avis des services sociaux et une période visant à aider les familles à sortir de cette situation, c'est l'ensemble des aides sociales qui devraient pouvoir être suspendues. De manière symétrique, des familles qui se battent au quotidien pour permettre la réussite de leurs enfants doivent pouvoir être mieux aidées. En concentrant à la fois la compétence scolaire et la compétence sociale entre les mêmes mains, ces logiques, aujourd'hui théoriques, deviendront possibles.

Les parents doivent jouer pleinement leur rôle mais il faut aussi que l'école change. Elle doit porter des valeurs nouvelles. L'école de la fin du XIXe siècle a été celle de la

République. Celle du XXIe siècle doit être celle des créateurs, dont font partie les entrepreneurs, et transmettre et valoriser le savoir. Elle doit aussi valoriser et cultiver l'esprit d'innovation, de curiosité, d'affirmation de soi, mettre en avant de nouveaux modèles et diffuser très tôt une culture économique. Pas question évidemment de faire entrer, dans le sein de l'école, le culte de l'argent-roi. Il y est déjà bien assez présent, par porosité avec la société. Mais il est important que l'innovateur devienne un modèle de réussite, il faut enseigner que ses succès ne sont pas le fruit du hasard mais de la capacité à assimiler les règles du marché et à les dépasser en ouvrant des voies nouvelles.

La transmission de cette valeur entrepreneuriale, en plus des valeurs traditionnelles, doit trouver sa traduction dans les programmes ainsi que dans la formation des enseignants qui devront pour cela faire un chemin important.

Pour préparer les élèves à l'économie coopérative, il est également essentiel de sortir d'un enseignement encore largement sanctionné par les seules notes individuelles. Certes, les travaux collectifs se sont développés et certaines épreuves de baccalauréat sont organisées par petits groupes. Mais cela ne prépare pas à la civilisation 3.0. Il faut mettre en place des méthodes pédagogiques visant à développer cet apprentissage. Durant sa scolarité, l'élève devra être évalué tout autant sur sa capacité à assimiler les savoirs fondamentaux que sur son aptitude à travailler de manière coopérative avec les autres. Avec l'esprit d'entreprise et d'innovation, la seconde valeur nouvelle que l'école devra transmettre est la conviction que l'on réussit mieux en travaillant de manière coopérative plutôt que seul.

Il est intéressant de relever que les créateurs de Google (Larry Page et Sergueï Brin), d'Amazon (Jeff Bezos) et de Wikipédia (Jimmy Wales) sont tous passés par les écoles Montessori qui s'appuient sur l'apprentissage le plus divers et autodirigé[1].

L'opportunité du numérique

Lutte contre l'échec scolaire, égalité des chances, modernisation de l'enseignement, transmission de nouvelles valeurs, développement de nouveaux apprentissages, tout concourt à faire entrer la révolution numérique au sein de l'école, comme elle s'est diffusée au sein du monde du travail ou de la vie de chacun.

L'objectif n'est pas d'ajouter du numérique à l'enseignement actuel mais d'en faire le système nerveux du fonctionnement du système scolaire. L'opportunité est d'autant plus forte que, si le livre est devenu un objet presque étranger à tant d'enfants, le support numérique leur est fondamentalement naturel. Le plan sur le numérique à l'école, présenté, en mai 2015, par le président de la République, témoigne d'une première prise de conscience. Il demeure certes caractérisé par la priorité donnée à la couverture en très haut débit et à l'équipement des classes et des élèves. Mais la volonté de réforme des instruments pédagogiques et la logique expérimentale portant sur 500 écoles et collèges s'engageant dans une nouvelle forme d'éducation est une avancée.

En termes d'instruments pédagogiques, nous pouvons nous inspirer des travaux de Salman Khan[2], le père de la Khan Académie, rendus disponibles en France

1. *Cf.* Erik Brynjolfsson et Andrew McAfee, *Le Deuxième Âge de la machine*, *op. cit.*

2. Salman Khan, *L'Éducation réinventée, une école grande comme le monde*, JC Lattès, 2013.

par l'ONG Bibliothèques Sans Frontières, dirigée par Patrick Weil.

Dans la ligne de la mythologie américaine, Khan, cet ancien analyste financier, a développé dans une chambre, presque de la taille d'un placard, une nouvelle méthode d'enseignement à partir de vidéos courtes, de l'ordre de dix minutes, postées sur YouTube.

Il est parti du constat que les enfants n'avancent pas au même rythme, alors que le système scolaire est fondé sur une organisation en classe dont les élèves du même âge sont censés assimiler les programmes d'un même pas. Khan dénonce ce qu'il appelle la « formation en gruyère ». Pour passer de classe, il faut avoir la moyenne. Cela veut dire symétriquement que l'on peut passer de classe sans maîtriser une moitié des savoirs qui devaient être transmis. Année après année, le retard s'accumule, l'élève est placé dans des classes dites de niveau qui ne changent rien, il perd l'estime de soi, il finit en échec scolaire, terrible gâchis individuel et collectif.

Khan inverse totalement la logique encore à l'œuvre dans tous les systèmes scolaires du monde. L'élève doit avancer à son rythme. Il ne doit passer à un nouvel enseignement ou au niveau supérieur que si, à travers un système expert qui accompagne sa progression scolaire, il est constaté qu'il a assimilé les connaissances exigées. Sa pédagogie repose sur des modules courts, transmettant les notions à acquérir et testant sous des angles différents l'assimilation des connaissances. C'est la notion de moyenne qui disparaît : on ne passe au niveau supérieur que si l'on a assimilé tout ce qui doit l'être au niveau inférieur. C'est une méthode particulièrement efficace en mathématiques ou pour l'apprentissage des langues. Elle est aussi transposable dans les matières littéraires.

Cela conduit Khan à revoir totalement le rôle de l'enseignant. Il est désormais là pour apprendre à apprendre, pour accompagner l'élève dans son parcours personnel. Pour Khan, les regroupements des élèves par classes du même âge n'ont pas réellement de sens, puisque chacun avance à son rythme. Il préconise de constituer des classes avec des élèves d'âges différents, dans lesquelles les plus âgés pourront aider les plus jeunes et leur servir de modèle, un peu à l'image des écoles communales des zones rurales. Il revisite aussi totalement la notion de temps scolaire. Selon lui, on n'a pas besoin d'autant d'heures d'enseignement. Une partie de l'acquisition des connaissances peut se faire aussi hors de la classe. En revanche, il conteste la notion même de grandes vacances au motif qu'un arrêt prolongé du travail serait régressif.

Ce faisant, plutôt que d'être l'ennemi de l'école, le numérique en devient l'allié.

Prenons l'enseignement des langues, pour lequel nous avons un retard, disons-le simplement, dramatique. Dès la maternelle, les plus jeunes pourraient être initiés à l'anglais à travers des supports numériques et sans qu'il y ait besoin que les enseignants maîtrisent parfaitement la langue. Dans le même temps, il faut que l'anglais se diffuse comme, en quelque sorte, une seconde langue maternelle. Les tenants de la francophonie pousseront peut-être les hauts cris mais il n'y a pas de risque de voir le français disparaître, si ce n'est par le déclin de notre puissance. Ainsi, il faut réfléchir à imposer, par exemple dans les cahiers des charges et conventions des chaînes de télévision, l'obligation de diffuser des programmes pour enfants en anglais.

L'avantage du support numérique est qu'il peut être pensé et élaboré par les meilleurs pédagogues et diffusé au plus grand nombre. C'est un formidable instrument d'amélioration des savoirs et de l'égalité.

Que l'on soit dans un établissement d'éducation prioritaire ou dans un établissement prestigieux, il est souhaitable de partager un enseignement identique. Dans le même temps, à partir du moment où l'on dispose de supports d'enseignement complets, il est possible de construire des démarches adaptées aux spécificités des élèves et des territoires. Les études montrent, par exemple, que de nombreuses difficultés scolaires s'expliquent par une insuffisante maîtrise du langage, et cela dès le plus jeune âge. Les supports numériques peuvent y aider ou permettre de dégager du temps supplémentaire aux enseignants pour travailler sur ces carences spécifiques.

Le champ de la modernisation de notre système scolaire est immense, vertigineux presque, si l'on y réfléchit. Il faut réaliser une greffe entre un système éducatif marqué par une culture multiséculaire et des nouvelles méthodes, à base de numérique, qui lui sont étrangères.

Pour y parvenir, il faut agir simultanément à l'intérieur du système scolaire et en dehors.

Il faut une réflexion d'ensemble sur les modalités et les contenus de la révolution pédagogique par le numérique.

Un débat doit s'engager dans le système scolaire et dans la société. Il doit s'accompagner de travaux se caractérisant par la convergence d'une vision réaliste, portée par une parfaite connaissance du système, et la force de visions extérieures, porteuses de nouvelles approches pédagogiques.

À l'image du Japon de l'ère Meiji, il faudrait idéalement convaincre un Salman Khan ou un Sebastian Thrun, le pionnier des MOOC, de venir réfléchir à la transposition de leurs idées, non à l'échelle des quelques dizaines de milliers de classes qui les utilisent, mais du système scolaire d'un pays tout entier. L'idée serait de croiser leurs expériences avec celles des pédagogues, des enseignants français, des femmes et des hommes de culture, des professeurs au Collège de France, pour poser les bases d'une rénovation complète de nos méthodes d'enseignement. Il faudra y ajouter des jeunes entrepreneurs de l'e-éducation, notamment dans le domaine des MOOC.

Dans le même temps, il faut engager, sans attendre, l'expérimentation. Sur la base d'un appel à projets, il pourrait être lancé une centaine d'établissements d'un genre nouveau. Les projets devront proposer une nouvelle forme d'enseignement, s'appuyant sur le développement d'outils numériques. Le rôle de l'enseignant, l'organisation de la classe et du temps de travail devront être laissés libres ainsi que la possibilité de s'associer avec des éditeurs intéressés par le développement du livre numérique ou des entreprises de l'e-éducation. L'État pourrait apporter, sur une période de cinq ans, une dotation correspondant au coût moyen par élève. Ces appels à projets seront ouverts aux établissements scolaires actuels comme à des structures qui se créeraient à cet effet et qui pourraient être accompagnées par les collectivités administratives de proximité. Les parents seraient libres d'y inscrire leurs enfants. En cas de demande supérieure aux possibilités, le choix se ferait par tirage au sort. À tout moment, les parents pourraient ramener leurs enfants dans le système scolaire traditionnel. Les enseignants, souhaitant s'y engager, pourraient y être détachés avec, là aussi, droit à réaffectation dans leur académie d'origine. L'appréciation du sérieux pédagogique et financier des projets exigera la mise en place d'un comité d'évaluation réunissant les plus hautes compétences.

Ces expérimentations, ce foisonnement seront un puissant accélérateur du passage à une nouvelle pédagogie. Il y aura des échecs, bien sûr, mais les avancées seront stupéfiantes. Trois moteurs essentiels seront, en effet, à l'œuvre : être poussé par l'envie d'innover, de sortir des sentiers battus, de faire mieux ; pouvoir partir d'une page blanche, garder ce qui fonctionne, se libérer de ce qui entrave ; s'appuyer sur la puissance, la plasticité, l'adaptabilité du numérique. Les premiers bilans de ces établissements d'un genre nouveau viendront alimenter la réflexion d'ensemble, rassurer les plus sceptiques, donner envie de changer aux enseignants et aux familles.

La révolution pédagogique par le numérique est possible. C'est à l'État du XXIe siècle de montrer qu'il peut en être le moteur.

8

Baisse des impôts : le premier des investissements publics

La fiscalité n'est pas une matière inerte. Elle influe, affecte, oriente les décisions de l'ensemble des acteurs économiques. Elle peut étouffer l'économie comme elle peut libérer la croissance. Tout impôt est une contrainte, une amputation de ressources, une perte de liberté.

Contrairement à une idée reçue, il n'y a d'impôt que sur la personne. Les prélèvements que supportent les entreprises réduisent les dividendes, c'est-à-dire les revenus de l'épargne de ceux qui l'ont placée en parts de sociétés. Les charges sociales patronales viennent en réduction du salaire potentiel. L'impôt sur le capital, si souvent invoqué par ceux qui veulent croire que « l'on s'enrichit en dormant », n'est banalement qu'un impôt sur l'épargne, c'est-à-dire le résultat d'une suite de renonciations à consommer une partie de ses revenus, ou de ceux de ses parents en cas d'héritage, et qui ont déjà supporté l'impôt.

L'impôt peut être la meilleure ou la pire des choses. Il permet de financer les missions régaliennes et s'est imposé comme un instrument de justice sociale. Marc Blondel, l'ancien patron du syndicat Force ouvrière, résumait la finalité de la justice sociale quand il me disait : « Peu m'importe que le baron Seillière gagne infiniment plus que moi, mais si un jour j'ai un cancer, je veux être soigné aussi bien que lui. » À l'inverse, l'impôt peut être une véritable drogue et devenir l'instrument de l'idée fausse que l'État est toujours plus efficace que l'individu.

Les trajectoires des communismes soviétiques et chinois l'illustrent mieux que de longs développements. L'Empire soviétique ne s'est pas effondré à cause des goulags, et de l'aspiration à la liberté et à la démocratie des peuples qui le composaient. Il est tombé parce qu'il était de plus en plus inefficace sur le plan économique pour avoir substitué à l'initiative individuelle des logiques de production de masse aux rendements toujours plus décroissants. Après Mao, Deng, son successeur, a eu le génie de libérer l'esprit d'entreprise chinois. Aussi invraisemblable que cela puisse paraître, si le Parti communiste chinois est encore en place, c'est parce qu'il a reconnu à l'individu le droit de profiter de son travail.

La fiscalité est économique par excellence. La fiscalité est politique par excellence.

En matière de fiscalité, il faut faire des choix clairs, presque simplistes, et s'y tenir.

L'investissement public prioritaire est de baisser fortement l'impôt

La France doit devenir un pays où la fiscalité aura été ramenée au niveau de ses partenaires européens mais où, de manière évidente et revendiquée, l'impôt direct sur les individus y sera l'un des plus bas.

L'objectif est d'envoyer à nos concitoyens et au monde un message clair : la France est le pays où il fait bon vivre mais plus encore travailler et réussir.

Par ailleurs, la fiscalité doit s'adapter à la mondialisation et à la civilisation 3.0. Les solutions ne sont pas au niveau national. La lutte contre les pratiques permettant aux entreprises d'échapper à l'impôt doit être menée à l'échelle mondiale. La fiscalisation du *big data* doit devenir une priorité européenne.

À l'origine de la crise fiscale française

L'impôt et la croissance sont inversement corrélés sur une longue période.

Sans méconnaître les logiques de rattrapage et les facteurs structurels, l'âge d'or de la croissance en France se situe entre 1960 et 1975, période durant laquelle les taux de prélèvements obligatoires sont restés inférieurs à 35 %.

Le ralentissement de la croissance puis désormais son quasi-arrêt correspondent à une période de montée ininterrompue du poids des prélèvements, jusqu'à atteindre 46 % en 2013.

Ce mouvement, nous avons été les seuls à le faire.

Entre 2000 et 2013, les prélèvements obligatoires sont passés, dans l'Union européenne, de 40,5 % du PIB à 40 %, soit une légère baisse malgré la crise de 2008. Depuis 2000, les prélèvements obligatoires ont baissé de 2 points de PIB en Allemagne et de plus de 5 points en Suède. La France, au contraire, a subi un choc de prélèvements de + 3,2 points de PIB entre 2010 et 2013[1].

Même si analogie n'est pas raison, nos principaux indicateurs économiques se sont, sur la même période, dégradés par rapport à nos voisins.

Notre tissu industriel est mis à mal alors qu'il résiste en Europe du Nord. L'Allemagne, les Pays-Bas, la Suède connaissent des excédents commerciaux considérables alors

1. Source : Eurostat.

que, depuis le tournant des années 2000, nous nous sommes enfoncés dans des déficits qui dépassent, en 2015, 45 milliards d'euros après avoir atteint 75 milliards d'euros en 2011. Notre poids dans le commerce européen s'effondre. Si l'on prend la part de la France dans les exportations de la zone euro, elle est passée de 19 % en 1992 à 12,4 % en 2015, soit une baisse d'un tiers[1]. La situation est plus dégradée encore pour les services pour lesquels notre part dans les exportations de la zone euro est passée de 26 % à 14 % en dix ans, soit une baisse de près de la moitié.

Il en va de même du pouvoir d'achat. Alors que, jusqu'aux années 1980, la France n'avait cessé de rattraper son retard dans ce domaine vis-à-vis des États-Unis, ce mouvement s'est inversé. Le pouvoir d'achat des Français représentait 84 % de celui des Américains en 1980 ; il n'était plus que de 73 % en 2012. À l'exception de l'Italie, tous nos voisins ont, au contraire, continué le mouvement de rattrapage par rapport aux États-Unis ou n'ont pas subi une telle baisse. La Suède était vis-à-vis des États-Unis à peu près à notre niveau en 1980. Elle a perdu, comme nous, du terrain jusqu'en 2000 avant de très fortement remonter grâce à une politique de réformes importantes. Elle est aujourd'hui 10 points au-dessus de nous. Quant aux Pays-Bas, ils ont désormais un pouvoir d'achat supérieur à celui des États-Unis[2].

Ce mouvement de décrochage français s'est accentué avec le choc fiscal imposé au pays. Le gouvernement avance lui-même le chiffre de 60 milliards d'euros d'impôts supplémentaires depuis 2011, répartis à parité entre la droite et la gauche. Ce chiffre est confirmé par une

1. Source : Coe-Rexecode.
2. *Cf.* Philippe Aghion, Gilbert Cette, Élie Cohen, *Changer de modèle*, Odile Jacob, 2014.

étude récente de Coe-Rexecode, centre de recherche en économie, qui évalue à 67,6 milliards d'euros les hausses d'impôts entre 2011 et 2016 : 58 milliards d'euros directement pour les ménages et 9,6 milliards d'euros *via* les entreprises. Ce choc fiscal a culminé à près de 75 milliards d'euros en 2013.

Qu'y a-t-il derrière ces chiffres aussi abstraits que considérables ?

D'abord des hausses de toute nature : le journal *Le Monde* a recensé 84 impôts créés ou augmentés depuis 2011. Il en ressort un sentiment d'écrasement qui rend d'autant plus insupportables les annonces récentes de baisse ou d'exonération de tel ou tel impôt. L'autre face de cette réalité est celle de prélèvements aussi massifs que ciblés, comme le déplafonnement des cotisations sociales des travailleurs indépendants, sans que cela ne se soit traduit par une amélioration de leurs droits, mais qui a exercé sur leur pouvoir d'achat et leur capacité d'épargne une ponction considérable.

Ce choc fiscal est autant le fruit de la nécessité de répondre à la crise de 2008 que la manifestation d'une volonté idéologique, née des travaux de Thomas Piketty[1], selon lesquels le niveau de notre impôt sur le revenu serait plus faible qu'ailleurs, même en y ajoutant la CSG et, surtout, que notre système fiscal serait régressif en faveur des plus riches, c'est-à-dire que ceux-ci paieraient proportionnellement moins d'impôts que les classes moyennes. De ces travaux, *a priori* stimulants sur le plan intellectuel mais dont le biais – comme nous le verrons – réside dans le fait de ne pas prendre en compte l'ISF, les prestations sociales financées par les

1. *Cf.* Camille Landais, Thomas Piketty, Emmanuel Saez, *Pour une révolution fiscale*, Le Seuil, 2011.

impôts, ainsi que d'opérer une séparation artificielle entre impôts sur les entreprises et impôts sur les personnes, a émergé l'idée qu'il existait de fortes marges d'augmentation de l'impôt sur le revenu et que cette politique permettrait de réduire des inégalités devenues insupportables.

Les mesures qui en ont résulté, comme toujours quand l'idéologie s'en mêle, ont été d'une violence inouïe.

L'impôt sur le revenu a augmenté de 50 % entre 2011 et 2016

L'impôt sur le revenu prélevé est passé de 51,4 milliards d'euros en 2011 à une prévision de 76,7 milliards d'euros, dans la loi de finances pour 2016, soit une hausse de près de 50 % sur une assiette portant sur à peine la moitié des foyers qui payent l'IR et alors que l'inflation est quasiment nulle. La taxe à 75 % sur les revenus supérieurs à 1 million d'euros a symbolisé la dimension idéologique de cette politique. Son annulation par le Conseil constitutionnel – prévisible dès l'origine en raison de son absence de prise en compte du foyer familial[1] – n'a cependant pas fait disparaître son effet ravageur en termes d'image de la France dans le monde.

Alors que la pression fiscale était déjà une des causes de nos difficultés, nous avons, en quelque sorte, soigné le mal par le mal, comme ces médecins ridicules et funestes des farces de Molière ou de Goldoni. Ce retour de flamme de l'idéologie fiscale a contribué à assécher le pouvoir d'achat, à tétaniser l'esprit d'entreprise et l'investissement, et donc la croissance. Il a accéléré

1. Décision 2012-662 du 29 décembre 2012.

l'exil fiscal. Aurait-il eu l'effet escompté sur les déficits qu'il aurait pu être accepté, mais tel n'a pas été le cas. Entre 2012 et 2013, les impôts ont augmenté de plus de 30 milliards d'euros alors que les déficits publics n'ont été réduits que de 13 milliards. Dès son installation, le gouvernement Valls a dû se résoudre à annoncer un plan de réduction des dépenses publiques de 50 milliards d'euros, accompagné d'une mesure correctrice visant à sortir de l'impôt sur le revenu le million et demi de foyers modestes qui y étaient entrés en raison du gel du barème de cet impôt.

Cette logique de balancier résultant d'excès qu'il faut corriger est également à l'œuvre s'agissant des prélèvements à travers les entreprises. L'impôt sur les sociétés est passé de 39 milliards d'euros de rendement en 2011 à près de 50 milliards en 2013, soit une hausse de plus de 25 %, et cela dans un environnement particulièrement défavorable en termes de rendement fiscal. Il a fallu que le gouvernement mette en place, en 2013, le crédit d'impôt sur les sociétés en faveur de la compétitivité et de l'emploi (CICE), puis le Pacte de responsabilité, pour que la pression fiscale sur les entreprises revienne, en 2016, globalement au niveau de 2012[1]. Ce nouvel exploit du « sapeur Camember » pourrait prêter à sourire si ce qui est en jeu n'était pas la compétitivité de l'économie française.

La trajectoire fiscale du président Hollande a la vertu de nous présenter le miroir de nos erreurs collectives de jugement. La hausse des impôts ne résout rien. Elle ne permet pas de lutter efficacement contre les déficits, car elle casse la confiance et la croissance. L'utilisation de l'impôt comme arme suprême de la justice sociale est une

1. Coe-Rexecode, « Analyse du projet de loi de finances pour 2016 », document de travail n° 53.

illusion. Elle alimente, à l'arrivée, un rejet généralisé de la hausse des taxes, dont la prochaine étape pourrait être un refus prérévolutionnaire d'acquitter l'impôt.

Qui revendique aujourd'hui la flambée de l'impôt sur le revenu comme une avancée de la gauche ?

Plus lourdes de sens encore, les mesures qu'elle a récemment dû adopter et qui témoignent que, à refuser de réformer notre modèle, nous l'avons collectivement mis en grand danger. La réforme de notre modèle social nous semblait impensable ; il a fallu pourtant nous résoudre, en 2014, au gel des prestations sociales, c'est-à-dire à leur baisse en valeur réelle. Il fallait toujours plus d'État, de fonctionnaires, de lois pour contribuer au bien public ; pourtant le gouvernement Valls a dû assumer la poursuite d'un gel de cinq ans du point servant au calcul de la rémunération des fonctionnaires[1].

Si notre conviction est que l'excès d'impôt est une des causes de la crise, nous devons en tirer les conséquences. Nous devons faire de la baisse des impôts le premier investissement public.

Il faut constitutionnaliser le droit de l'individu à conserver la moitié du fruit de son travail

Il faut que chacun puisse profiter des fruits de son travail en posant le principe constitutionnel que l'impôt direct ne peut pas représenter plus de 50 % des revenus[2].

On opposera à ce principe fondamental l'échec politique du bouclier fiscal au niveau où l'avait fixé le

1. Après cinq ans de gel, une hausse de 1,2 % du point a été annoncée en mars 2016.
2. La loi de finances pour 2013 a fixé ce taux à 75 %.

président Sarkozy. C'est néanmoins un principe fondamental à revendiquer car il est la clé de voûte d'une société juste.

Il lui a manqué un pendant qui lui donne toute sa cohérence, la hausse des droits sur les successions les plus importantes jusqu'à un niveau pouvant atteindre 60 %.

Sur un plan plus technique, et sur le modèle de l'impôt américain, il peut être instauré un impôt minimal permettant d'éviter que le taux d'imposition des plus hauts revenus puisse être inférieur à un certain seuil, en raison de l'addition de niches fiscales ou d'exonérations de plus-values.

Assumer le risque d'une baisse massive de l'impôt sur les individus

Il va falloir prendre le double risque d'une part de baisser les impôts immédiatement, en assumant le décalage inévitable entre la baisse, à court terme, des rentrées fiscales et leur hausse, un peu plus tard, sous l'effet du retour de la croissance, et d'autre part de réformer notre système fiscal. C'est en cela qu'il faut nous placer vis-à-vis de nos partenaires européens dans une logique d'exception pour réforme structurelle (*cf.* chapitre 6 sur l'Europe).

Notre fiscalité souffre de trois problèmes majeurs : notre impôt sur le revenu est trop progressif, l'impôt prélevé au niveau de l'entreprise est trop lourd et la fiscalité qui pèse sur les revenus du capital n'a plus de sens

Une étude 2008 de l'OCDE (Jens Arnold) sur la structure fiscale de 21 pays a établi une graduation des impôts au regard de leur impact plus ou moins défavorable sur la croissance. Elle concluait, pour la France, que nous avions non seulement des prélèvements beaucoup trop lourds (déjà), mais également une répartition de ceux-ci parmi les plus défavorables à la croissance.

Première question, celle de la forte progressivité de l'impôt sur le revenu qu'il faut examiner avec pragmatisme malgré sa sensibilité politique.

C'est la France qui a offert au monde l'impôt progressif, au tournant de la Première Guerre mondiale. Historiquement, il y a en effet trois formes d'impôts : l'impôt à montant fixe, comme le timbre fiscal que chacun paye, par exemple, pour l'obtention d'un passeport, l'impôt proportionnel à taux fixe, comme la CSG, et l'impôt progressif, dont le taux est d'autant plus élevé que les revenus ou le patrimoine sont élevés, comme l'impôt sur le revenu ou l'ISF.

Très longtemps, l'impôt progressif a été une ligne de fracture idéologique, un « marqueur » de la société que l'on voulait construire. Turgot s'était écrié : « Il faudrait exécuter l'auteur de ce projet d'impôt progressif. » En revanche, pour Marx et Engels, « un impôt sur le revenu lourdement progressif et graduel constituerait l'une des mesures grâce auxquelles, après la première étape de la révolution, le prolétariat utilisera sa suprématie politique pour retirer, par étapes, tout le capital aux bourgeois, pour centraliser tous les moyens de production dans les mains de l'État » (*Manifeste du parti communiste*).

L'impôt progressif est-il toujours juste ?

Si l'on prend en compte à la fois la structure de l'impôt en France et les prestations sociales, nous avons su éviter la progression des inégalités depuis les années 1970, contrairement à la plupart des autres pays occidentaux et notamment les États-Unis, l'Italie, l'Allemagne ou même la Suède[1]. Entre 1985 et 2005, les inégalités de revenus disponibles entre le premier décile (les 10 % les plus pauvres de la population) et le dernier décile (les 10 % les plus riches) n'ont cessé de se creuser dans les pays de l'OCDE pour atteindre un écart de 1 à 9 en moyenne. La France, avec un écart de 1 à 7, fait moins bien que les pays scandinaves mais désormais mieux que l'Allemagne où les inégalités se sont rapidement creusées (1 à 8).

Au total, et selon le Conseil des prélèvements obligatoires[2], si l'on prend en compte l'effet des prestations sociales, notre système fiscal conduit à réduire de 40 % les écarts de niveau de vie entre les 10 % de personnes les plus modestes et les 10 % de personnes les plus aisées. Ce que l'on appelle le rapport inter-décile et qui mesure l'écart entre ces deux catégories extrêmes de la population était ramené de 6,6 à 3,5. Selon le dossier annexé au rapport sur les prélèvements obligatoires du projet de loi de finances pour 2013, qui reprend la méthodologie du Conseil des prélèvements obligatoires, le niveau de vie des personnes au premier décile était augmenté de 53 % après impôts et prestations, et celui de ceux au dernier décile diminué de 8 %.

Les analyses de Thomas Piketty[3], qui semblent avoir largement inspiré le début du quinquennat du président Hollande, selon lesquelles notre système fiscal serait globalement régressif, c'est-à-dire plus favorable aux plus riches

1. OCDE, « *Growing unequal ?* », 2008.

2. Conseil des prélèvements obligatoires, « Impôt sur le revenu, CSG, quelles réformes ? », février 2015.

3. Camille Landais, Thomas Piketty, Emmanuel Saez, *Pour une révolution fiscale*, *op. cit.*

qu'aux plus pauvres et aux classes moyennes, souffrent de biais considérables. D'abord, et comme l'a montré le Conseil des prélèvements obligatoires, pour mesurer le caractère redistributif de notre système, il faut prendre en compte non seulement l'impôt, mais également les prestations sociales. Celles-ci contribuaient ainsi en 2011 pour 61 % à la réduction des inégalités de pouvoirs d'achat et les instruments fiscaux pour 39 % seulement[1]. Ensuite, Thomas Piketty ne prend en compte ni l'IS ni l'ISF. Comptablement, l'IS est un impôt sur les entreprises mais, en réalité, il réduit d'autant les dividendes. C'est pour cela qu'ont été créés l'avoir fiscal, les mécanismes d'abattement à l'impôt sur le revenu et les prélèvements forfaitaires. Non pas pour favoriser les plus riches, mais pour limiter l'effet des impôts en chaîne. Par ailleurs, peut-on calculer le niveau de prélèvement sur les revenus des plus aisés sans tenir compte de l'ISF dont le taux progressif est très lourd en valeur réelle et qui est, à titre principal, payé grâce aux revenus de l'année et, dans certains cas extrêmes, en vendant des actifs ?

Jusqu'aux mesures prises depuis 2011, on pouvait effectivement relever une inflexion du taux moyen d'imposition des plus hauts revenus (les 1 % et plus), en raison de la possibilité de soumettre à prélèvements forfaitaires les intérêts des placements (24 %) ou les dividendes (21 %), ainsi que la possibilité de recourir, à grande échelle, aux niches fiscales.

Cette situation, qui avait alimenté le mythe d'un impôt sur le revenu globalement favorable aux plus riches, a pris fin avec la création d'une nouvelle tranche à 45 %, par l'instauration d'une contribution exceptionnelle de

1. Conseil des prélèvements obligatoires, « Impôt sur le revenu, CSG, quelles réformes ? », *op. cit.*

3 à 4 % sur les plus hauts revenus, par l'imposition des revenus de l'épargne au barème progressif de l'IR et par le plafonnement à 10 000 euros du recours aux niches fiscales, hors outre-mer et culture. De même, les analyses selon lesquelles le quotient familial favorisait les familles les plus aisées n'ont plus lieu d'être avec désormais son plafonnement à 1 500 euros.

La situation est donc celle d'un impôt progressif sur le revenu aux effets très fortement accentués depuis 2011. Elle est également celle d'un système fiscal et de prestations qui réduit encore significativement les inégalités.

Qu'en est-il, en revanche, de l'égalité des chances ? Car, si notre pays est moins inégalitaire en termes de revenus que beaucoup d'autres, il offre, dans le même temps, infiniment moins de chances de réussir aux filles et fils des familles modestes. Notre société est, en réalité, plus conservatrice qu'égalitaire. On limite les écarts de pouvoirs d'achat, mais on accepte que les inégalités se figent de génération en génération. Notre système éducatif est de plus en plus inégalitaire (*cf.* chapitre 7). Ces inégalités de départ ne font que se perpétuer avec un monde du travail cadenassé. Le décorum, c'est l'école pour tous et le principe d'égalité des chances. On prend aux plus riches pour donner aux plus modestes, mais on ne permet pas aux enfants de ceux-ci, à l'exception de ceux dotés de qualités exceptionnelles, de changer de classe sociale. Il suffit de regarder l'origine des diplômés des grandes écoles en France pour achever de s'en convaincre.

Les objectifs égalitaires et de justice qui sont au cœur de notre système fiscal ne doivent donc être ni niés ni idéalisés. Ils sont une réalité, mais celle-ci est imparfaite, complexe.

Si l'on passe d'un examen global des effets de seuil et de progressivité de l'impôt sur le revenu à des exemples, on mesure mieux encore cette complexité.

L'héritier d'une grande fortune, qui en retire des revenus considérables, ou le patron d'une très grande entreprise, dont la rémunération peut être plusieurs centaines de fois supérieure à celle de ses salariés les plus modestes, peuvent légitimement se voir demander de contribuer plus que proportionnellement à la charge des dépenses publiques.

Est-ce vrai en toutes circonstances ? Prenons un autre exemple : celui d'un salarié qui gagnerait 2 000 euros par mois pour 35 heures de travail hebdomadaire et celui d'un artisan à qui il resterait 4 000 euros nets par mois en travaillant 12 heures par jour, six jours sur sept, et en assumant les risques d'un entrepreneur. Sur la base des barèmes de la loi de finances 2016 et en prenant l'hypothèse que l'un et l'autre sont mariés, ont deux enfants et qu'ils sont la seule source de revenus de la famille, la situation serait la suivante. Le premier ne paierait pas d'impôt sur le revenu et son revenu horaire serait de 13,50 euros. Le second serait soumis à l'impôt sur le revenu et son revenu horaire, après impôt, serait de 12,80 euros. Certes, l'écart de pouvoir d'achat entre l'un et l'autre est réduit mais la situation est-elle juste, est-elle incitative au travail et à l'esprit d'entreprise ?

Cet exemple montre bien l'absence de lien automatique entre la préoccupation égalitaire et la justice.

Notre système fiscal est-il au moins cohérent ? Chacun trouve normal que l'on rémunère plus les heures supplémentaires. En revanche, notre impôt sur le revenu, qui est progressif et n'est payé que par la moitié des foyers, peut conduire à les taxer plus que des heures normales. Quelle en est la logique ? La remise en cause de la défiscalisation des heures supplémentaires était une mauvaise mesure en termes de pouvoir d'achat, mais aussi parce que ce dispositif venait, au moins en partie, corriger l'effet injuste des seuils d'imposition et du caractère progressif de l'impôt.

Plutôt que de nous interroger, d'une manière globale, sur les excès de notre système fiscal, nous cherchons à en corriger, sans vision globale, les effets négatifs. Les plus modestes, la moitié des Français, ne le payent pas et supportent la CSG, qui est l'autre impôt sur le revenu mais à taux proportionnel. Pour les plus aisés, on a multiplié les niches fiscales à l'efficacité économique discutable. En revanche, difficile de faire échapper les classes moyennes supérieures à l'impôt progressif. Pour ces Français qui sont confrontés à un monde du travail hyper-concurrentiel et instable, et qui ne bénéficient pas, ou marginalement, des prestations sociales sous conditions de ressources, le système fiscal est-il juste ?

Nous sommes dans un dilemme : l'impôt progressif sur le revenu étouffe l'esprit de travail et d'entreprise de ceux qui sont les plus efficaces et créatifs, mais répond à notre aspiration collective à la réduction des inégalités de revenus. Nous sommes dans une impasse, car nous avons atteint un tel déséquilibre de notre modèle qu'il rate désormais toutes ses cibles : notre croissance est à l'arrêt, nous nous appauvrissons collectivement et l'ascenseur social est une illusion.

Il nous faut donc opérer un changement total de logique : l'impôt sur le revenu doit devenir un instrument de croissance, et c'est à l'impôt sur les successions de répondre à l'objectif de réduction des inégalités.

Pascal Salin[1] a dressé un bilan économique des pays très divers – des travaillistes en Nouvelle-Zélande à partir de 1984 aux pays de l'Est après la chute du mur de Berlin et, bien sûr, des États-Unis, du Royaume-Uni ou de la Suède – qui ont soit fortement réduit la progressivité de l'impôt sur le revenu (pas plus de trois tranches), soit instauré un impôt proportionnel ou *flat tax*. Partout, la sortie de crise en a été accélérée et la trajectoire de croissance inversée.

Baisser l'impôt et réformer l'impôt sur le revenu

Ce choix, nous pouvons le faire en même temps que la réforme de notre impôt sur le revenu. Afin de la rendre possible, elle doit, en effet, s'accompagner d'une forte baisse de ce prélèvement. Cela évite d'avoir des « perdants », ce qui rend toujours difficile, voire impossible une réforme fiscale.

Nous avons aujourd'hui deux impôts sur le revenu. La CSG, prélevée à la source au taux proportionnel de 8 %, payée par tous et qui n'est quasiment pas affectée de régimes d'exonérations. Elle finance, à hauteur de 91 milliards d'euros, la protection sociale. C'est la grande réforme fiscalo-sociale de ces dernières années, engagée sous le gouvernement de Michel Rocard. L'impôt sur le revenu, ou IRPP, est de nature toute différente. Il est déclaratif, calculé sur la base des revenus de l'année antérieure, payé par la moitié des foyers, très progressif avec une dernière tranche à 49 % (45 % + 4 % de contribution exceptionnelle Fillon), et comporte une assiette réduite par les niches fiscales dont les plus importantes

1. Pascal Salin, *La Tyrannie fiscale*, Odile Jacob, 2014.

sont en faveur des familles et du logement. Il devrait rapporter 76 milliards d'euros en 2016. Il finance les dépenses de l'État. Pour mesurer le poids réel de l'impôt sur le revenu, il faut évidemment additionner ces deux impôts.

Techniquement, la fusion d'impôts si différents est très complexe, mais pas insurmontable. Procéder à une telle réforme n'aurait cependant pas de sens si elle n'était pas porteuse d'un objectif politique. C'est pour cela que les tenants de la mise en place d'un grand impôt progressif, comme Thomas Piketty, ou, au contraire, d'une remise en cause de sa forte progressivité, y sont favorables.

Fusionner l'IR et la CSG dans un impôt à trois ou quatre tranches

L'objectif doit être de reconstruire un impôt simple et moins lourd. Dans un premier temps, un impôt à trois ou quatre tranches dont la première serait payée par tous à 8 %. Tous les revenus y seraient soumis avec un abattement pour les dividendes afin de tenir compte du fait qu'ils ont déjà supporté l'impôt sur les sociétés.

Dans le même temps, cette réforme permettra d'abandonner le système des niches fiscales au profit de mécanismes de subventions plus clairs et plus justes. Ainsi, plutôt que d'avoir un quotient familial et des réductions d'impôts en faveur des familles, il pourra être instauré des prestations identiques pour toutes les familles afin de contribuer à la charge des enfants ou de certaines dépenses qui y sont liées comme celles des frais de garde. Cela conduira à l'ouverture d'un grand chantier de réforme des prestations familiales. Le basculement d'un régime à un autre pourrait faire des perdants.

Pour ces familles, il faudra mettre en place un lissage sur cinq ans, voire une garantie de maintien des droits, afin de ne pas déstabiliser leur situation matérielle.

De la même manière, les mécanismes d'aides à la construction de logements, à l'investissement outre-mer, au cinéma et à tant d'autres pourront être évalués et faire l'objet de subventions publiques plus claires sur le plan de l'efficacité économique. On ne pourra pas supprimer cependant tous les mécanismes de réduction d'impôts, comme ceux en faveur des associations, mais il aura été globalement mis fin à une opacité de l'impôt que le plafonnement des niches fiscales n'a pas supprimée.

De même, ce nouvel impôt pourrait être conjugalisé. Il faut offrir l'option aux couples de payer leurs impôts ensemble ou séparément.

Augmenter les droits sur les successions les plus importantes

Cette réforme est une incitation au travail et à la réussite. La préoccupation égalitaire doit s'exercer autrement qu'en toisant les plus hauts revenus et en les poussant à l'exil fiscal. Le pendant de la réforme de l'impôt sur le revenu est une augmentation des droits sur les successions les plus importantes. La dernière tranche est actuellement fixée à 45 %. On peut y ajouter une tranche à 60 % afin de symboliser la nouvelle société que l'on veut construire.

Il est normal que l'on puisse léguer une part importante du fruit de son travail à ses enfants, mais tout ne doit pas être écrit à la naissance. D'où que l'on vienne sur le plan social, il faut avoir à se battre pour réussir. Tel est le message d'un Bill Gates qui a fait le choix d'apporter l'essentiel de son immense fortune à une fondation et de léguer des sommes substantielles à ses enfants mais absolument pas en proportion de sa richesse.

Un problème réel dont les solutions sont à trouver : la flambée des revenus des hyper-riches

C'est un phénomène mondial. Il s'est créé une classe d'hyper-riches au sommet de la mondialisation. En France, alors que, pour 90 % des foyers, le gain total de revenus a été de 12,4 % entre 1998 et 2006 (soit un peu moins de 1,5 % par an), il a augmenté deux fois plus vite pour les 1 % les plus riches (+ 27 %), trois fois plus vite pour les 0,1 % (+ 43,3 %) et quatre fois plus vite pour les 0,01 % (+ 63,7 %)[1]. Cette évolution est due à la hausse rapide des très hauts salaires : alors que, de 1998 à 2008, le salaire réel de 90 % des Français a stagné (+ 0,9 %), celui des 0,01 % les plus riches a augmenté de 70 %. Cependant, avec une part du revenu total de près de 10 %, les 1 % les plus aisés en France sont loin de ceux des États-Unis (20 % du revenu total) ou du Royaume-Uni (13 %).

Si l'on n'est pas animé comme Thomas Piketty par un objectif égalitariste, la flambée des hauts revenus n'est pas un problème en soi. Il le devient quand le salaire médian réel baisse parallèlement, ce qui pose la question de savoir si les deux phénomènes ne sont pas liés. Ce que Brynjolfsson et McAfee résument par : « Les gagnants prennent tout », sentiment qui a nourri le mouvement des Indignés en Europe et *Occupy Wall Street* aux États-Unis.

1. Conseil des prélèvements obligatoires, « Progressivité et effets redistributifs », mai 2011.

Il est trop tôt pour le dire. Il peut s'agir d'une entrée en crise systémique d'un système capitaliste qui ne parvient plus à se réguler, c'est-à-dire à profiter au plus grand nombre, même s'il génère des inégalités. Il peut s'agir aussi de deux phénomènes sans lien : la flambée des très hauts salaires peut être la conséquence de l'irruption de la nouvelle économie, qui démultiplie les profits et revenus de ceux qui en sont les acteurs ou de ceux qui y sont directement ou indirectement liés ; la baisse du salaire médian peut résulter de la mondialisation et de la concurrence entre les emplois peu qualifiés à l'échelle de la planète. Dans cette seconde hypothèse, il s'agirait d'un phénomène transitoire, qui s'effacera avec l'arrivée à maturité de la nouvelle économie et la hausse des salaires des pays du Sud.

Le débat et l'analyse approfondie de cette situation sont indispensables. Mais il faut se garder des surréactions ou des mesures ne s'inscrivant pas dans une cohérence d'ensemble.

La création d'une tranche à 75 %, comme a voulu le faire le président Hollande, a été un échec. D'abord parce que les quelques milliers de personnes dont les revenus annuels sont supérieurs à 1 million d'euros sont aussi, au moins pour une partie d'entre elles, celles qui créent, innovent, animent notre tissu économique et sont, en quelque sorte, les moteurs de la croissance. Il serait irresponsable de les démotiver ou de les inciter à partir et, au passage, à déplacer les sièges des entreprises qu'ils dirigent. Surtout, ce qu'a bien montré l'expérience fiscale de 2012, c'est qu'il est très difficile de dissocier hausse de l'impôt sur les plus aisés et hausse de l'impôt en général, c'est-à-dire sur l'ensemble des assujettis.

À l'autre extrême des propositions actuellement sur la table : faut-il instaurer un impôt mondial sur les revenus ou le patrimoine des hyper-riches, comme le préconisent certains économistes ? Est-ce réaliste ? Comment éviter que cela ne casse la croissance et l'innovation ? Comment, dans le même temps, conduire les baisses d'impôts nécessaires sur les classes moyennes et les hauts revenus ?

Comme pour la fiscalisation des géants du numérique, une réflexion à l'échelle mondiale s'impose. L'OCDE pourrait en être le cadre.

Dans l'attente, des solutions réalistes et conformes aux dynamiques de l'économie sont envisageables. Les plus aisés vivent la mondialisation au quotidien. Ils savent ce que coûte de se faire soigner ou d'éduquer ses enfants à Londres ou aux États-Unis. Même si cela peut être regardé comme portant atteinte au principe d'universalité des services publics, c'est une solution que de prévoir que les 0,1 % les plus aisés puissent payer plus pour la couverture des petits et moyens risques de santé[1] ou pour l'inscription de leurs enfants à l'école publique ou à l'Université. Les sommes versées, à ce titre, viendraient abonder les politiques de soutien scolaire et les bourses.

Le deuxième volet de la réforme fiscale porte sur l'imposition au stade des entreprises

Les prélèvements qui touchent les facteurs de production sont, de loin, les plus élevés en France. Selon une étude de Coe-Rexecode[2], si l'on additionne les charges sociales des employeurs (235 milliards d'euros en 2012),

1. En revanche, la couverture des gros risques de santé doit demeurer universelle : quasiment personne ne peut prendre en charge le coût d'une greffe ou d'un traitement lourd et au long cours.

2. Coe-Rexecode, « Réforme fiscale et retour de la croissance », *Economica*, 2014.

les impôts calculés sur la masse salariale (30 milliards d'euros dont 12 milliards pour la taxe sur les salaires et 7 milliards pour le versement transport), la cotisation sur la valeur ajoutée des entreprises (13 milliards d'euros), la cotisation foncière des entreprises (6 milliards d'euros) et la contribution sociale de solidarité des entreprises (C3S pour 6 milliards d'euros), on atteint un niveau de prélèvements de 17,5 % du PIB en 2012, contre moins de 10 % en Allemagne ou 13 % en Italie. Le taux effectif de l'impôt sur les sociétés est en France, selon Eurostat, le plus élevé d'Europe, largement au-dessus de la moyenne des pays de la zone euro et de l'Allemagne.

La rentabilité des entreprises s'en est mécaniquement et fortement ressentie. La conséquence en a été la baisse de l'investissement et l'érosion de l'emploi. Comme le résume l'économiste Patrick Artus : « Les pays à rentabilité faible du capital (France, Italie, Japon) ont une croissance faible du capital (Japon, Italie), un taux d'emploi faible (France, Italie)[1]. »

Comment imaginer rattraper notre retard sur l'Allemagne quand on prélève près de 8 % de plus de PIB sur nos entreprises ?

Il faut conjuguer baisse de l'IS et passage à la TVA sociale

La baisse du coût du travail n'est pas la réponse unique et suffisante à notre problème de compétitivité. C'est une mesure d'urgence pour stopper l'hémorragie. Il y a, en effet, un problème français spécifique, comme

1. Patrick Artus, « La rentabilité du capital physique détermine-t-elle l'allocation de l'investissement, donc de la croissance de long terme et l'emploi ? », document de recherche, novembre 2013.

en témoigne l'effondrement de la part de la France dans les exportations de la zone euro.

La cause principale en est le positionnement de moyenne gamme de nos produits, qui nous rend particulièrement vulnérables à la concurrence mondiale, notamment par les prix. Quand nous sommes bien positionnés, comme dans le luxe, nous profitons pleinement de la mondialisation qui nous ouvre de nouveaux marchés, et l'euro n'est pas en soi un problème, car la décision d'achat se fait globalement sur d'autres critères que le prix. Dans ce secteur, hélas trop spécifique pour tirer vers le haut le reste de l'économie, nous sommes dans une situation comparable à l'industrie allemande. En revanche, pour la plupart des autres secteurs, le degré de qualité et d'innovation de nos produits ne nous permet pas de nous abstraire de l'effet prix. Nous sommes obligés de les baisser à l'exportation, comme le montre le fait que, depuis vingt ans, ils ont moins progressé que ceux de nos concurrents de la zone euro[1]. Cela conduit à un cercle vicieux de perte de compétitivité : baisse relative des prix qui mène à une baisse des marges des entreprises dont l'effet est la baisse des dépenses de recherche et développement, ce qui accélère la perte de compétitivité.

Face à une telle situation, plusieurs réponses semblent *a priori* frappées au coin du bon sens. La première est celle de la gauche traditionnelle consistant à dire qu'il faut concentrer tous nos efforts sur l'innovation et ainsi monter en gamme, plutôt que de s'imposer une douloureuse dévaluation intérieure, à l'image des Allemands dans les années 2000 et surtout des pays du sud de l'Europe depuis 2010. Certes, mais il faut du temps pour monter en gamme et, d'ici là, c'est l'essentiel de notre tissu productif qui aura été détruit. L'autre réponse, qui

1. *Cf.* Alain Trannoy, *Il faut une révolution fiscale*, *Les Échos*-Eyrolles, 2012.

est l'apanage des droites et gauches extrêmes, consiste à dire qu'il faut sortir de l'euro pour retrouver notre capacité à dévaluer et ainsi renouer sans ces sacrifices avec un équilibre compétitivité-prix. Mais le coût d'une sortie de l'euro serait massif en termes d'appauvrissement du pays et des Français, et d'une efficacité économique plus que douteuse (*cf.* chapitre 6).

Comme le plus souvent face aux difficultés de la vie, il n'y a pas de solution miracle et indolore, ce qui n'exclut pas, dans le même temps, d'agir avec raison.

Il faut baisser le coût du travail en évitant une « dévaluation intérieure ou fiscale » trop violente et investir dans la montée en gamme, qui prend du temps.

L'actuel gouvernement a engagé le mouvement de baisse des charges avec le CICE et le pacte de responsabilité. C'est une étape et surtout une rupture historique venant de la gauche française. Mais, comme on l'a vu, ces baisses ont à peine compensé les hausses mises en place depuis 2011. Il faudra donc franchir d'autres étapes pour donner à notre industrie la bouffée d'oxygène dont elle a besoin.

Il existe deux solutions techniques : basculer les cotisations patronales soit sur la TVA, soit sur la CSG. La préférence semble devoir aller à la première, car elle permet de faire supporter une partie de l'effort sur les produits importés et pas seulement sur les revenus.

Le basculement des cotisations patronales sur la TVA doit être ciblé et massif pour avoir un réel impact car l'emploi industriel ne représente plus que 20 % de l'emploi total. Une baisse des charges concernant tous les secteurs conduirait à une dilution de la mesure. Par ailleurs, même centrée sur l'industrie, la baisse des cotisations patronales doit être forte pour avoir un réel impact. En effet, les cotisations patronales représentent

40 % des salaires versés, et les salaires et cotisations représentent 20 % des coûts de production dans l'industrie. Par exemple, une baisse de 9 points des cotisations patronales, ciblée sur l'industrie, financée par l'augmentation du taux de TVA normal de 1,5 point, conduirait à une baisse nette des coûts de production de seulement 1,4 %[1]. De même, les Français consacrent 25 % de leurs dépenses de consommation à l'achat de biens industriels pour lesquels le taux de pénétration des produits étrangers est de 40 %. On ne peut réellement faire supporter une part de l'effort aux produits importés que si la hausse de la TVA est forte.

Si l'on veut avoir un impact réel à court terme, il faut donc pousser fortement les curseurs : faire passer le taux normal de TVA de 20 à 23 %[2] et cibler les baisses de charges patronales sur les salaires allant de 1,2 à 2,1 SMIC, c'est-à-dire là où se situent 80 % des rémunérations des ouvriers.

Cette mesure se traduira par une hausse des prix à la consommation, qui ne sera pas négligeable contrairement à ce qui est communément soutenu, mais qui permettra de restaurer une partie de la compétitivité-prix des entreprises françaises et, de fait, partiellement leurs marges. Notre tissu productif pourra reprendre son souffle et le pays aura du temps pour se donner les moyens de monter en gamme.

Et la justice dans tout cela, me direz-vous, puisque ce sont les plus modestes qui subiront le plus la hausse de la TVA, car eux consomment presque tous leurs revenus alors que les plus aisés épargnent bien plus. La réponse à cette question essentielle se situe à deux niveaux. Stopper

---

1. Alain Trannoy, *Il faut une révolution fiscale*, *op. cit.*
2. Ce qui est le niveau de la Suède ou du Danemark.

l'effondrement de notre tissu industriel, c'est sauver des emplois, mettre en place l'environnement pour créer de nouveau des emplois et éviter l'effondrement du pouvoir d'achat par la flambée du chômage qui touche d'abord les plus modestes. Par ailleurs, l'augmentation des droits sur les successions les plus importantes pour affirmer le choix d'une société de réussite par son travail répondra, sur le terrain politique et de l'équité, à la hausse de la TVA. En effet, les revenus épargnés par les plus aisés et qui ne seront pas touchés par cette hausse subiront aussi l'impôt par une hausse des droits de succession dont le taux marginal, en ligne directe, devra passer de 45 à 60 %.

Supprimer l'ISF

Le troisième volet de la réforme est celui de la fiscalité sur le capital, qui est parmi les plus lourdes d'Europe. Elle porte à la fois sur les revenus du capital et le stock de capital, notamment avec l'ISF. Elle est devenue progressive avec l'intégration des revenus du capital dans le barème de l'impôt sur le revenu. Cette mesure a trouvé sa justification dans l'idée qu'il était juste de taxer les revenus du patrimoine comme les revenus du travail. Pourtant, le patrimoine a déjà subi l'impôt pour se constituer (impôt sur les revenus ou sur les successions). Tous les pays d'Europe, et notamment ceux du Nord comme la Suède, ont mis en place des fiscalités proportionnelles sur le capital[1].

1. *Cf.* dans ce sens Michel Didier et Jean-François Ouvrard, *L'Impôt sur le capital au XXIe siècle. Une coûteuse singularité française*, Coe-Rexecode-Economica, février 2016.

Il faut dépasser les oppositions idéologiques et de principe, et accepter de regarder l'ISF pour ce qu'il est, c'est-à-dire un impôt bien plus toxique sur le plan économique qu'il ne l'a été sur le plan politique (*cf.* l'idée reçue selon laquelle il aurait conduit à la défaite de Jacques Chirac en 1988).

L'ISF n'est pas un impôt symbolique, comme pourrait le laisser penser le fait qu'il représente 0,25 % du PIB. C'est un impôt hyper-concentré et infiniment plus lourd aujourd'hui que lors de sa création en 1982 où les taux d'intérêt des obligations d'État à dix ans étaient supérieurs à 15 % et le taux de l'impôt sur les grandes fortunes d'alors n'était que de 1,5 %.

Les travaux de Coe-Rexecode montrent que la somme de l'impôt sur le revenu, des prélèvements sociaux et de l'ISF conduit à un taux marginal d'imposition des revenus du capital de 125 %. Cette réalité ne concerne pas seulement les plus hauts revenus et patrimoines. Ainsi, le taux marginal d'imposition du capital pour un contribuable atteignant la tranche de 41 % à l'IR et la tranche intermédiaire à l'ISF (1,25 %) est de plus de 110 % ou 100 % dès la seconde tranche de l'ISF (0,7 %). Pour pallier cette situation, le gouvernement a dû plafonner le taux moyen d'imposition de l'ensemble des revenus à 75 %, mais comment considérer comme acceptable un système dans lequel il faut utiliser des revenus du travail ou vendre des actifs pour payer son impôt sur le patrimoine ?

Une telle situation ne peut conduire qu'à une forme de découragement vis-à-vis de la prise de risques et de l'épargne, ainsi qu'au départ de contribuables pour lesquels s'annonce la fin de l'activité, c'est-à-dire le passage à une réalité où ce qui va compter sont les revenus du patrimoine et non plus ceux du travail. Cette taxation déraisonnable des revenus de l'épargne crée un climat qui se diffuse à tous ceux qui veulent réussir et notamment à ceux qui se lancent dans la vie professionnelle avec l'envie d'en découdre plus que de simplement en vivre.

Quel regard peut bien porter un jeune diplômé d'une grande école française sur son pays ? Il a 22 ans. Il a passé l'étape initiatique d'un concours difficile. Il a pris confiance en ses capacités. Les mois de stages qu'il a passés à l'étranger lui ont ouvert les yeux sur les opportunités qui s'offrent à lui dans le monde. Pourquoi s'imposerait-il de longues années à « taper à la porte » des grandes entreprises françaises, qui restent cadenassées par les réseaux et logiques de pouvoirs de l'ancien temps ? Même s'il pense qu'il va finir par y arriver, pourquoi fournir un tel effort pour finalement vivre moins bien en France qu'à San Francisco ou ailleurs et devoir supporter demain une fiscalité, notamment sur le patrimoine, démesurée alors qu'il a à l'esprit le rêve de se faire sa place au soleil, au sens propre comme au sens figuré ?

Ces forces, ces talents, cette énergie, cette audace, la France les perd chaque jour. Les statistiques n'en rendent pas compte mais il s'agit d'un danger mortel dans le monde hyper-créatif et hyper-compétitif dans lequel nous sommes entrés.

Pour rééquilibrer la fiscalité sur le capital et les revenus de l'épargne, il faudra prendre la décision claire et aucunement idéologique, de supprimer l'ISF. Tous nos voisins l'ont fait dans un souci d'efficacité économique.

Cadrage budgétaire des baisses d'impôts

Il y a évidemment la question du niveau de la baisse des impôts, alors que nous ne devrions, au meilleur des cas, atteindre le niveau des 3 % de déficits publics[1] qu'en 2017.

Toute projection, tout cadrage *a priori* est nécessairement invalidé par les crises, les événements inattendus. Ils permettent néanmoins de fixer un cap.

Partons d'hypothèses réalistes pour conduire ce cadrage. Le déficit public devrait être un peu au-dessus de 3 % du PIB en 2017. Le tendanciel d'évolution des dépenses publiques devrait être de l'ordre de 1 %, entre 11 et 12 milliards d'euros par an. En étant très sérieux et en agissant sur le périmètre de l'État, il est envisageable de stabiliser les dépenses en volume sur une période de cinq ans. Si, dans le même temps, on prend une hypothèse de croissance de 1,5 % par an en moyenne sur cinq ans, on dégage, avec des recettes fiscales qui évolueraient comme le PIB, une marge de l'ordre de 15 milliards d'euros par an. On pourrait répartir cette marge en deux tiers de baisses d'impôts et un tiers de baisse des déficits, soit 50 milliards d'euros de baisses d'impôts et une baisse du déficit de 1 point de PIB, pour avancer vers 2 % de déficit au terme de la période. Afin d'envoyer un message politique clair, on pourrait concentrer la moitié des baisses d'impôts sur la première année : 20 milliards d'euros sur l'IR-CSG et 5 milliards d'euros de suppression de l'ISF. Cela conduirait à repasser mécaniquement au-dessus des 3 % de déficit en 2018, d'où l'importance de la logique d'exception pour réforme structurelle. Cette forte baisse des impôts permettrait d'engager, sans faire de perdants, la fusion IR-CSG.

Les quatre années suivantes seraient consacrées aux baisses d'impôts de l'ordre de 6 milliards d'euros et 5 milliards d'euros à la baisse des déficits.

---

1. 3,8 % en 2015 et prévision de déficit 2016 de 3,3 %, selon le projet de la loi de finances.

Dans le même temps, la TVA passerait de 20 à 23 %, soit 0,6 point de hausse par an (25 milliards d'euros sur cinq ans) pour financer une baisse des charges sociales nettes des entreprises, en plus de la pérennisation du CICE.

Cela conduirait à 25 milliards d'euros de baisses d'impôts nettes sur les particuliers (50 milliards d'euros au titre de baisse de l'IR-CSG et de suppression de l'ISF et 25 milliards d'euros de hausse de la TVA) et 25 milliards d'euros de baisses de charges sur les entreprises.

Penser la fiscalité de la civilisation 3.0

Comme toutes nos certitudes issues du XXe siècle, l'impôt va être bouleversé par la mondialisation et la civilisation 3.0.

Les pratiques d'optimisation fiscale des entreprises multinationales et singulièrement de la nouvelle économie conduisent à des niveaux d'imposition à l'impôt sur les sociétés de ces entreprises extrêmement faibles (parfois de 4 % seulement) et très inférieurs à ceux des PME, ce qui est injustifiable.

On estime que les pertes de recettes d'IS seraient de 4 à 10 % à l'échelle mondiale, soit de 100 à 240 milliards d'euros par an[1]. Cette situation, qui crée une iniquité insoutenable, également par rapport aux particuliers qui ont vu la pression fiscale parfois exploser, depuis la crise de 2008, a conduit à une réaction salutaire du G20, en septembre 2013.

Les travaux de l'OCDE relatifs à la lutte contre l'érosion des bases d'imposition et les transferts de

1. Intervention de Michel Sapin lors du débat parlementaire sur le projet de loi de finances 2016.

bénéfices (BEPS) montrent l'ampleur de l'inadaptation des systèmes d'imposition nationaux, fondés sur le lieu d'établissement des entreprises et les pratiques d'« optimisation fiscale » qui en résultent.

La France se doit d'être aux avant-postes de ces travaux et des propositions qui en résultent. En France, on recense actuellement 125 conventions fiscales bilatérales. Seule la future convention fiscale multilatérale, élaborée sous l'égide de l'OCDE, permettra d'accélérer la lutte contre les abus les plus criants, tels que les sociétés « boîtes aux lettres ». Ce mouvement est indispensable pour éviter que la mondialisation ne recrée des privilèges fiscaux comme sous l'Ancien Régime.

Les enjeux essentiels sont la vitesse et le périmètre d'exécution. Sans des décisions rapides à l'échelle européenne et mondiale, les pratiques actuelles continueront à se développer avec le risque de nourrir des mouvements de refus de l'impôt chez les particuliers et les PME, dont l'ampleur révolutionnaire sera décuplée par la puissance de diffusion des réseaux sociaux.

Mais l'adaptation des impôts actuels à la mondialisation ne suffira pas.

Ainsi qu'il a été montré dans le chapitre 6 sur l'Europe, la civilisation 3.0 exigera d'inventer d'autres bases d'imposition que celles du XXe siècle (les revenus du travail, les bénéfices, la consommation). La taxation, par exemple, des revenus du *big data*, cette nouvelle richesse collective qui ne saurait être confisquée par les maîtres de l'industrie numérique, est un enjeu qu'il ne faut pas considérer comme une question prospective et lointaine.

C'est maintenant qu'il faut mener les travaux nécessaires pour parvenir à un système équilibré, c'est-à-dire qui n'obère pas le dynamisme de la nouvelle économie.

La France doit contribuer activement à cette réflexion mais c'est à l'échelle de l'Europe que doivent être élaborés et mis en œuvre les règles et les instruments d'imposition et de recouvrement de cette fiscalité du XXIe siècle.

9

Emploi et compétitivité 3.0

L'emploi nous jette dans la complexité du siècle.

Il y a les retards que nous avons accumulés et qui empêchent la création d'emplois : les rigidités administratives, la complexité des règles, les charges toujours plus lourdes, la désincitation au travail.

Dans le même temps, une vague de mutations technologiques s'apprête à bouleverser le marché du travail. La convergence de l'intelligence artificielle, de la robotique et du numérique pose la question d'une croissance qui serait destructrice nette d'emplois. Pour la première fois aussi, les emplois les plus qualifiés sont menacés.

Alors que depuis quarante ans nous avons perdu bien des batailles sur le premier front, voilà qu'il va nous falloir faire face, sur ce second front, à une situation totalement inédite.

C'est un peu comme si l'on revenait au temps des Grecs qui n'avaient pas un seul mais deux mots pour « travail » : *poiein* (faire ou fabriquer un objet) et *prattein* (agir et surtout agir sur autrui)[1]. Le premier appartiendrait aux machines et le second à l'homme.

La défense de l'emploi et la création de nouveaux emplois ne sauraient donc se limiter aux seules questions

1. Alain Dewerpe, *Histoire du travail*, PUF, coll. « Que sais-je ? », 2001.

de rattrapage vis-à-vis de l'Allemagne. Il faut prendre en compte les changements portés par la nouvelle économie : le modèle d'un travail salarié, hiérarchiquement organisé, exercé dans un lieu bien défini – l'usine ou le bureau – pendant une durée hebdomadaire va s'estomper, être concurrencé par des formes nouvelles d'auto-entrepreneuriat, peut-être même disparaître. De nouveaux métiers vont naître, fondés sur des ruptures technologiques ou dans les conditions de l'échange par hybridation du capitalisme et de l'économie du partage.

Les GAFA, Google en tête, portent le rêve de changer le monde qui, jusqu'ici, appartenait aux grandes idéologies politiques. C'est là que tout va se jouer. L'avenir de l'emploi ne dépend plus seulement de l'adoption d'un ensemble de mesures nécessaires. Il passe aussi par la reconstruction d'un corpus de principes fondé sur la réappropriation de l'idée de progrès[1].

L'emploi est d'abord une question de valeur

Le grand mérite de la réflexion du Britannique Niall Ferguson[2] est d'avoir montré que rien ne prédestinait notre petite Europe, morcelée, en retard, en guerre permanente contre elle-même, à dominer les grands empires ottomans, chinois, indiens.

Alors que le monde musulman, scientifiquement et culturellement en avance, arrêtait sa marche en avant avec le triomphe des tenants de l'application littérale du

1. Pour une analyse opposée mais stimulante, voir Robert Redeker, *Le Progrès ? Point final*, Les éditions Ovadia, 2015.
2. *Cf.* Niall Ferguson, *Civilisations...*, *op. cit.*

Coran et que la Chine, un temps tentée par les grandes expéditions maritimes, se fermait au monde, l'Europe a basculé, au XVIe siècle, dans le culte de la science et du travail, qui assurera sa suprématie.

Les religions judéo-chrétiennes qui portent en elles une philosophie d'accomplissement par le travail ont été le ferment de ce mouvement. Le message de la Genèse – « C'est à la sueur de ton visage que tu mangeras du pain » (Gn 3, 19) – ou celui de la seconde épître de saint Paul aux Thessaloniciens – « Si quelqu'un ne veut pas travailler, qu'il ne mange pas non plus » (2 Th 3, 10) – ont posé les bases d'une civilisation du travail.

Le génie judéo-chrétien, malgré les épisodes comme le procès de Galilée, a été de ne pas réellement s'opposer à la marche en avant de la science. À la vision religieuse de l'homme qui n'existerait que par le travail s'est ajouté, à partir du XVIIIe siècle, le culte d'un progrès permettant à celui-ci de façonner son environnement, de ne plus le subir, de s'attaquer à la misère, à l'ignorance, à la souffrance : un mélange constructif d'une vision de l'homme astreint par son créateur au labeur et cherchant, dans le même temps, à s'élever au niveau de celui-ci pour rebâtir, par lui-même, le paradis perdu.

Cette foi dans le travail, qui a assuré cinq siècles de domination à l'Occident, s'est depuis abîmée.

Nous n'avons plus le monopole du culte du travail. Les pays d'Asie et du Sud, hier entravés, sont engagés dans une course au travail et au progrès comme instruments de prospérité et de reconquête de leur grandeur passée.

Surtout, nous avons attaqué de l'intérieur la valeur travail, et cela, dans son essence même. L'onde de choc des théories freudiennes de la recherche inconsciente et permanente de la jouissance a corrodé l'idée même d'accomplissement par le travail au profit du concept, au fond vide de sens, du temps pour soi... vivre pour vivre.

Le triomphe de l'argent, des marques, du besoin de disposer de la dernière innovation a effacé la finalité même de la notion de progrès. Celui-ci est devenu l'instrument de la possession individuelle et non plus de l'émancipation.

Mai 68 marque symboliquement cette rupture, non par sa critique salutaire du conservatisme hypocrite d'une société bourgeoise et petite, si justement décrite par François Mauriac, mais parce que ce mouvement a renforcé la prééminence de l'individu et du désir de jouir de la vie sur les valeurs du travail et de l'engagement collectif. Les 35 heures en sont l'avatar finissant.

Pour reconstruire une société de l'emploi, il faut en revenir à deux idées simples : le travail est la finalité et le moyen de la vie ; le progrès technologique en est le levier.

Premières étapes à franchir : tourner la page des 35 heures, et adapter le contrat et les conditions de travail à l'ère numérique

Les 35 heures ne sont pas un faux problème

Certes, en théorie et comme le soulignent des rapports autorisés et de qualité[1], les 35 heures ne sont pas un plafond d'heures travaillées mais seulement le seuil à partir duquel s'applique la majoration pour heures supplémentaires.

Les 35 heures, outre leur dimension de contre-valeur du travail, continuent d'être présentées comme une solution.

1. Voir Jacques Barthélémy et Gilbert Cette, *Réformer le droit du travail*, Odile Jacob-Terra Nova, 2015 ; Jean-Denis Combrexelle, « La négociation collective, le travail et l'emploi », *France Stratégie*, septembre 2015.

Un récent rapport parlementaire[1] a ainsi salué le bilan des 35 heures qui auraient créé 350 000 emplois et seraient la politique de l'emploi la plus efficace et, budgétairement, la moins coûteuse.

Les 35 heures sont une réalité statistique : nous sommes l'un des pays d'Europe où l'on travaille le moins.

L'étude de Coe-Rexecode de juin 2014 le montre : en 2013, la durée moyenne du travail pour un salarié à temps complet dans une entreprise de plus de 10 salariés dans le secteur marchand non agricole était de 35,6 heures par semaine et de 36,5 heures pour un salarié dans une entreprise de moins de 10 salariés. En Europe, la durée du travail a baissé partout depuis 1999. Mais cette baisse, pour les salariés à temps complet, est cependant beaucoup plus forte en France (– 15 %) qu'en Allemagne (– 9 %), en Italie (– 7,5 %) ou au Royaume-Uni (– 3,1 %). En 2013, la durée effective du travail d'un salarié à temps complet était de 1 661 heures par an en France, soit 186 heures de moins qu'en Allemagne (11 % de moins) et 239 heures de moins qu'au Royaume-Uni.

Si l'on prend en compte le travail à temps partiel, dont la durée moyenne est plus importante en France que chez nos voisins, la durée effective du travail pour les salariés à temps complet et à temps partiel est de 1 536 heures par an contre 1 580 en Allemagne et 1 637 au Royaume-Uni. Ces chiffres sont proches de ceux figurant dans le rapport parlementaire de 2014 qui, se fondant sur les chiffres 2010 de la Dares[2], parvient à une durée effective

1. Rapport de la commission d'enquête sur l'impact social, économique et financier de la réduction progressive du temps de travail, Assemblée nationale, décembre 2014.

2. La Direction de l'animation de la recherche, des études et des statistiques (Dares) dépend du ministère du Travail, de l'Emploi, de la Formation professionnelle et du Dialogue social.

annuelle du travail pour les salariés à temps complet et à temps partiel de 1 621 heures en Allemagne et de 1 543 heures en France.

Nous travaillons une semaine et demie de moins que les Allemands

Si l'on cherche à mesurer l'écart de temps de travail entre la France et l'Allemagne, il réside assez peu dans la durée d'une semaine habituelle (40,6 heures outre-Rhin contre 39,2 heures chez nous), mais plutôt dans la durée des congés et des RTT, qui représentent 8 jours de travail annuel, soit une semaine et demie.

En revanche, la France est le pays où les travailleurs indépendants, les non-salariés, travaillent quasiment le plus en Europe : 2 372 heures en 2013[1]. Ce n'est donc pas la culture du travail qui a disparu dans notre pays. La situation actuelle résulte d'une volonté idéologique traduite dans la réglementation.

Ces chiffres ne sont cependant que des moyennes qui masquent des disparités importantes. Dans la fonction publique, les 35 heures ne sont pas la règle. On y travaille moins, en moyenne. En ce qui concerne l'Éducation nationale, qui emploie plus de 900 000 enseignants et agents, la Cour des comptes admet qu'elle ne dispose pas de chiffres officiels sur la durée effective du travail. Elle ne peut que s'appuyer sur des études anciennes du ministère (2001 et 2008) d'où il ressort que le temps de travail annuel moyen serait de 1 438 heures en maternelle, 1 518 heures dans le primaire et de l'ordre de 1 400 heures dans le secondaire, à comparer à la durée légale de 1 607 heures, correspondant aux 35 heures[2].

1. Étude de Coe-Rexecode, *op. cit.*
2. Cour des comptes, « Gérer les enseignants autrement », rapport thématique précité de mai 2013.

À l'hôpital public, qui emploie plus de 1 million de personnes, la Fédération hospitalière de France a demandé, en septembre 2014, que les RTT soient plafonnées à 15 jours, une étude conduite sur 151 hôpitaux publics montrant que le nombre de journées de RTT pouvait aller jusqu'à 30. Dans son rapport de juin 2014 sur la situation et les perspectives des finances publiques, la Cour des comptes a souligné que « plusieurs enquêtes menées récemment montrent que la durée du travail [dans le secteur public] est assez souvent inférieure à la durée légale et qu'il serait nécessaire de ramener la première au niveau de la deuxième ». La Cour des comptes se réfère notamment à ses rapports spécifiques sur la police et la gendarmerie, de mars 2013, et sur les finances publiques locales, d'octobre 2013.

Les 35 heures coûtent au budget de l'État 13 milliards d'euros par an, soit l'équivalent de 1,5 point de CSG sur les salaires

Les 35 heures ont un coût budgétaire car elles se sont accompagnées d'allègements de charges sur les entreprises, qui n'auraient pas pu sans cela absorber un passage aussi rapide aux 35 heures payées 39.

Le coût de ces allègements n'est pas aisé à évaluer car il s'agit d'une des composantes de l'ensemble des baisses de charges financées par l'État. Selon une étude du Trésor[1], les baisses de charges liées aux 35 heures et à la convergence des différents salaires minima créés lors du passage aux 35 heures, qui se sont étalées sur plusieurs années, représentaient, en 2009, un coût budgétaire de 13 milliards d'euros. Lors de son audition, en 2014, devant la commission d'enquête parlementaire, le directeur du budget présentait le même chiffre.

1. Lettre *Trésor-Éco* n° 97 de janvier 2012.

Si l'on cherche à caractériser ce coût, on peut le faire, par exemple, en équivalent de points de CSG. Selon la Commission des comptes de la Sécurité sociale, un point de cet impôt, qui pèse sur tous les revenus, a un rendement, en 2015, de 12,7 milliards d'euros environ. La part de la CSG sur les salaires est de 70 %, soit près de 9 milliards d'euros. Le coût budgétaire des 35 heures équivaut donc à environ 1,5 point de CSG sur les salaires.

Dans le même temps, quel a été l'impact des 35 heures sur l'emploi ? Plus personne ne conteste que la prévision de création de 700 000 emplois, avancée au moment de l'adoption des lois Aubry, n'a pas été atteinte. Les études de la Dares et de l'Insee, sur la période 1998-2002, concluent à 350 000 emplois créés. Le rapport parlementaire de 2014 franchit un pas supplémentaire en soutenant que, durant cette période, la compétitivité française se serait même améliorée. Ce raisonnement repose sur l'exploitation des statistiques 1998-2002 et sur l'idée que l'effet bénéfique des 35 heures aurait été stoppé, d'une part, par l'alternance de 2002 qui aurait assoupli les lois Aubry en permettant de recourir aux heures supplémentaires plutôt qu'à la création d'emplois et, d'autre part, par la revalorisation de l'euro.

La réalité est plus prosaïque : les bons résultats macroéconomiques de 1998-2001 ont été liés à la période de forte croissance mondiale résultant de la « bulle Internet ». La croissance a dépassé 4 % en France en 2000. Mais, à partir de 2001, cette bulle a éclaté et la croissance s'est effondrée (2 % en 2001, de l'ordre de 1 % en 2002 et une croissance quasi nulle en 2003). Il y a donc eu une illusion d'optique sur la période : c'est la croissance forte qui est à l'origine des créations d'emplois de 1998 à 2002 et non les 35 heures. D'ailleurs, après 2000, les 35 heures étaient toujours là, mais plus les créations d'emplois. L'OCDE considère ainsi, à l'inverse de la Dares et de l'Insee, qu'elles auraient détruit 100 000 emplois. On ne peut aussi que constater que le décrochage de l'emploi industriel français et de notre commerce extérieur date du début des années 2000, soit à la mise en place des 35 heures.

Les 35 heures ont, en revanche, fortement influé sur les conditions de travail. Elles se sont accompagnées d'une modération salariale, qui a affecté le pouvoir d'achat, ainsi que d'accords de branches et d'entreprises conduisant à une plus grande flexibilité du travail. On a été jusqu'à réglementer strictement les temps de pause et d'habillage. Pour compenser une partie de la hausse de 11 % du salaire horaire liée au passage aux 35 heures, il a fallu compresser les salaires et augmenter la flexibilité et les cadences de travail. La productivité s'est améliorée. Mais cet avantage même s'estompe : l'Allemagne nous rattrape désormais.

Revenir sur les 35 heures, bien que nécessaire sur le plan économique et des valeurs, constitue une tâche des plus difficiles à réaliser. C'est pour cela qu'une partie du patronat n'y est pas favorable.

On ne doit pas refaire l'erreur de Martine Aubry et revenir sur les 35 heures d'une manière uniforme

On ne pourrait pas, par exemple, passer à 39 heures payées 39 sans un lourd préjudice économique. Une telle mesure conduirait à gonfler la masse salariale alors que, dans le même temps, beaucoup d'entreprises n'ont pas les carnets de commandes suffisants pour absorber un surcroît d'activité. Un tel dispositif ferait, par ailleurs, « exploser » les dépenses salariales dans le secteur public et donc les déficits. En outre, une hausse du stock de travail disponible pour les entreprises, par le retour aux 39 heures, risquerait de conduire, dans un premier temps, au ralentissement des embauches et à une progression du chômage...

Un passage aux 39 heures payées 35 aurait également des effets négatifs difficilement contestables. Il serait perçu comme une régression sociale et un effort demandé aux seuls salariés. Il pèserait sur le pouvoir d'achat, et donc sur la demande, en supprimant le bénéfice de la rémunération des quatre premières heures supplémentaires. L'impact, en termes de chômage, risquerait aussi d'être fort, à court terme, du fait de l'accroissement du volume de travail disponible pour les entreprises.

Pour sortir efficacement des 35 heures, il faut, au contraire, partir du constat de l'existence de situations très différentes et d'évolutions engagées qui vont accentuer encore ces différences.

La situation du secteur privé et celle du secteur public sont d'abord, comme on l'a vu, totalement différentes en termes de temps de travail.

L'emploi public est l'un des plus élevés de l'OCDE : 20 % contre 15 % en moyenne.

Dans son rapport sur la situation et les perspectives des finances publiques de juin 2014, la Cour des comptes dit clairement que l'on ne parviendra pas à contenir les dépenses salariales publiques avec le seul gel de la valeur du point d'indice et affirme qu'« une hausse de la durée effective du travail dans les administrations peut permettre de diminuer les effectifs sans réduire la quantité et la qualité des services publics rendus. Une telle hausse pourrait prendre des formes diverses : alignement de la durée effective sur la durée légale, réduction du nombre de jours d'absence (par exemple en rétablissant la journée de carence en cas de maladie), éventuellement augmentation de la durée légale ».

Dans le secteur privé, le problème se pose en des termes différents et, à l'intérieur de celui-ci, d'une manière également différente selon la nature de l'activité, qu'elle soit fortement marquée par le numérique ou qu'elle continue à obéir aux logiques de travail posté ou de rapport direct avec le client.

Le numérique bouleverse le monde du travail et la frontière vie professionnelle/vie personnelle

Notre droit du travail est construit sur des constats : le caractère asymétrique, en termes de rapports de force, du lien contractuel entre l'employeur et le salarié, la situation de subordination de l'employé, la distinction salariés/cadres/dirigeants, la durée hebdomadaire du travail, le lieu de travail unique… Ce modèle issu de l'économie industrielle reste largement majoritaire.

Mais, depuis le début des années 2000, le numérique et Internet modifient ces modèles et bouleversent la frontière entre la vie professionnelle et la vie personnelle.

L'étude du Centre de recherche pour l'étude et l'observation des conditions de vie (Crédoc) de juin 2013 sur les Français et le numérique, celle de 2012 du Centre d'analyse stratégique relative à l'impact des TIC (Technologies de l'information et de la communication) sur les conditions de travail[1] ou le récent rapport Mettling sur la transformation numérique et la vie au travail[2] l'éclairent.

Le monde du travail est divisé, presque à parts égales, entre ceux qui ont un ordinateur et l'utilisent

1. « Rapports et Documents », La Documentation française.
2. Rapport à la ministre du Travail, de l'Emploi, de la Formation professionnelle et du Dialogue social, septembre 2015.

quotidiennement (55 %) et les autres, principalement les ouvriers et les personnes assurant des tâches d'exécution (45 %). On ne peut pas appliquer à ces deux mondes les mêmes règles.

Quand les nouvelles technologies de l'information sont utilisées au travail, elles le sont intensément.

Elles permettent un accès à une information de qualité et rendent possibles le travail et le dialogue en commun sur une échelle inconnue jusqu'alors. Les nouvelles technologies sont un formidable instrument de gain de temps et, sans doute, de productivité.

Dans le même temps, on est inondé de messages électroniques. Un cadre peut en traiter des centaines par jour. Parmi eux, une minorité le concerne directement mais il doit en prendre connaissance, sauf à risquer de « passer à côté » de quelque chose d'important. Impossible désormais de souffler, de se poser. Selon certaines études citées par l'UGICT-CGT, un cadre serait dérangé en moyenne toutes les quatre minutes. Le travail devient multitâche : en réunion, chacun consulte ses différentes messageries. Pendant une conférence téléphonique, on lit ses messages, ouvre le courrier encore sur support papier, corrige une note ou un mémo. On est plus rapide et plus efficace sur le « tout-venant », mais il n'est presque plus possible de s'isoler pour réfléchir, pour lire une étude de plus de quelques pages. On perd en profondeur de champ, en capacité de projection. Le travail coopératif y pallie cependant. En additionnant des compétences et des expériences acquises, il est possible ensemble d'apporter des réponses à un problème nouveau.

Globalement, les avantages des nouvelles technologies dépassent les inconvénients, et sans doute largement, mais les dangers sont réels. Les flux d'information continue et la nécessaire vitesse d'exécution deviennent vite pression, stress. À force de gérer et de hiérarchiser les urgences, on ne fait plus face ou on le ressent ainsi. On s'essouffle. Dans les espaces de travail ouverts, où l'on n'a même plus de place affectée, il n'est pas envisageable d'avoir un instant pour rentrer en soi-même et surmonter ce moment d'abattement ou de panique. Ces maux, dont la manifestation extrême est le *burn out,* sont les nouveaux enjeux de la réglementation des conditions de travail.

Cette ambivalence, ce meilleur et ce pire se retrouvent aussi dans la ligne de partage, de plus en plus floue, entre la vie professionnelle et la vie personnelle. Les nouvelles technologies permettent de s'extraire de son travail pour consacrer du temps à soi et le rattraper ensuite. Comme le montre l'étude du Crédoc, 47 % des salariés qui utilisent Internet au travail l'utilisent aussi à des fins personnelles. De plus en plus, le téléphone portable, mis à disposition par l'entreprise, sert également à l'usage personnel. Pour la moitié des salariés, les technologies de l'information permettent ainsi une meilleure conciliation entre vie professionnelle et vie personnelle. Mais, dans le même temps, le travail pénètre, recouvre une part grandissante du temps privé. 39 % des salariés et 77 % des cadres déclarent travailler hors du temps de travail – le soir, le week-end – grâce aux nouvelles technologies. On ne s'indigne même plus de ces repas familiaux, amicaux ou juste de socialisation où, en plus des couverts, chacun pose son portable près de l'assiette et consulte son courrier électronique. On dort le portable sur la table de nuit. Le cadre, éveillé au milieu de la nuit, surtout quand il a passé 50 ans…, consulte sa messagerie et peut répondre à des demandes venant de pays où l'on est en plein travail, compte tenu du décalage horaire. Quel sens la notion de durée du travail a-t-elle dans ces cas qui sont de plus en plus répandus ? Les dangers sont aussi réels que les avantages. Le message électronique et le SMS, tombant le soir ou le week-end, peuvent obliger à interrompre sa vie personnelle pour s'y consacrer. C'est l'intrusion brutale du travail dans l'intimité, une montée de stress qui peut être d'autant plus dommageable que le terrain psychologique est déjà fragile. Ces situations renvoient à l'affirmation d'un nouveau droit qui, précédant l'intervention de la loi, commence à se diffuser dans certaines grandes entreprises : celui à la déconnexion.

Il est essentiel de poser de nouvelles règles, d'imaginer de nouvelles limites, car on ne reviendra pas en arrière. Le travail dans un cadre hiérarchique traditionnel, dans un lieu unique, pour une durée déterminée va, dans les décennies qui viennent, devenir l'exception. Il faut l'intégrer dans la réflexion sur le devenir des 35 heures et la réforme du contrat de travail.

De même, des formes nouvelles de travail ne peuvent que se développer. Le travail à domicile – à condition que l'on cesse de vouloir lui imposer les normes de l'entreprise – est désormais rendu possible par le numérique pour un nombre grandissant de métiers et d'activités. Il est de nature à répondre aux besoins d'autonomie de certains salariés et permet de rompre avec le partage rigide entre vie professionnelle et vie personnelle. La forme même du salariat comme modèle dominant risque d'être attaquée au profit de logiques de projets ou de missions et, bien sûr de l'auto-entrepreneuriat. La sous-traitance, la prestation de services qualifiés devraient se développer sous une forme nouvelle d'auto-entrepreneuriat ou de seconde carrière de cadres supérieurs s'engageant dans une activité de conseil après leur départ de l'entreprise et avant une retraite plus tardive qu'aujourd'hui.

Il est encore trop tôt pour le dire mais, parmi les évolutions qui se dessinent, celle d'une entreprise sans salariés ou presque est possible, une entreprise organisée en mode projet, qui s'appuierait sur des prestataires de services de toute nature et pour des durées parfois longues.

La sortie des 35 heures doit prendre en compte l'hétérogénéité et la complexité du monde du travail et être l'occasion de poser les bases d'un droit du travail renouvelé.

Il faut aller plus loin que le mouvement actuel d'assouplissement des 35 heures

Depuis la loi de 2004 et la loi Bertrand de 2008, en matière de durée du travail, un mouvement a été engagé en vue de donner une compétence de principe à l'accord d'entreprise.

Toutes les réflexions récentes, telles que les rapports Combrexelle, les travaux de l'Institut Montaigne[1] ou de Jacques Barthélémy et Gilbert Cette[2], vont dans le sens de la généralisation de cette logique.

Elles ont débouché sur le projet de loi dit El Khomri.

Il propose une nouvelle architecture du droit du travail :

— les principes dégagés par le comité Badinter formeront le préambule du code du travail[3] ;

— chaque partie du code sera organisée entre les règles d'ordre public, ce qui est renvoyé à la négociation collective – de branches ou d'entreprises –, et les règles supplétives, applicables faute d'accords ;

1. Institut Montaigne, *Sauver la dialogue social. Priorité à la négociation d'entreprise*, septembre 2015.
2. Jacques Barthélémy et Gilbert Cette, *Réformer le droit du travail*, *op. cit.*
3. Rapport au Premier ministre, janvier 2016.

— les accords collectifs devront être majoritaires mais, en cas de blocage, les syndicats, ayant obtenu au moins 30 % des suffrages, pourront engager un référendum d'entreprise ;

— sans revenir sur la durée légale du travail à 35 heures, l'accord d'entreprise devient la norme en matière de durée du travail, notamment en matière de fixation du taux de majoration des heures supplémentaires, dans la limite du plancher de 10 %.

En théorie, ce texte[1] pourrait permettre d'adapter la durée du travail aux réalités de l'entreprise, d'autant que les accords y ont fortement augmenté (2 000 au début des années 1980, 36 500 en 2014).

Rien ne permet d'en être cependant convaincu. D'abord parce que les entreprises se sont peu saisies des précédentes possibilités d'assouplissement des 35 heures. Comme l'a souligné le directeur général du travail devant la Commission d'enquête parlementaire sur les 35 heures de 2014 : « Les entreprises, surtout les grandes et les moyennes, n'ont pas souhaité s'engager dans une remise en cause des accords de RTT, dans le sillage des lois Aubry[2]. » Ensuite, le principe des accords majoritaires devrait être un facteur de blocage. Certes, la CGT signe de nombreux accords au plan local, contrairement au niveau national interprofessionnel. Mais la CGT traverse une crise : des polémiques ont brouillé son image ; une partie grandissante de la classe ouvrière s'est détournée d'elle au profit du Front national. Cela ne peut que la conduire à durcir ses positions. Quant à la CFDT, qui

1. Au moment où nous écrivons ces lignes, il n'est pas possible de savoir si ce texte verra le jour sous cette forme. Mais l'analyse des dispositions du projet est éclairante.

2. Cité par le rapport Combrexelle sur la négociation collective, le travail et l'emploi, *op. cit.*

a été moteur dans la mise en place des 35 heures, elle peut difficilement devenir le fer de lance de leur démantèlement. Or, comment réunir une majorité sans la CGT et la CFDT ?

Un schéma de sortie effective des 35 heures

Il pourrait être le suivant : pour augmenter le volume global de travail et déclencher un mouvement de dialogue social dans l'entreprise, la durée légale du travail serait portée à 39 heures, en une fois ou par étapes[1].

Les négociations dans l'entreprise devraient s'engager sur le bon équilibre entre durée du travail, rémunérations et modalités de travail, avec notamment la question de l'annualisation pour les salariés à activité autonome[2].

Pour conclure ces accords, on en resterait au dispositif de 2008 : signature des représentants du personnel ayant obtenu plus de 30 % aux élections, avec droit d'opposition majoritaire. On y ajouterait la possibilité pour les dirigeants de l'entreprise, en cas d'absence d'accord, de soumettre, avec l'aval du comité d'entreprise ou d'un syndicat, un projet au référendum des salariés, organisé par collèges afin de s'assurer de l'effectivité de l'adhésion majoritaire, que l'on soit salarié ou cadre.

Le recours au référendum d'entreprise est certes un « repoussoir » pour les organisations syndicales, qui le voient comme un moyen de « court-circuiter » leur rôle. Il peut cependant être nécessaire pour répondre à des situations de blocage spécifique dans l'entreprise (CGT

1. François Fillon propose de retenir le seuil européen de 48 heures (*cf.* François Fillon, *Faire*, Albin Michel, 2015).
2. Le régime des forfaits jours concerne déjà, selon la Dares, 13 % des salariés et un cadre sur deux.

dure et sous pression de SUD ; CFDT plutôt rouge-verte que réformiste, FO faible...).

En cas d'accord sur le nouveau point d'équilibre durée du travail-rémunérations, les contrats de travail seront modifiés pour prendre en compte ces évolutions. Si le salarié refuse ces modifications, il pourra être licencié, selon un régime *sui generis* de type lois Aubry.

Faute d'accord, la durée légale de 39 heures s'appliquera. À ce titre, les heures travaillées entre 35 et 39 heures ne bénéficieraient plus du régime de revalorisation des heures supplémentaires. Afin d'éviter des pertes de revenus pour les salariés, il pourrait être prévu que les heures travaillées entre 35 et 39 heures soient défiscalisées et fassent l'objet d'un abattement de cotisations salariales. On pourrait même poser le principe que les salariés, qui travaillaient déjà 39 heures sous le régime actuel des heures supplémentaires, ne pourraient pas voir leur salaire mensuel baisser du fait de l'augmentation de la durée légale.

Toujours dans le cas d'absence d'accord d'entreprise, les nouveaux contrats de travail seraient conclus sur la base de 39 heures et pourraient conduire à une rémunération mensuelle différente de celle des salariés recrutés à 35 heures.

Ainsi, faute d'accord d'entreprise, deux régimes coexisteraient, ce qui n'est certes pas idéal et pourrait exiger de fixer un cadre constitutionnel, mais le mouvement d'augmentation du temps de travail sera devenu irréversible, avec suffisamment de souplesse pour tenir compte des différences de situations.

Dans la fonction publique, le retour aux 39 heures permettra de dresser un bilan de la durée effective du travail. Sur cette base, il pourra être trouvé un équilibre entre l'augmentation de la durée du travail, la hausse des traitements et le niveau global de non-remplacement des agents publics partant à la retraite[1].

Faire le choix du contrat de travail unique

L'autre priorité, en termes de rattrapage, réside dans le contrat de travail et dans le traitement de la question du poids (au sens propre comme figuré) du code du travail.

Aujourd'hui, la ligne de partage CDI/CDD témoigne d'une précarisation croissante du travail, et notamment de celui des jeunes, puisque plus de 80 % des embauches se font en CDD. Ces contrats ne permettent pas réellement d'avancer dans la vie professionnelle, de trouver un logement, d'emprunter, de se projeter au-delà du court terme.

La proposition de Jean Tirole et d'Olivier Blanchard dite du contrat unique[2] permet de sortir de la « fracture » entre salariés en CDI, dont la protection face au chômage est assez proche de celle des années 1970, et ceux en CDD. Ce contrat unique permet aussi de trouver un meilleur équilibre entre le besoin de souplesse des entreprises et le besoin de sécurité des salariés. Dans le respect des règles posées par l'Organisation internationale du travail (OIT) et notamment de la convention 158, il pourrait prévoir une période d'essai allongée et reposer sur une augmentation progressive des droits des salariés et des obligations des entreprises, notamment en termes de licenciement.

1. Le non-remplacement d'un départ à la retraite sur deux reste une référence, mais il faut y introduire une différenciation selon les activités. En revanche, la règle doit concerner toutes les fonctions publiques.

2. Rapport pour le Conseil d'analyse économique, « Protection de l'emploi et procédure de licenciement 2003 », La Documentation française.

Matteo Renzi a engagé, en 2014, une telle réforme en Italie en créant un contrat à protection croissante pour inciter à l'embauche en CDI.

Ce contrat pourrait s'appliquer aux nouvelles embauches. Le « stock » de CDI ne serait pas remis en cause.

La révolution numérique exige d'aller cependant plus loin que ce contrat unique. S'agissant du temps et des conditions de travail, il faut pouvoir distinguer entre les emplois sous leur forme traditionnelle – travail posté, de contact avec la clientèle –, pour lesquels il convient de conserver les règles actuelles et notamment la durée hebdomadaire du travail, et ceux qui relèvent de nouvelles logiques reposant plus sur la conduite d'une mission ou d'un projet. Dans ces cas, qui ne vont cesser de s'étendre et pour lesquels les notions de lieu et de temps de travail n'auront plus réellement le même sens qu'aujourd'hui, il faut pouvoir faire très largement le choix de l'annualisation sous forme de forfaits jour, comme cela existe déjà pour 13 % de salariés du secteur privé[1] et près de la moitié des cadres[2]. Les accords globaux d'entreprise sur le temps de travail qui seront mis en place permettront d'appliquer ces solutions innovantes et d'aller plus loin que le régime actuel des forfaits jour.

Ce qui serait, en quelque sorte, des contrats de projets nécessiterait de nouvelles formes de contrôle pour éviter les abus et prévenir les dangers qui seront d'autant plus forts que les nouvelles technologies permettent de travailler partout et à toute heure.

1. *Cf.* Jacques Barthélémy et Gilbert Cette, *Réformer le droit du travail*, *op. cit.*

2. Actuellement fixé à 218 jours de travail au maximum.

Simplifier sans mutiler le droit du travail et, dans le même temps, créer de nouveaux droits comme celui à la déconnexion

Des réponses précises à des problèmes réels sont la meilleure réponse au débat bien français sur les 3 000 pages du code du travail[1].

Certes, il faut entendre les entreprises, et singulièrement les plus petites qui sont perdues dans la jungle des réglementations et qui finissent par se garder d'embaucher plutôt que de s'exposer à des régimes juridiques qu'elles ne mesurent pas. Faire de l'accord d'entreprise l'instrument de droit commun de la simplification du droit du travail, sous réserve des règles d'ordre public, permet de répondre à cette situation (*cf. supra*).

Mais le droit du travail doit demeurer un instrument de protection du salarié[2]. Le contrat de travail ne traduira jamais une situation systématiquement fondée sur des rapports entre égaux. La loi et les accords collectifs devront toujours pallier cette réalité. Par ailleurs, notre droit du travail, s'il doit pouvoir être simplifié dans de nombreux domaines, doit aussi s'étendre dans des domaines essentiels relatifs à la présence des nouvelles technologies au travail. Le droit à la déconnexion et la protection de la santé des salariés contre le stress lié à la pression informationnelle sont une priorité absolue des années à venir. Le projet de loi visant à faire du droit à la déconnexion un thème de la négociation en entreprise va incontestablement dans le bon sens.

1. *Cf.* Robert Badinter et Antoine Lyon-Caen, *Le Travail et la loi*, Fayard, 2015.
2. *Cf.* Pascal Lokiec, *Il faut sauver le droit du travail !*, Odile Jacob, 2015.

Second chantier : permettre à ceux qui sont en dehors du monde du travail d'y prendre toute leur place

On ne résoudra pas le problème du chômage si l'on ne part pas d'un double constat : notre système très protecteur peut être un frein à l'emploi, et le taux de chômage de ceux ayant un niveau de formation inférieur au niveau du baccalauréat est de 15 % alors que le taux de ceux qui ont une formation supérieure n'est que de 5 %, soit un quasi-plein-emploi.

La stigmatisation n'a pas de sens. Ce sont les dispositifs de protection qui induisent des comportements de non-recherche d'emploi

S'agissant du cadre de pensée, la question de l'éloignement de l'emploi ne doit pas être prise sous un angle idéologique et moralisateur. Qui fait réellement le choix d'être chômeur, de vivre d'allocations, de traîner devant la télévision sous le regard de ses propres enfants ? Qui fait le choix de laisser derrière lui son pays, ses racines, la lumière de son enfance, souvent les siens pour bénéficier d'aides sociales et de l'accès aux soins ?

Bien sûr, il y a des abus contre lesquels il faut agir, mais quelques chiffres suffisent à les mettre en perspective : près de 70 % des personnes éligibles à l'ex-RSA-activité – c'est-à-dire l'allocation qui venait s'ajouter à la rémunération du travail ou de reprise du travail – n'en faisaient pas la demande au motif principal qu'elle était trop empreinte d'une logique d'aide sociale[1]. De

1. Centre d'étude de l'emploi, « Le pari perdu de la réduction de la pauvreté par le RSA », novembre 2013.

même, s'agissant de l'idée que des centaines de milliers d'emplois resteraient non pourvus car nous serions, en quelque sorte, un peuple de fainéants : le taux d'emplois non pourvus en France était, en 2009, plus faible qu'au Royaume-Uni et qu'en Allemagne[1].

En revanche, les conditions d'indemnisation du chômage induisent des comportements de recherche d'emploi plus ou moins active, à court terme. Comme l'ont montré les travaux de Tirole et Blanchard, une protection de l'emploi importante et la durée du chômage sont corrélées : des durées de chômage élevées sont observées dans des pays comme la France où la protection de l'emploi est forte[2].

De même, il y a des questions de principe qu'il faut trancher : peut-on gagner moins en travaillant que par l'addition des allocations et des dispositifs de solidarité ? Peut-on bénéficier d'aides sociales sans donner une contrepartie à la collectivité ?

C'est ce que Schröder et Hartz[3], tous deux issus de milieux très modestes et qui se sont élevés au plus haut à force de travail, qualifiaient de « solidarité exigeante : aider et exiger ».

Nous sommes quasiment les seuls à n'être jamais parvenus à faire reculer le chômage

Depuis le milieu des années 1970, et à l'exception des embellies des périodes 1999-2001 et 2005-2008, nous ne sommes jamais parvenus à lutter efficacement contre le chômage, et cela malgré plus de 50 milliards d'euros de

1. *Cf.* Christian Charpy, *La Tête de l'emploi*, Tallandier, 2011.
2. Rapport pour le Conseil d'analyse économique, « Protection de l'emploi et procédure de licenciement 2003 », La Documentation française.
3. Ancien DRH de Volkswagen et inspirateur des réformes allemandes du droit du travail dites Agenda 2010.

dépenses liées aux politiques de l'emploi, soit 0,7 point de PIB de plus que l'Allemagne[1].

Après avoir touché un point bas de 7,4 % de chômage fin 2007, nous sommes remontés, avec la crise ouverte en 2008 et la stagnation qui a suivi, à plus de 10 %. À cela, il faut ajouter le sous-emploi qui concerne les personnes à temps partiel souhaitant travailler davantage, qu'elles soient ou non en recherche d'emploi, et les personnes ayant moins travaillé que d'habitude en raison du chômage partiel. Cette catégorie s'élève, selon l'Insee, à 6,7 %[2]. Le taux de chômage des jeunes s'élève à 22 %, après avoir atteint le point haut de 25 % en 2011. Bien que plus violemment touchés par la récession de 2008, nos principaux voisins sont dans une meilleure situation. Le taux de chômage est de 4,9 % en Allemagne, de 6 % au Royaume-Uni et de 5 % aux États-Unis. Seules l'Italie et l'Espagne ont de plus mauvais résultats que nous.

La croissance de la population active (+ 150 000 par an) contribue certes à la hausse du chômage mais pas comme par le passé. Le nombre d'actifs de moins de 50 ans baisse désormais en raison du ralentissement démographique de l'après « baby-boom » (– 15 000 par an). C'est la hausse du taux d'activité des seniors (58 % en 2013, soit une progression de 5 points en quatre ans), liée au recul de l'âge de départ à la retraite, qui explique l'essentiel de la croissance de la population active.

La durée moyenne de chômage ne cesse également d'augmenter avec un risque de déqualification d'une partie grandissante de notre force de travail, comme le souligne l'OCDE : « La persistance d'un haut niveau de

1. *Cf.* Henrik Enderlein et Jean Pisani-Ferry, « Réformes, investissement et croissance : un agenda pour la France, l'Allemagne et l'Europe », novembre 2014.

2. Insee, *Emploi et salaires*, édition 2014.

chômage – associée à une augmentation de la proportion de chômeurs confrontés à de longues périodes de non-emploi – se traduira, à terme, par une dégradation généralisée du capital humain, ainsi que par des phénomènes de découragement et de retrait du marché du travail. Le risque est particulièrement important pour les jeunes et les travailleurs peu qualifiés qui ont été touchés d'une manière disproportionnée par la montée du chômage[1]. »

L'enjeu de la formation professionnelle

La formation professionnelle est essentielle : quasiment pas de chômage en cas de formation supérieure.

En revanche, plus de la moitié de la population active a un niveau de qualification égal ou inférieur au CAP, et la moitié de celle-ci n'a aucun diplôme. Dans ce cas, on est de plus en plus en risque d'être touché par le chômage.

Or, notre système de formation professionnelle est orienté non pas vers ces personnes mais vers celles qui sont déjà les mieux formées. Un cadre ou un ingénieur a une probabilité presque deux fois plus grande qu'un ouvrier d'avoir accès, dans l'année, à une formation. Dans les entreprises de 10 à 20 salariés, le taux d'accès à la formation est en moyenne d'à peine 15 % alors qu'il dépasse 50 % dans les entreprises de plus de 500 personnes[2].

Les 30 milliards d'euros de dépenses de formation professionnelle sont éclatés entre les régions qui financent essentiellement les formations des apprentis, les entreprises qui financent celles de leurs salariés, l'État et Pôle

1. OCDE, « Persistance d'un haut niveau de chômage : quel risque ? Quelles politiques ? », juin 2011.

2. Cour des comptes, « Le marché du travail : face à un chômage élevé, mieux cibler les politiques », janvier 2013.

emploi qui financent principalement les formations des chômeurs. La part des demandeurs d'emploi dans ces dépenses ne dépasse cependant pas 15 % de l'ensemble du coût de la formation professionnelle continue. Les formations dont ils bénéficient sont souvent plus courtes et, pour un quart d'entre eux, il faut attendre plus de quinze mois pour y accéder[1].

La loi du 6 mars 2014, qui reprend l'accord interprofessionnel de décembre 2013, va dans le bon sens. Le droit à la formation est désormais attaché à la personne et non plus à l'entreprise, avec la création du compte personnel de formation. Ouvert dès seize ans et crédité chaque année jusqu'à 150 heures, il marque une véritable première étape vers ce que l'on appelle la « flexi-sécurité » ou la sécurité sociale professionnelle, c'est-à-dire la constitution de droits adaptés à une vie professionnelle où la mobilité devient la règle – un actif change en moyenne 4,5 fois d'emploi dans sa vie contre 1,5 fois pour la génération antérieure. La loi clarifie aussi la ligne de partage entre la formation au poste de travail, qui est de la responsabilité exclusive de l'entreprise, et la formation qualifiante dont le salarié est le moteur. Elle simplifie les financements et surtout les clarifie : la formation n'est plus l'instrument de financement des syndicats, lequel relève désormais d'un fonds paritaire

1. Ce constat d'un système de protection sociale qui ne s'adresse pas à ceux qui en ont le plus besoin se retrouve aussi s'agissant des contrats aidés, dans le secteur non marchand (CUI-CAE) et dans le secteur marchand (CUI-CIE) pour lesquels la proportion des bénéficiaires ayant le niveau du bac ou plus ne cesse d'augmenter au détriment de ceux qui sont les plus éloignés de l'emploi (27 % en 2008, 38 % en 2010). Les dispositifs de reclassement (CTP, CRP et, depuis 2011, le contrat de sécurisation professionnelle), sur le modèle de la « flexi-sécurité » des pays du nord de l'Europe, sont ciblés sur les licenciés économiques qui ne sont pas toujours ceux qui sont les plus éloignés de l'emploi.

abondé par les entreprises et l'État. Dans la ligne de la position interprofessionnelle commune du 8 février 2016, le projet de loi portant la réforme du code du travail prévoit d'intégrer le compte personnel de formation ainsi que le compte personnel de prévention de la pénibilité dans un compte personnel d'activité (CPA).

Alimenter le compte personnel de formation ou le compte personnel d'activité de ceux qui n'ont pas fait d'études supérieures, réorienter la formation professionnelle vers les chômeurs et donner la priorité à la qualité de la formation

Il faut rétablir d'abord une forme d'égalité entre ceux qui ont quitté l'école tôt ou sans diplôme et ceux qui ont bénéficié de notre système d'enseignement supérieur gratuit. Pour les premiers, l'État devrait abonder significativement le compte individuel de formation, futur CPA, pour donner corps au droit à la seconde chance. Il faut ensuite rééquilibrer, bien plus que ne l'a fait la loi de 2014, les moyens de la formation professionnelle en faveur de ceux qui en ont le plus besoin, c'est-à-dire les chômeurs, sachant que le pilotage de ces formations relève principalement de la compétence de Pôle emploi.

Mais l'enjeu essentiel est le contenu et la qualité de la formation. Certes, le taux d'accès des salariés à la formation professionnelle a plus que doublé depuis 1974, passant de 17 % à plus de 40 % en 2010. Toutefois, la part des formations qualifiantes ne dépasse pas 11 %, ce qui est un des niveaux les plus bas d'Europe[1]. Il faut mettre en place une nouvelle architecture des responsabilités, qu'il s'agisse de la formation professionnelle, de l'apprentissage ou de la formation en alternance. C'est au niveau national qu'il faut définir le cahier des

1. Insee, octobre 2013.

charges des formations qualifiantes par le biais d'une institution réunissant tous les acteurs de l'emploi et l'Éducation nationale. Cette institution aurait également pour mission d'agréer des agences indépendantes mises en concurrence et chargées d'assurer la certification des formations proposées, sur le modèle de ce qui a été instauré en Allemagne par les lois Hartz.

Rétablir la progressivité de l'indemnisation du chômage, expérimenter le projet Tirole-Blanchard et achever la réforme de Pôle emploi

Notre système d'assurance-chômage est actuellement l'un des plus protecteurs et des moins incitatifs à la recherche d'emploi d'Europe.

La durée minimale de cotisation pour bénéficier de l'assurance-chômage est de 4 mois sur les 28 derniers mois en France, contre 12 mois sur les 24 derniers mois, en moyenne, en Europe et notamment en Allemagne. La durée maximale d'indemnisation est de 24 mois en France pour les moins de 50 ans, contre 8 mois en Italie ou 12 mois en Allemagne. Le taux d'indemnisation net est aussi l'un des plus élevés d'Europe et varie entre 93 % de la rémunération antérieure pour les plus bas salaires et 63 % pour les salaires jusqu'à 12 000 euros par mois, soit un taux moyen de plus de 67 %[1].

Comme souvent dans notre système de protection sociale, ce sont les mieux insérés qui sont les mieux protégés. Les salariés ayant eu une longue carrière, sans accidents de chômage, peuvent cumuler 24 mois d'indemnisation avec un taux élevé d'indemnisation. Ainsi, pour un cadre supérieur de moins de 50 ans dont

1. Cour des comptes, « Le marché du travail : face à un chômage élevé, mieux cibler les politiques », janvier 2013.

la rémunération nette mensuelle était de 7 200 euros, l'indemnité chômage s'élève à plus de 5 000 euros contre 2 200 euros en Allemagne où, comme dans la plupart des autres pays européens, ces allocations sont plafonnées.

En revanche, les chômeurs ayant peu cotisé, c'est-à-dire les moins bien insérés sur le marché de l'emploi, ont une durée d'indemnisation d'autant plus courte. Surtout, ce taux de couverture par l'assurance-chômage est de moins de 50 % et ne cesse de baisser : 48,5 % en 2009, 44,8 % en 2011. Pour les autres, les régimes de solidarité, financés par l'État, tels que l'Allocation de solidarité spécifique (ASS), ne prennent qu'imparfaitement le relais, et l'articulation avec le RSA n'est ni automatique ni toujours possible, en raison de revenus du foyer supérieurs à ceux du RSA. Les plus éloignés de l'emploi peuvent ainsi ne pas être éligibles à ces dispositifs de solidarité, alors que ce sont eux qui en ont le plus besoin.

Autre particularité du régime d'assurance-chômage, qui n'est pas anecdotique : il finance de manière beaucoup plus favorable les techniciens et artistes du spectacle vivant – les intermittents du spectacle. Cette couverture contribue pour 1 milliard d'euros par an au déficit de l'assurance-chômage. Comme l'a rappelé à plusieurs reprises la Cour des comptes, ce déficit cumulé représentait, à la fin 2011, l'équivalent de la dette de l'ensemble du régime.

Face à cette situation, il faut faire le choix d'une architecture plus claire et rétablir la dégressivité des allocations chômage, imprudemment supprimée en 2001 par les partenaires sociaux.

Cette architecture pourrait reposer, sans rupture de droits, sur un socle de solidarité, financé par l'État, un étage d'assurance-chômage et un dispositif unique d'incitation à la reprise d'emploi : l'allocation d'activité, qui vient de remplacer le RSA-activité et la prime pour l'emploi. C'est un chantier beaucoup plus complexe qu'il n'y paraît compte tenu des conditions actuelles d'ouverture des droits très différentes (durée d'activité, revenu individuel ou du foyer...) et des transferts financiers qu'il induit entre l'État et les partenaires sociaux qui sont responsables de la convention d'assurance-chômage. Mais c'est la condition d'une plus grande égalité dans l'accès aux droits et d'une meilleure connaissance de l'ensemble des aides versées à un allocataire.

S'agissant des intermittents du spectacle, il s'agit d'une composante de la politique culturelle de la Nation. Son surcoût par rapport à l'assurance-chômage devrait être pris en charge par le budget de l'État.

Le retour à la dégressivité des allocations chômage, c'est-à-dire la diminution, par paliers, à partir d'une certaine durée d'indemnisation, comme cela existait avant 2001, et le plafonnement des allocations les plus élevées, est essentiel pour accélérer la dynamique de recherche d'emploi, notamment chez les cadres, et réduire le déficit de l'assurance-chômage, qui devrait dépasser les 4 milliards d'euros en 2016.

Certes, les conditions d'indemnisation des chômeurs relèvent, depuis 1958, des partenaires sociaux. Ils devront négocier en première intention mais, à défaut d'accord sur ce point, le législateur devra prendre le relais.

Peut-on envisager une réforme plus efficace encore des conditions d'indemnisation du chômage, quitte à changer de logique ? Les travaux de Tirole et Blanchard[1] proposent une voie différente, qui s'inspire des

1. Rapport pour le Conseil d'analyse économique, *Protection de l'emploi et procédure de licenciement 2003*, La Documentation française.

systèmes américains et canadiens dits de l'« *experience rating* ». L'idée est de responsabiliser les entreprises qui licencient en leur faisant supporter tout ou partie des coûts de licenciements – « taxer les licenciements » –, alors qu'aujourd'hui le système est mutualisé : les entreprises et les salariés cotisent pour couvrir l'ensemble du risque chômage. Les entreprises qui licencient pour raison économique ne supportent pas le coût des allocations versées, ce qui peut conduire à des licenciements qui pourraient être évités dans une logique de responsabilisation individualisée. Le projet de Tirole et Blanchard conduit à passer d'un système assurantiel à celui de type « pollueur-payeur ». Il est clairement d'essence libérale, puisque la contrepartie de la mise à la charge de l'entreprise du coût du licenciement est que celle-ci est libre de procéder à un licenciement économique, sans aucune entrave administrative.

L'avantage de ce système est qu'il supprime les cotisations chômage des salariés et, en théorie, des entreprises qui ne licencient pas. La principale critique réside dans le fait que celles qui licencient sont, par définition, en difficulté, et leur faire supporter le coût du licenciement est de nature à accentuer leurs problèmes, ce qui, à la fois, est mauvais pour l'emploi et risque de conduire la caisse d'assurance chômage à ne pas pouvoir récupérer sa créance sur l'entreprise en cas d'insolvabilité et de faillite. D'où les palliatifs proposés : combiner une part de mutualisation entre toutes les entreprises avec la mise à la charge partielle de l'entreprise des coûts induits par ses licenciements, étaler ce coût sur plusieurs années et accorder à la caisse d'assurance chômage le statut de créancier prioritaire.

Le projet Tirole-Blanchard est bien adapté à des temps de croissance et de bonne santé des entreprises, puisque même celles qui licencient auraient la possibilité de supporter une partie du coût, et sur une base étalée. Mais le projet risquerait, sans dispositifs correctifs, d'accélérer la disparition des entreprises les moins performantes, ce qui n'est pas souhaitable en période de crise. Il faut cependant ouvrir ce débat et conduire les études nécessaires notamment sur la répartition optimale entre mutualisation et part mise à la charge de l'entreprise qui licencie, voire expérimenter ce système sur un bassin d'emplois.

Pour l'heure, la seconde priorité, avec le retour à la dégressivité des allocations chômage, est d'achever la réforme de Pôle emploi.

Il est aujourd'hui de bon ton de décrier le principe de la réforme de février 2008 qui a regroupé, en une institution unique, les services d'indemnisation du chômage et de l'aide à la recherche d'emploi, c'est-à-dire les Assedic et l'ANPE[1]. C'est faire fi de la difficulté à conduire ce rapprochement en pleine flambée du chômage. Entre janvier 2009 et janvier 2015, le nombre de personnes inscrites à Pôle emploi – catégories A à E – est passé de 3,9 à 6,2 millions.

Le principe du rapprochement était bon. Il faut accompagner le demandeur d'emploi à la fois pour son indemnisation, sa recherche d'emploi et sa formation, dans un lieu unique et sur une base la plus personnalisée possible. Mais comme souvent en France, les difficultés ne naissent pas des choix mais des conditions de leur exécution. Le rapport de la Cour des comptes de juillet 2015 le montre.

1. Voir, par exemple, Hervé Chapron et Patrick Lelong, *Pôle emploi, autopsie d'un naufrage*, Éditions de l'Opportun, 2014.

Le budget de Pôle emploi, qui est la première agence de l'État, a fortement augmenté depuis 2009 sous l'effet de l'explosion des dépenses salariales (+ 33 %), liée à l'harmonisation, par le haut, des statuts ANPE-Assedic. Dans le même temps, le nombre d'offres collectées par Pôle emploi est passé de 3,6 millions en 2007 à 2,6 millions en 2014. Corrigée de la conjoncture défavorable, la « part de marché » de l'institution est passée de plus de 20 % en 2007 à 13 % en 2014[1]. Tout aussi préoccupante est la part des offres non pourvues dans le total des offres collectées, qui est passée de 7,3 % en 2008 à 16 % en 2013.

Pôle emploi a, dans le même temps, profondément redéfini sa stratégie. Jusqu'en 2012, le service public de l'emploi se donnait pour objectif d'accélérer le retour vers l'emploi des personnes les plus proches de celui-ci avec l'instauration, en 2006, du suivi mensuel personnalisé[2]. S'agissant des personnes les plus éloignées de l'emploi, Pôle emploi avait engagé une politique visant à confier leur accompagnement à des intervenants extérieurs. Depuis 2012, c'est une logique inverse qui s'est mise en place. L'institution s'est centrée sur les personnes les plus en difficulté et bénéficiant d'un accompagnement dit « renforcé » ou « global », soit environ 290 000 chômeurs ou 5,5 % des demandeurs d'emploi[3].

Cette stratégie de focalisation/autonomisation peut apparaître pertinente pour peu qu'elle soit efficacement exécutée. Or, le premier entretien de diagnostic demeure trop tardif, le plus souvent au quatrième mois

1. Elle demeure néanmoins proche de 40 % pour les emplois de plus de un mois.

2. Cet objectif n'a jamais été atteint, la durée moyenne entre les entretiens étant, en réalité, de cinquante jours environ, selon le rapport de la Cour des comptes de juillet 2015.

3. Rapport de la Cour des comptes de juillet 2015, *op. cit.*

de chômage[1]. L'intensité de l'accompagnement se réduit fortement avec l'ancienneté du chômage : la part des demandeurs d'emploi sans préconisation d'action entre 13 et 18 mois de chômage est de 60 % à 85 %, soit un niveau deux fois plus élevé qu'au bout de 6 mois de chômage. S'agissant de la stratégie adoptée pour les chômeurs les plus près de l'emploi, beaucoup reste à faire, la CVthèque de Pôle emploi étant, par exemple, presque deux fois moins importante que celle de sites d'offres en ligne comme Viadeo[2]. Sur le plan organisationnel, près du quart des agents de Pôle emploi ne seraient pas en contact avec les demandeurs d'emploi et les entreprises. La conclusion du rapport de la Cour des comptes de juillet 2015 est sans appel : « Une conséquence de cette stratégie est que, paradoxalement, ce que Pôle emploi définit lui-même comme son cœur de métier consiste en réalité à faire prendre en charge une part très minoritaire de ses usagers par une part également minoritaire de ses agents. »

Face à cette situation, la réponse est d'achever la réforme engagée.

Il faut d'abord ajouter aux cinq métiers de Pôle emploi (l'accueil, l'inscription, l'indemnisation, l'accompagnement, le service aux entreprises) un sixième, peut-être le plus essentiel : la pleine compétence sur les actions de formation des chômeurs. À l'horizon 2020, on estime à 2,2 millions le nombre d'emplois qui ne trouveront pas preneur faute de qualifications disponibles. À l'inverse, 2,3 millions de personnes pourraient ne pas trouver d'offres d'emploi faute de disposer des compétences

1. La convention État-Unedic-Pôle emploi 2015-2018 prévoit de ramener ce délai entre 2 et 4 semaines.

2. Rapport de la Cour des comptes de juillet 2015, *op. cit.*

recherchées par les employeurs[1]. Seule la formation peut permettre de sortir de cette impasse.

Il faut ensuite finir de réunir l'ensemble des acteurs du service public de l'emploi en fusionnant avec Pôle emploi les missions locales pour les jeunes, Cap emploi pour les travailleurs handicapés, les maisons de l'emploi, l'Apec et les structures de toute nature des collectivités locales et du ministère du Travail. Ce sont, au total, près de 15 000 personnes qui viendraient renforcer les 53 000 agents de Pôle emploi. On peut comprendre la volonté de certaines régions de prendre « à bras-le-corps » le problème des offres d'emploi non pourvues. Mais c'est par une forte coordination plutôt qu'en additionnant les structures que l'on pourra y apporter une réelle réponse.

Autre point essentiel, Pôle emploi développe déjà des coopérations stratégiques avec les acteurs du secteur, présents sur le Net. Ce mouvement est déterminant pour l'avenir. Quelques chiffres, cités par le Conseil national du numérique[2], en témoignent : 80 % des demandeurs d'emplois ont eu recours à Internet en 2014 ; 62 % des demandeurs déclarent que les sites Internet sont l'outil le plus important contre 8 % pour Pôle emploi ; 72 % des recrutements des entreprises se font *via* des sites emplois.

Pôle emploi a engagé ce mouvement avec la création de l'Emploi Store, dont l'objectif est de centraliser sur un seul site tous les services d'aide à la recherche d'emploi et à la formation (MOOC, mises en situation, simulateurs virtuels d'entretien), avec le Lab Pôle emploi (lieu d'innovation et de création collaborative) ou avec les algorithmes de recherche des entreprises susceptibles de recruter ou de ciblage des formations.

1. Rapport de la Cour des comptes de juillet 2015, *op. cit.*
2. Rapport *Travail, emploi, numérique. Les Nouvelles trajectoires*, *op. cit.*

Il faut aller plus loin, comme le propose le Conseil national du numérique :

– mettre en place des outils numériques personnalisés et différenciés, notamment des systèmes de notification pour stimuler les recherches individuelles ;

– construire des outils de simulation sur la mobilité professionnelle ou géographique ;

– renforcer les partenariats avec les acteurs privés de l'emploi en ligne (charte de l'emploi en ligne, multidiffusion des offres d'emploi et de services, multiplication des projets « start-up d'État » pour moderniser le service public de l'emploi, accélérer l'ouverture et le partage des données des acteurs publics et privés de l'emploi.

Faire le choix du principe « aider et exiger » afin d'établir, en toutes circonstances, le lien entre travail et assistance

Le choix de regrouper, au niveau de la communauté d'agglomération ou du département, en zones rurales, l'ensemble des aides à la personne et aux familles permettra de connaître très précisément le montant total des allocations reçues hors du travail.

Celles-ci devront être soumises à un principe fondamental : une personne ou une famille ne peut pas recevoir, en allocations, plus de 80 % de ce que gagne et perçoit une personne travaillant à temps plein et payée au SMIC, et cela à structure familiale identique (nombre d'enfants, âge...)[1].

De même, le bénéfice des prestations sociales doit être subordonné, sauf impossibilité médicalement ou socialement avérée, à une obligation de travail d'intérêt collectif. Chaque bénéficiaire d'une prestation de type RSA socle (ex-RMI) devrait consacrer au moins

1. Voir, dans ce sens, Laurent Wauquiez, *La Lutte des classes moyennes*, Odile Jacob, 2011.

7 heures par semaine à un travail au service de la collectivité : accueil dans les lieux publics, travail associatif, soutien scolaire pour ceux qui en ont la qualification, entretien de lieux publics ou aide à des personnes dépendantes ou handicapées...

Il n'y a pas là de logique stigmatisante mais la mise en œuvre du principe que notre société doit être construite sur le travail.

Des entreprises moins entravées mais assumant leurs responsabilités pour l'emploi des jeunes : rapprochement de l'apprentissage et des contrats de qualification ; faute d'accord de branche : quotas de jeunes dans les grandes entreprises

Cette exigence de citoyenneté par le travail devrait s'appliquer aussi aux entreprises. Il est essentiel qu'elles voient leurs charges diminuer et qu'elles gagnent en mobilité et en souplesse. Une grande partie des propositions faites ici s'y attachent. Mais, dans le même temps, les entreprises ne peuvent pas se désintéresser de la situation des jeunes.

L'apprentissage, qui relève de l'État et notamment de l'Éducation nationale, et les contrats de qualification, qui dépendent des entreprises, se sont certes développés, passant de 440 000 en 1990 à 540 000 en 2013. Avec un contenu de formation – davantage de formation générale pour l'apprentissage – et des dispositifs de financement/gestion différents, ces contrats concernent principalement les jeunes de 16 à 26 ans. Mais l'on demeure très loin de pays comme l'Allemagne, la Suisse ou l'Australie où le nombre de salariés en alternance est deux fois plus important que chez nous. De plus, comme c'est le cas pour tout notre système de protection sociale, l'alternance concerne de moins en moins ceux qui en ont le plus besoin (le nombre de bénéficiaires ayant un niveau inférieur ou égal au CAP a baissé de 6 % depuis 2004) et se concentre de plus en plus sur les jeunes ayant une formation supérieure (+ 24 %)[1]. Deux jeunes sur trois entrant en apprentissage en 2011 avaient un diplôme contre un sur deux dix ans avant. C'est le signe d'une fermeture grandissante des entreprises aux jeunes, même diplômés, qui doivent en passer par des dispositifs payés sous le SMIC (de 25 % du salaire minimum pour les apprentis de 16 ans sans diplôme à 80 % pour les diplômés de 21 à 26 ans). Or, l'alternance est une voie d'accès à l'emploi plus efficace pour les jeunes sans diplôme que pour ceux qui en ont un. Ainsi, en Allemagne, la proportion d'apprentis de l'enseignement supérieur est très faible alors qu'ils représentent près du quart en France.

Comme le montre l'analyse récente du Conseil d'analyse économique, notre système de formation en alternance peut être beaucoup plus efficace s'il est simplifié et professionnalisé. Nous n'avons pas un mais deux dispositifs d'alternance (apprentissage et contrat de qualification). Nous avons une multiplication d'intervenants : État, régions, chambres de commerce, entreprises, partenaires sociaux, branches professionnelles, organismes collecteurs de la taxe d'apprentissage… Les financements qui devraient aller vers l'alternance vont, dans une proportion non négligeable, vers l'enseignement professionnel et technologique, le supérieur ou la recherche, grâce à la possibilité ouverte aux entreprises de leur verser une partie – dite hors quota – de la taxe professionnelle. La loi du 5 mars 2013, qui a diminué ce hors quota, et la loi de finances pour 2014, qui a ciblé le crédit d'impôt pour les entreprises employant des apprentis sur les niveaux

1. « L'apprentissage au service de l'emploi », note du Conseil d'analyse économique, décembre 2014.

inférieurs ou égaux à bac + 2, vont dans le bon sens. C'est le cas aussi des mesures d'aide à l'embauche des apprentis dans les TPE. Mais il faut aller plus loin.

La proximité des jeunes concernés et des formations en cause rend possible le rapprochement de l'apprentissage et du contrat de qualification, avec un mode de financement et de subvention unique, modulé en faveur des jeunes les moins diplômés. Quant au recouvrement des contributions des entreprises, il peut parfaitement relever des Urssaf et non des actuels organismes collecteurs (OCTA). Enfin, plutôt que de multiplier les contrats d'avenir pour les jeunes, ciblés sur les collectivités publiques ou associatives et qui n'ont qu'un effet limité en termes d'étape vers l'emploi, il faudrait réorienter ces financements vers l'apprentissage qui est professionnalisant.

Là encore, ces actions en faveur des jeunes doivent s'inscrire dans un cadre politique clair. Les entreprises, et singulièrement les plus grandes, à partir de 500 salariés, ne peuvent rester fermées aux jeunes. Quelles que soient leurs contraintes, rien ne peut justifier qu'elles puissent avoir moins de 5 à 10 %, selon la nature de l'activité, de jeunes dans leurs effectifs. Pour atteindre cet objectif, le dialogue social, notamment de branche, est certainement la meilleure solution. À défaut, l'instauration d'un système de quotas s'imposera[1]. Ce serait la contrepartie des mesures d'assouplissement et de baisse des charges en faveur des entreprises. Une telle mesure, qui ne manquera pas d'être critiquée pour son interventionnisme, n'irait pas à l'encontre de l'intérêt des entreprises qui doivent aussi sortir du très court terme pour gérer leur

1. Voir pour une proposition de même nature, Laurent Wauquiez, *La Lutte des classes moyennes*, *op. cit.*

pyramide des âges, et cela d'autant plus que notre population active va entrer en baisse tendancielle une fois absorbée la hausse du taux d'activité des seniors.

Projection : favoriser l'économie coopérative

Nous sommes à la croisée des chemins. Le développement des plates-formes de services peut conduire à l'explosion de la précarité (faux auto-entrepreneurs, en réalité, sous la totale dépendance des donneurs d'ordre, concurrence biaisée ou déloyale vis-à-vis des secteurs d'activité traditionnels et multiplication des comportements d'évitement de l'impôt grâce aux mécanismes d'optimisation fiscale).

Dans le même temps, l'économie coopérative peut permettre un développement harmonieux entre innovation, rentabilité et conduite de projets d'intérêts collectifs.

Si nous n'en prenons pas conscience, si les pouvoirs publics n'agissent pas, c'est le premier modèle – violent, inégalitaire et régressif – qui l'emportera.

Il faut, en premier lieu, lutter contre la précarisation des travailleurs de la nouvelle économie. Le droit du travail des salariés, notamment en CDI, doit être assoupli pour accompagner le redémarrage de l'économie traditionnelle (*cf.* ci-dessus). Mais, dans le même temps, il faut étendre le droit du travail à la situation des travailleurs indépendants sous dépendance économique, c'est-à-dire ceux qui font plus de 75 % de leur activité avec le même « client ».

Comme l'ont souligné Paul-Henri Antonmattéi et Jean-Christophe Sciberras dans leur rapport sur les travailleurs économiquement dépendants (2008) : « Ils sont privés deux fois de protection : n'étant pas salariés, ils ne peuvent prétendre à la protection juridique qu'offre le code du travail ; n'étant pas réellement indépendants, ils ne bénéficient pas de la protection économique que donne la multiplicité des donneurs d'ordre. »

Sans aller jusqu'à la création d'un « droit de l'actif », il faut prendre exemple sur le statut du travailleur autonome espagnol (2007). Il ouvre des droits aux « travailleurs autonomes économiquement dépendants » : droits au repos et à congé, durée maximale de travail, limitation des heures supplémentaires, préavis en cas de rupture par le client[1].

Selon la logique de e-réputation, il convient également, sur le modèle de la plate-forme du syndicat allemand IG Metall FairCrowdWork, d'inciter les travailleurs des plates-formes à faire remonter et diffuser des informations sur leurs conditions de travail.

Au-delà de cette logique protectrice, il faut créer un écosystème favorable à l'économie coopérative, ce que le Conseil national du numérique appelle le « coopérativisme de plate-forme ».

L'objectif est d'associer au développement de plates-formes de services les investisseurs, ceux qui y travaillent comme salariés ou indépendants, ainsi que les utilisateurs. Ces plates-formes pourraient s'appuyer sur des licences de réciprocité et sur des modes de transaction de type monnaie virtuelle (bitcoin, technologie blockchain).

Les sociétés coopératives d'intérêt collectif (SCIC) ou les coopératives d'activité et d'emploi (CAE) existent déjà.

---

1. Pour une présentation des statuts comparables en Europe et aux États-Unis, voir le rapport du Conseil national du numérique, *Travail, emploi, numérique. Les Nouvelles trajectoires*, *op. cit.*

S'appuyant sur les travaux de Blanche Segrestin et Armand Hatchuel[1], le Conseil national du numérique[2] propose la création de la « société à objet social étendu » (SOSE) dont les statuts, tout en incluant la recherche de profits, pourraient inclure des mécanismes de gouvernance partagée (investisseurs-travailleurs-utilisateurs) et des buts spécifiques tels que le maintien de l'emploi, la qualité des conditions de travail ou le renoncement aux techniques de production polluantes.

De même, il est essentiel d'encourager les coopératives numériques de makers ou fab labs, pour contribuer au développement de nouvelles formes d'artisanat.

Les pouvoirs publics peuvent donc agir en créant des instruments juridiques nouveaux nécessaires (SOSE) et en investissant dans ces projets et plates-formes coopératives.

Comme le préconise le Conseil national du numérique, la nouvelle génération de Programme d'investissements d'avenir (PIA) devrait avoir pour objectif de financer le démarrage de ce secteur.

Les collectivités territoriales, et d'abord les régions, pourraient financer les fab labs mais également prendre des participations dans ces plates-formes éthiques et collaboratives. D'ores et déjà, la loi de transition énergétique du 17 août 2015 autorise les collectivités territoriales à prendre des participations dans des projets locaux de sociétés de production d'énergies renouvelables.

La Caisse des dépôts et consignations pourrait également concourir, par ses investissements, à l'émergence de ce nouveau secteur économique. De la même manière,

1. Avec Kevin Levillain et Stéphane Vernac, *La « Société à objet social étendu »*, Presses des Mines, 2015.

2. Rapport *Travail, emploi, numérique. Les Nouvelles trajectoires*, *op. cit.*

et pour prendre un exemple concret, pourquoi la Ville de Paris ne contribuerait-elle pas à la création d'une plate-forme de location de type Airbnb respectueuse des lois et usages, et obéissant à une logique de complémentarité avec le secteur hôtelier à Paris ?

En revanche, à la jonction de la pensée libérale, de la volonté de développer les nouvelles formes d'activités d'intérêt collectif et de la conviction que l'intelligence artificielle et l'automatisation vont conduire à la « fin du travail », l'idée du revenu universel, c'est-à-dire versé de manière inconditionnelle à l'ensemble des citoyens, retrouve une actualité. Au-delà de sa complexité technique et de la question de son financement, cette théorie va à rebours de ce qui paraît devoir être notre priorité : renouer avec la valeur du travail et la conviction qu'il faudra travailler dur et s'adapter tout au long de sa vie.

Ce n'est qu'à ce prix et en ne tombant pas dans de nouvelles illusions que nous nous donnerons une chance de prendre le virage de l'emploi 3.0.

10

Sécurité sociale : et si les pères fondateurs avaient eu raison ?

Notre système de protection sociale est comme un immense bloc de granit posé au centre de notre édifice national.

Toute réflexion sur la modernisation du pays voit se dresser la statue du commandeur du modèle social français.

Les chiffres parlent d'eux-mêmes. Les recettes de l'ensemble des régimes représentent un tiers du PIB.

La couverture des risques sociaux s'élève à 57 % de l'ensemble des dépenses publiques. C'est une puissante pompe aspirante et de répartition qui nous concerne tous. Hors prestations d'assurance-maladie, chaque personne au travail reçoit chaque année 3 000 euros en moyenne de prestations et cotise directement ou indirectement (cotisations employeurs) à hauteur de 15 000 euros. Cette proportion s'inverse à la retraite, les prestations s'élevant en moyenne à 18 000 euros par an et les prélèvements à 4 000 euros.

Construction financière et administrative d'un poids considérable, la protection sociale matérialise, dans le même temps, plus que toute autre politique, la solidarité nationale et ce qu'est un destin collectif.

La protection sociale est avec l'école une composante majeure de ce que l'on appelle le modèle français, pour ne pas employer le terme, désormais désuet, de civilisation française.

Notre système de protection sociale a été forgé, au sortir de la guerre, comme un alliage d'utopies et d'ambitions de régénérescence de la société française, qui trouverait ainsi enfin sa voie entre libéralisme et collectivisme. Il est aussi indissociable des trente ans de croissance forte de l'après-guerre, qui ont rendu possible sa mise en place.

L'économie et le système de protection sociale d'une nation comportent toutes les caractéristiques d'un écosystème

On croit pouvoir appréhender ses différentes composantes isolément mais, en réalité, elles sont profondément interdépendantes : pas de protection sociale sans croissance ; pas de développement économique dans une société sans cohésion, paupérisée, fracturée par les inégalités et les tensions. L'équilibre de cet écosystème est fragile, instable, car il tend à concilier des finalités contradictoires tout en mettant en mouvement des masses financières et humaines considérables.

Tout l'enjeu est de trouver un nouvel équilibre protecteur et favorable à la croissance. Les retraites et la santé doivent être abordées différemment. Les premières doivent faire l'objet d'une reconstruction, la seconde non pas d'un bouleversement mais du renforcement de la logique gestionnaire, principalement à l'hôpital.

Mais, pour agir, il faut d'abord comprendre les origines de notre système de protection sociale et dresser un état des lieux de celui-ci dans ce XXIe siècle qui s'avance.

Notre système de protection sociale est le fruit d'une histoire faite d'affrontements idéologiques et de choix pragmatiques

Il est d'abord l'enfant de débats qui n'ont cessé de faire rage depuis la Révolution : comment assurer la liberté et l'égalité réelles, et pas seulement la liberté et l'égalité politiques ; quel rôle doit jouer l'État ; quelle place doit être donnée à la protection individuelle par rapport aux obligations collectives ? Ces questions n'ont jamais été tranchées et ne le seront probablement jamais car, pour reprendre le mot de Waldeck-Rousseau, il ne s'agit de rien de moins que de mettre en place un système « d'obligations libres ».

La grande crise économique des années 1880-1890 a scellé l'échec du « rêve libéral » de 1789, comme le qualifie Colette Bec[1]. Les penseurs de la Révolution avaient la conviction que l'égalité des droits conduirait à la liberté de tous. La réalité, qu'a mise crûment en lumière cette première grande dépression, est qu'il était totalement illusoire de penser que la liberté contractuelle pouvait régir la relation entre celui qui possédait l'outil de travail et celui qui n'avait à offrir que la force de ses bras. Avec lyrisme et lucidité, Jaurès résumait l'échec de l'idéal révolutionnaire des libertés abstraites : « Vous avez fait de tous les citoyens, y compris les salariés, une assemblée de rois mais, au moment où le salarié est souverain dans l'ordre politique, il est dans l'ordre économique réduit au servage. »

De fait, la réalité de cette fin de XIXe siècle est celle du naturalisme de Zola. *L'Assommoir*, *Germinal*, *Nana*... :

1. *Cf.* Colette Bec, *La Sécurité sociale, une institution de la démocratie*, Gallimard, coll. « Bibliothèque des sciences humaines », 2014.

la misère et l'asservissement – symbolisés par le livret ouvrier qui ne sera aboli qu'en 1890 – sont tels que l'Église sort de sa réserve et affirme une doctrine sociale avec l'Encyclique « *Rerum Novarum* » qui rejette l'idée d'une valeur du travail fixée par les lois du marché pour promouvoir, au contraire, le principe du « juste salaire », c'est-à-dire permettant de faire vivre dignement l'ouvrier vertueux et sa famille.

Les prémices des systèmes de protection sociale apparaissent, au même moment, sous l'impulsion du patronat catholique. En 1891, Léon Harmel, patron d'une filature en Champagne, verse une première indemnité par jour et par enfant pour les familles de ses ouvriers.

Que l'on soit libéral pragmatique ou socialiste, chacun a désormais conscience de la nécessité d'agir en substituant aux rapports de force des rapports de droit, collectifs et garantis par l'État. C'est la naissance progressive du droit social, qui réunit le droit du travail et celui de la protection sociale. Mais, dès l'origine, la question essentielle est celle de l'équilibre entre responsabilité collective – ce que les révolutionnaires de 1793 appelaient la « dette sacrée » – vis-à-vis des laissés-pour-compte, et la responsabilité individuelle, c'est-à-dire l'obligation de travailler, qu'exprimait, en 1790, La Rochefoucauld-Liancourt : « Si le pauvre a le droit de dire à la société "faites-moi vivre", celle-ci a le devoir de lui répondre : "donne-moi ton travail". »

Ce débat a conduit à la première pierre de notre modèle social : le régime d'assistance en faveur de ceux qui, en raison de la maladie ou de l'âge, ne pouvaient pas travailler. Les premières grandes lois sociales voient le jour dans les domaines de l'assistance médicale gratuite (1893), du service aux enfants assistés (1904) ou de l'assistance aux vieillards infirmes et incurables (1905).

Mais, malgré ce que l'on appellerait aujourd'hui ce « socle minimum », les critiques sont violentes en France comme en Angleterre – qui a instauré la *Poor Law* dès 1834 – contre une logique d'assistance, qui mettrait la société en péril.

L'assurance volontaire, à travers l'adhésion aux dispositifs de prévoyance et aux mutuelles, apparaît alors comme la solution pour concilier liberté et protection sociale. La loi de 1898 ouvre largement le champ des mutuelles aux soins, à la retraite, aux accidents du travail, au chômage. Mais, malgré une montée en puissance, cette couverture volontaire ne concerne pas plus de deux millions de personnes en 1900. Moins de 4 % des travailleurs, hors ceux des mines et des chemins de fer, bénéficient d'une retraite. Les prestations sont très faibles, et les organismes qui les versent sont le plus souvent entre les mains du patronat, ce qui provoque une grande méfiance des représentants de la classe ouvrière[1].

Longtemps réticente à s'engager sur le terrain social, la IIIe République va finir par trancher le débat sur l'assurance sociale obligatoire. *A priori,* cette obligation imposée par l'État met en cause le principe de la liberté du travailleur et de son employeur. Mais cet acte de responsabilité – cotiser pour couvrir les risques professionnels et de la vie – crée les conditions d'une société collectivement plus sûre et permet l'exercice des libertés de chacun. L'État fait ainsi son entrée dans la protection sociale. Il n'en sortira plus. Surtout, une troisième voie est née entre marxisme et libéralisme : collectiviser le risque pour pouvoir exercer sa liberté en tant qu'individu. Le pendant de cette construction républicaine est le développement de l'école obligatoire, censée donnée

1. Colette Bec, *La Sécurité sociale, une institution de la démocratie, op. cit.*

à chacun les moyens intellectuels d'exercer son libre arbitre.

Avec les lois d'assurance sociale obligatoire sur les retraites ouvrières et paysannes (1910), sur les soins (1928 et 1930) et sur les allocations familiales (1932), c'est un premier système de solidarité qui s'instaure : le travailleur cotise pour lui et, indirectement, pour chacun ; les entreprises prennent en charge des risques qui n'ont pas de lien direct avec le travail (santé, vieillesse, famille). Les arrière-pensées politiques sont présentes aussi dans cette marche en avant de la protection sociale : il faut endiguer la pauvreté, terreau privilégié de la diffusion des idées et de l'action révolutionnaires. C'est ainsi que, dans le Reich de Bismarck, va voir le jour le premier système global d'assurance sociale obligatoire.

La crise de 1929 va consacrer un lien nouveau entre l'État, l'économie et la protection sociale

Par une de ces ruses de l'histoire, c'est aux États-Unis, la nation la plus convaincue de la primauté et de l'efficacité de la responsabilité individuelle, que la logique sociale-démocrate va voir le jour. Face à l'urgence et sous l'influence des théories de Keynes, l'État devient un acteur économique. Le *Social Security Act* de 1935 est une composante majeure du *New Deal* : un système de retraites avec cotisations obligatoires et un système d'assurance-chômage obligatoire sont instaurés. Trois ans plus tard, un salaire minimum et une durée hebdomadaire du travail sont mis en place. Un projet politique sous-tend ces mesures d'urgence. Roosevelt justifie son choix d'un financement des mesures sociales par les cotisations plutôt que par l'impôt : « C'est une question purement politique. Nous avons instauré les prélèvements sur les salaires pour donner aux cotisants un droit légal, moral et politique de toucher leur pension [...] Avec ces cotisations, aucun fichu politicien ne pourra jamais démanteler ma sécurité sociale[1]. »

Tout cela ne durera cependant qu'un temps. Fidèles à leur identité profonde, une fois passé les bouleversements de la Grande Dépression et de la guerre, les États-Unis reviendront à une logique de liberté et de responsabilité assurantielle individuelle. Le débat passionné sur l'instauration, par le président Obama, d'un système d'assurance médicale obligatoire témoigne de la force de cette culture américaine, indissociable de son modèle de civilisation.

Au sortir de la guerre, c'est le choix inverse que vont faire les pays européens et singulièrement la France : prolonger le modèle d'interventionnisme, lié à la crise de 1929 et à la guerre, en un nouveau modèle de société. Ce mouvement est profond partout en Europe, comme l'illustre l'immense succès du rapport Beveridge, à la fin 1942. L'opinion publique britannique aspire à effacer les ravages de la misère liés à la crise économique et à pérenniser la solidarité qui est née entre toutes les classes de la société durant le Blitz. Cinq cent mille exemplaires de ce qui n'est qu'un rapport administratif sont vendus. On a pu dire qu'une des causes de l'échec de Churchill aux élections de l'immédiat après-guerre réside dans son opposition au rapport Beveridge – contrairement à de Gaulle qui a salué sa profondeur de vue. Là encore se mêlent idéal et calculs politiques car les nations européennes sont sous la menace directe du modèle soviétique,

1. Cité par Colette Bec, *La Sécurité sociale, une institution de la démocratie*, *op. cit.*

auréolé de sa victoire sur le nazisme et fort d'un corps de doctrine marxiste puissant.

Sur le plan idéologique, le modèle de 1945 est la consécration de la voie socialiste imaginée par Léon Blum face à ses deux adversaires de toujours : le libéralisme et le communisme. Dans *À l'échelle humaine*, il annonce le dépassement du seul combat contre le capitalisme aveugle pour promouvoir ce qu'il qualifie de « socialisme triomphant et spirituel ». La Résistance a montré la capacité des différentes composantes de la Nation à se rassembler pour défendre la liberté, inventer des voies nouvelles, dépasser les éternelles contradictions et oppositions, et imaginer un monde nouveau. Dans le cadre de cette philosophie humaniste, un acteur s'impose à la fois comme moteur et instrument de cette Révolution démocratique et progressiste : l'État économique et social. C'est l'instant du triomphe socialiste, comme le constate avec acidité l'économiste autrichien Joseph Schumpeter : « On peut détester le socialisme ou, tout le moins, l'observer d'un œil froidement critique et, néanmoins, prévoir son avènement[1]. »

L'œuvre inachevée de Pierre Laroque

Les travaux des instances de la Résistance sur l'instauration de la Sécurité sociale n'avaient pas dépassé le terrain des principes. La grande figure de cette œuvre nationale est Pierre Laroque, conseiller d'État, résistant après avoir dû quitter l'institution du Palais-Royal en application de la loi antijuifs du 3 octobre 1940, et grand connaisseur des partenaires sociaux depuis sa

1. Colette Bec, *La Sécurité sociale, une institution de la démocratie*, *op. cit.*

participation aux travaux sur l'instauration des lois d'assurance sociale à la fin des années 1920.

Son projet va beaucoup plus loin que « prolonger en temps de paix la solidarité du temps de guerre ». Comme l'a montré Colette Bec dans son lumineux essai sur *La Sécurité sociale, une institution de la démocratie*, il s'agissait d'un projet révolutionnaire sur le plan intellectuel et sociétal.

Il reposait sur quatre fondements principaux :

— la volonté de couvrir l'ensemble de la population, et pas seulement ceux qui cotisaient aux assurances sociales obligatoires ;

— un plan de développement des structures de santé, de grande ampleur, et une couverture large des accidents du travail et des maladies professionnelles ;

— une politique économique visant au plein-emploi, indispensable à la couverture de l'ensemble de la population et nécessaire au financement de la Sécurité sociale ;

— la mise en place d'une politique de redistribution des revenus afin de faire échec à l'injustice qui résulte du libre fonctionnement du marché du travail.

Pour mettre en œuvre ces objectifs, Pierre Laroque a développé une idée fondamentalement novatrice : faire gérer la Sécurité sociale par ses bénéficiaires. L'idée était d'une ambition considérable : il s'agissait d'instaurer rien moins que la démocratie sociale à côté de la démocratie politique. Les gestionnaires des caisses seraient élus par les assurés sociaux afin que chacun mesure réellement que la Sécurité sociale n'est pas une institution administrative chargée de verser des prestations mais un bien précieux à la fois entre ses mains et entre celles de tous.

Pour aller au bout de cette logique de responsabilité collective et d'affirmation de la liberté par le travail et la solidarité, Pierre Laroque a proposé de faire le choix d'un financement par les cotisations. C'est une position qui était en cohérence avec sa logique pédagogique – la Sécurité sociale est un bien commun qui exige des sacrifices et un engagement personnel. Ce choix portait cependant en lui une première contradiction : la Sécurité sociale a vocation à couvrir toute la population mais son financement ne reposait que sur les travailleurs et les entreprises, alors que le financement par l'impôt, comme au Royaume-Uni, aurait été plus logique. Ce faisant, on a fait le choix d'un système d'assurance sociale alors que l'on voulait mettre en place une couverture universelle. Dans l'euphorie de la période, Pierre Laroque balayait le point : « La Sécurité sociale est un but, l'assurance sociale est un moyen parmi d'autres d'atteindre ce but. » De fait, cette contradiction ne sera pas un problème tant que le plein-emploi sera la règle, mais déjà le ver était dans le fruit.

La deuxième faiblesse de la construction de 1945 résidait dans la place faite aux syndicats. Ceux-ci sortaient renforcés de la guerre et de leurs actions résistantes, contrairement à un patronat pour lequel l'entre-deux-guerres et Vichy n'auront pas été les périodes les plus brillantes de son histoire. Légitime dans son principe, l'intermédiation des syndicats dans l'exercice de la démocratie sociale a ouvert la porte à des dérives et à une forme de dénaturation de l'idéal originel : la gestion des caisses devient un des terrains de l'affrontement qui fait rage entre des syndicats fracturés sur la question du soutien au communisme. Dans le même temps, l'administration de la Sécurité sociale se transforme en un lieu de « placement » des cadres et sympathisants syndicaux. Une forme de confiscation s'installe qui sera le ferment d'une bureaucratisation, à l'exact opposé de l'ambition de départ.

Mais la principale faiblesse de la construction, ce que l'on a pu qualifier d'« ambiguïté fondatrice » ou « d'institutionnalisation des équivoques », a résidé dans les compromis qui ont conduit à renoncer à faire de la Sécurité sociale une institution unique. Le schéma originel reposait sur le principe d'unité : tous les travailleurs seraient affiliés à une caisse unique ; tous les régimes d'assurance sociale, les allocations familiales, l'indemnisation des accidents du travail devaient être regroupés au sein d'une même caisse. La conséquence de ce principe d'unité était celle de l'uniformité des conditions d'attribution des prestations. Tout cela formait ce que l'on a pu qualifier d'universalité de la Sécurité sociale.

Cette logique fondatrice ne verra pas le jour. Passé l'instant de grâce de la Libération, les intérêts catégoriels et les particularismes vont redresser la tête et préserver ce qui pouvait l'être. Sous la pression du syndicalisme chrétien, soutenu par le MRP, les allocations familiales auront leurs propres caisses, ce que l'on appelle aujourd'hui les CAF. Les cadres obtiendront le maintien de la spécificité de leurs systèmes de retraites par le plafonnement des cotisations au régime général, ce qui permettra la constitution de caisses de retraites particulières, qualifiées de complémentaires et regroupées au sein de l'AGIRC. Même chose pour les agriculteurs et les artisans, commerçants et professions libérales qui auront leurs propres régimes. Les assujettis aux régimes spéciaux de l'électricité, des transports, des mines conserveront aussi leurs propres caisses d'assurances sociales. En matière de santé, les mutuelles survivront à la logique d'universalité et les médecins parviendront à préserver leur indépendance, fondée sur les principes de la médecine libérale – ce n'est qu'en 1971 que sera signée la première convention avec la Sécurité sociale. Quant aux fonctionnaires, ils se verront reconnaître un régime spécifique de protection sociale, notamment en matière de retraite, sur la base du principe qu'un fonctionnaire ne quitte jamais son statut, mais qu'à partir d'un certain âge, il est dispensé de service.

Dès l'origine, le principe d'universalité – à l'exception des prestations familiales – était mort-né

C'est la logique des assurances professionnelles qui a pris le dessus sur l'ambition politique. Celle-ci ne va cependant pas s'éteindre, mais devra se matérialiser par des régimes spécifiques qui vont améliorer la couverture de chacun mais complexifier, à l'extrême, les logiques de financement et leur bien-fondé. La couverture des dépenses non liées à l'exercice professionnel est mise à la charge de la Sécurité sociale. C'est la naissance des prestations dites non contributives en faveur des artistes, des étudiants, des femmes au foyer, des handicapés. Cette démarche alimentera, à la fin des années 1980, la critique des « charges indues », portée par le patronat et FO, pour qui la Sécurité sociale est une assurance professionnelle et pour qui c'est à l'État de supporter les coûts des politiques sociales. De fait, la protection sociale ne se résume pas à la Sécurité sociale. L'État met en place des politiques spécifiques pour les plus démunis et ceux qui ne participent pas au monde du travail : du régime de 1948 sur les femmes au foyer à l'instauration du RMI en 1989, en passant par la loi de 1975 sur les personnes handicapées. Le progrès social avance tout autant en dehors qu'à travers la Sécurité sociale. Il se fait aussi par le paritarisme : l'assurance-chômage est instituée en 1958, certes sous la tutelle de l'État, mais par une convention entre patronat et syndicats. Quant à la volonté fondatrice de redistribution des revenus, elle se matérialise dans la mise en œuvre simultanée d'un impôt fortement progressif et de prestations sociales généreuses.

Le modèle social français n'est donc pas une construction homogène mais un ensemble de progrès successifs qui forment ce que l'on a pu appeler, à juste titre, un ensemble « d'acquis sociaux ». Ce modèle aurait pu prendre la forme d'une Sécurité sociale unique, gérée par des conseils élus et financée par l'impôt. Mais, dès l'origine, cet idéal, qui était possible au sortir de la guerre, s'est brisé sur le jeu des intérêts particuliers. La somme d'incohérence qui en a résulté n'a pas été une réelle difficulté tant que le plein-emploi et une croissance à 5 % permettaient le progrès social dans le maintien des régimes particuliers. Mais, avec l'apparition des déficits, dès les années 1960, du chômage et du ralentissement de la croissance, au milieu des années 1970, on est passé d'une grande ambition collective à une question qui désormais primait sur tout : comment préserver notre système de protection sociale sans laisser flamber les prélèvements et les déficits ? La façon dont Nicole Questiaux s'est fait clouer au pilori après avoir dit qu'elle n'était pas la « ministre des comptes » a marqué ce point d'inflexion et de rupture, au même titre que l'abandon définitif, durant les années 1980-1990, des élections aux caisses de Sécurité sociale, au profit d'une représentation par les partenaires sociaux et des personnalités nommées, c'est-à-dire entre soi.

L'ère des déficits et des hésitations

Avec les déficits et la crise, on est passé de l'ère politique à l'ère gestionnaire. Il convenait de clarifier le partage des risques et l'exercice des compétences. Les ordonnances de 1967 ont marqué l'abandon de la logique de caisse unique au profit de branches de la Sécurité sociale : retraites, maladie-accident du travail, prestations familiales. Les réformes des années 1990 et 2000 ont visé à séparer ce qui relève des assurances professionnelles de ce qui relève de la solidarité nationale. On a distingué les prestations contributives des autres en les plaçant dans des dispositifs propres tels que le fonds de solidarité vieillesse ou le fonds CMU. La création de la CSG par le gouvernement Rocard, et son extension par ses successeurs, de droite comme de gauche, a eu pour objectif de financer les risques non professionnels (maladie, famille) par des ressources à assiette large, beaucoup plus proches de l'impôt que de la cotisation sociale. Ainsi, entre 1995 et 2011, la part des cotisations dans le financement de la protection sociale est passée de 95 % à 67 % sous l'effet de la montée en puissance de la CSG et des impôts et taxes affectés (33 %). Mais la protection sociale a continué à être financée pour l'essentiel (83 %) par des prélèvements sur les revenus d'activité. Autre mouvement significatif : la diminution de la part des entreprises dans ce financement qui baisse de 8 points depuis le début des années 1990 pour atteindre 46 % en 2012, sous l'effet des dispositifs successifs d'exonération de charges. La conséquence de ce mouvement est une forte hausse de la contribution des ménages sur la même période qui est passée de 34 % à 44 %.

Cette ère gestionnaire se caractérise aussi par une course sans fin entre plans d'économies et persistance des déficits. Pas un gouvernement ou presque qui n'ait engagé un plan de réduction des dépenses et d'apport de recettes nouvelles : ensemble de mesures conjoncturelles (ticket modérateur, baisse des remboursements, baisse du prix des médicaments ou des tarifs, hausse des cotisations, des taxes affectées ou transfert de fiscalité) à la fois utiles et insuffisantes mais, chaque fois, présentées aux Français comme une refondation de la Sécurité sociale indispensable à sa sauvegarde.

En 1995, le gouvernement Juppé a cependant engagé une véritable réforme de structure[1] : convergence des régimes spéciaux de retraite avec le régime général ; pilotage du secteur hospitalier avec à la fois la création des agences régionales de l'hospitalisation et l'attribution d'une plus grande autonomie de gestion aux équipes médicales, dans la ligne des idées des professeurs Béthoux et Vadrot, inspirateurs, sur ce point, de la campagne du candidat Chirac ; mise en place d'un système de maîtrise des dépenses de médecine de ville pesant sur les professionnels de santé (enveloppe de dépenses annuelles votée par le Parlement dans le cadre de la loi de financement de la Sécurité sociale, dont les dépassements devaient être mis à la charge notamment des médecins, sur la base d'un système dit de « reversements »).

Cette volonté de réforme s'est partiellement brisée sur la force des particularismes notamment en matière de retraites – celle-là même qui avait empêché Pierre Laroque, dans des conditions éminemment plus favorables, de réaliser la Sécurité sociale universelle – et sur

1. J'ai été, de 1995 à 1997, conseiller santé, sécurité sociale au cabinet du Premier ministre.

la contradiction fondamentale du système d'assurance-maladie : une médecine libérale financée par des prélèvements obligatoires, qui rendait les reversements insupportables aux professionnels de santé.

Paradoxalement, ce coup d'arrêt partiel – une partie significative de la réforme de l'assurance-maladie a, en réalité, été mise en œuvre – a permis de mieux mesurer le champ du possible en matière de réformes et d'économies susceptibles d'être réalisées. Les régimes de retraite ont fait l'objet de réformes significatives en 2004, 2008, 2010 et 2012. Certes, il ne s'est agi que de « bouger les curseurs », mais les régimes des fonctionnaires et les régimes spéciaux se sont rapprochés des règles du régime général, et les conditions d'accès à une retraite à taux plein pour les salariés ont considérablement évolué. Au terme des périodes de transition indispensables à l'entrée dans les nouvelles règles, on sera passé, pour les salariés du privé, à 62 ans comme âge de départ à la retraite, après 44 ans de cotisations pour une retraite à taux plein, et au calcul de la pension sur la base des vingt-cinq meilleures années de salaire et non plus des dix meilleures. De même, en matière d'assurance-maladie, la voie de la négociation avec les professionnels de santé permettant de passer à une maîtrise des dépenses par une succession de mesures de plus en plus exigeantes pour les professionnels et les assurés a permis, pendant quatre années de suite et pour la première fois depuis 1997, d'atteindre l'objectif des dépenses fixé par le Parlement. Derrière ce succès silencieux, il y a évidemment toujours un personnage exceptionnel. En dix ans, Frédéric Van Roekeghem, directeur général de la Cnam jusqu'en 2015, aura réussi un véritable tour de force, témoignant de la possibilité de « gérer la Sécu ».

Le tournant des années 2000 offre un visage contrasté en matière de protection sociale. L'illusion d'une reprise forte, durant les premières années du gouvernement Jospin, a conduit à des décisions de renforcement des acquis sociaux totalement à contre-courant. Le nouveau gouvernement socialiste voulait à la fois s'inscrire dans la logique de la première gauche qui avait su, en 1981 et dans les pas du Front populaire, décider du passage aux 39 heures et de l'âge de la retraite de 65 ans à 60 ans, et dans celle de la deuxième gauche et de la CFDT qui croyaient que l'on pouvait mieux répartir l'emploi en baissant le temps de travail. Dans la même veine, la décision des partenaires sociaux de supprimer la dégressivité des allocations chômage aura profondément affecté l'incitation à la recherche rapide d'un emploi, notamment chez les cadres. D'autres décisions visant à plus de progrès social étaient, au contraire, nécessaires, comme la CMU, et ont conduit à des modes de financement novateurs comme l'instauration d'un régime global de protection des personnes handicapées et dépendantes, voulu par le président Chirac et financé, en 2004, notamment par la suppression d'un jour férié.

En matière de comptes sociaux, malgré les réformes successives des retraites et la marche vers la maîtrise des dépenses d'assurance-maladie, les déficits sont presque invariablement de l'ordre de 10 à 15 milliards d'euros par an, faisant gonfler la dette sociale à près de 160 milliards d'euros. Sur le plan structurel, les retraites demeurent non totalement financées au-delà de l'horizon 2020 malgré un salutaire retour à l'équilibre de la Cnav en 2016. Quant à la prise en charge de la dépendance, qui est une conséquence du vieillissement de la population, elle attend la mise en place d'un financement pérenne, sur moyen et long terme.

En bref, le début des années 2000 aura été en France une période d'hésitation en matière de protection sociale : persistance de la volonté de faire progresser encore notre modèle social, quitte à le faire de manière déraisonnable (35 heures) ; réformes réelles mais inachevées comme celle des retraites ; financement des déficits à crédit.

Dans le même temps, l'Allemagne s'est engagée dans une stratégie de maîtrise de ses dépenses de protection sociale et de réforme de son marché du travail avec une finalité nouvelle : la restauration de sa compétitivité.

Il s'agit d'une rupture dans l'histoire de la protection sociale. La croissance n'est plus la condition du renforcement de la protection sociale, mais la réforme de celle-ci devient un moyen de créer les conditions d'une nouvelle croissance, sans pour autant procéder à un démantèlement ou à une privatisation du système. En quinze ans, l'Allemagne est passée d'une logique de gestion rigoureuse à un concept de compétitivité sociale.

C'est ce chemin qu'il nous faut suivre mais en conservant à nos politiques sociales un sens politique et de cohésion nationale.

Unifier le système des retraites sur la base des principes d'égalité et de compétitivité

Les retraites sont, de loin, le plus gros poste de dépenses de protection sociale. En 2012, les dépenses de retraites représentaient 13,4 % du PIB, à comparer avec l'ensemble des dépenses de l'État – hors collectivités territoriales – qui s'élèvent à 18 % du PIB. Ces dépenses ont fortement augmenté depuis dix ans sous l'effet du vieillissement de la population : + 2 % de PIB, et cela malgré les réformes successives.

Le besoin de financement ne va cesser de croître à l'horizon 2060. Selon le Conseil d'orientation des retraites (COR)[1], seul un scénario caractérisé par une croissance de 2 % de la productivité annuelle du travail, qui détermine la croissance des revenus, des salaires et des revenus d'activité, c'est-à-dire l'assiette des cotisations, et par un taux de chômage tendanciel de 4,5 %, permettrait d'être à l'équilibre à cet horizon. Si l'on se réfère, en revanche, au scénario étonnamment présenté comme le plus pessimiste par le COR (1 % de hausse annuelle moyenne de la productivité du travail et 7 % de taux de chômage en moyenne d'ici 2060), le besoin de financement des retraites serait de 2,7 % du PIB à cette échéance.

Ces projections ne sont évidemment que des indications. La réalité sera certainement différente. Mais elles montrent que, pour les décennies à venir, un effort continu de maîtrise des dépenses et de hausse des prélèvements sera nécessaire pour assurer le versement des pensions. Comment pourrait-il en être autrement alors que le rapport entre le nombre de cotisants et le nombre de retraités sera passé de 2 en 2005 à 1,8 en 2012 et serait à 1,4 en 2060, tout cela avec des hypothèses de taux de chômage et de taux d'activité des seniors très favorables, au regard de la situation actuelle ?

Comme cela a été le cas depuis 2004, chaque nouveau gouvernement devra donc engager sa réforme des retraites qui, si elle s'inscrit comme les précédentes dans le système actuel, ne pourra que conforter ou réduire faiblement les inégalités de situations entre les Français, durcir les conditions d'accès en termes d'âge légal

1. « Évolutions et perspectives des retraites en France », rapport annuel du COR, juin 2014.

de départ à la retraite ainsi que baisser le niveau des retraites à taux plein. Ces réformes obéissent désormais à une forme de rituel qui se déploie sur plus de six mois. Il y a un temps de dialogue social qui doit être respecté, puis la discussion du texte au Parlement, avec une course aux amendements de retardement, enfin le temps des manifestations et des grèves principalement des agents publics, à la fois moment d'exultation nécessaire aux syndicats et temps de négociation d'ultimes contreparties par leurs dirigeants. À l'arrivée, une énergie considérable a été dépensée et l'on a réalisé des réformes qui sont des étapes à défaut d'avoir un caractère structurel et durable.

L'exemple de la réforme de 2008 des régimes spéciaux de retraite de la SNCF et de la RATP illustre cette logique du « deux pas en avant, un pas et demi en arrière ».

Cette réforme avait un caractère hautement symbolique puisqu'elle avait conduit à un premier échec, resté dans toutes les mémoires, en 1995, et que ces régimes représentaient un exemple des particularismes et des avantages spécifiques qui ont subsisté au tournant de 1945. Ainsi, pour les 160 000 cotisants à la SNCF et les 43 000 à la RATP, l'État aura versé en 2012 respectivement 3,2 milliards d'euros et 550 millions d'euros, soit près de 60 % de leurs ressources. Certes, la situation démographique de ceux-ci est particulièrement défavorable : 0,67 cotisant pour 1 retraité contre 1,8 en moyenne nationale, mais cela n'explique pas tout. L'âge moyen de départ à la retraite à la RATP en 2011 était, par exemple, de 53,6 ans, ou de 51 ans à la SNCF pour les agents de conduite qui bénéficiaient par ailleurs, jusqu'en 2008, d'un généreux dispositif de bonifications d'annuités. Optiquement, cette réforme aura atteint son objectif d'harmonisation avec le régime de la fonction publique par le passage progressif de la durée de cotisation pour une retraite à taux plein de 37,5 à 40 ans et par l'indexation des pensions sur les prix et non plus sur l'évolution des salaires dans l'entreprise. La réforme de 2010 portant l'âge de départ à la retraite progressivement à 62 ans a également été appliquée à ces régimes.

L'examen en détail de la réforme fait apparaître une réalité bien plus contrastée. Elle a été accompagnée de mesures nouvelles en faveur des agents : création d'échelons supplémentaires à attribution automatique et augmentant les salaires, intégration des primes pour le calcul de la retraite, compensation de la suppression des bonifications d'annuités dont bénéficiaient les agents de conduite, majoration de traitement liée à la pénibilité... Selon la Cour des comptes, le coût de ces mesures à la SNCF serait de 4,7 milliards d'euros en cumulé de 2010 à 2020, et les économies, pour sa caisse de retraite et, indirectement, pour le budget de l'État qui la subventionne largement, de 4,1 milliards d'euros, soit un surcoût net de 600 millions d'euros. Toujours selon la Cour des comptes, le surcoût d'ensemble lié à la réforme de la RATP d'ici 2020 « excédera vraisemblablement les gains cumulés escomptés pour la caisse ». En revanche, la réforme devrait conduire à un « gain net » sur la décennie 2020-2030. Et la Cour des comptes de conclure : « Dès lors, le bilan global des réformes 2011-2030 pourrait, si les hypothèses ambitieuses de départ des agents se confirment, se révéler légèrement positif »...

Il serait cependant stérile et contre-productif de monter en épingle l'exemple des régimes spéciaux, de dénoncer les privilèges des agents publics et de conclure que n'ont été mises en œuvre jusqu'ici que de « fausses réformes ». Cette situation illustre bien plus la contradiction originelle entre l'ambition d'universalité de 1945 et la réalité, et pose la question de la nécessité d'engager une réforme structurelle qui n'obligerait pas, tous les deux à cinq ans, à adopter de nouveaux textes pour durcir les paramètres des différents régimes, nouveaux textes dont la préparation paralyse pendant des mois l'action publique et conduit au sentiment anxiogène pour les Français que rien n'est réglé et qu'ils risquent de n'avoir demain que des « retraites de misère ».

Par ailleurs, notre système de retraites, malgré les progrès en termes d'information sur les droits de chacun réalisés depuis la réforme de 2004 (GIP info-retraite), reste d'une grande complexité. Chaque retraité touche des pensions de la part, en moyenne, de 2,3 régimes de retraites. Les règles de calcul des droits sont totalement différentes selon que vous êtes salarié du privé, agent public ou travailleur indépendant. L'objet du présent chapitre n'est pas de dresser le tableau de ces différences, qui portent sur la base du calcul des pensions (dernier salaire pour les fonctionnaires ou assimilés, ou vingt-cinq meilleures années pour les salariés du privé), sur l'intégration ou non des primes dans le calcul des pensions, sur la durée de cotisation, sur l'âge légal de départ à la retraite, sur les avantages familiaux... Ce qui est certain est qu'en aucun cas notre système de retraite ne respecte le principe : à cotisations égales, pensions égales.

En outre, notre système de retraite présente des caractéristiques antiredistributives, ou plutôt redistributives à rebours. Les salariés ayant commencé à travailler tôt – malgré les dispositifs en faveur de ceux ayant commencé à travailler à 14, 15 ou 16 ans – sont globalement désavantagés, même s'ils ont le nombre d'annuités exigées, par le passage progressif de l'âge légal de départ à la retraite à 62 ans, contrairement à ceux qui ont fait des études plus longues et sont entrés sur le marché du travail plus tard. De même, les différences d'espérance de vie entre catégories sociales conduisent à des inégalités importantes. L'espérance de vie est de 74 ans pour un ouvrier et de 81 ans pour un cadre. Avec un départ à la retraite à 61 ans, le premier va toucher sa retraite pendant treize ans et le second pendant vingt ans. C'est un sujet extrêmement délicat qui renvoie aux questions de pénibilité et d'égalité dans l'accès aux soins et la prévention.

Faire le choix d'un régime unique de retraite « à cotisations définies », sur le modèle suédois

Même s'il ne faut pas sous-estimer la complexité technique et l'ampleur des résistances, et probablement des conflits sociaux, il est nécessaire de conduire une réforme d'ensemble égalitaire, rattachée aux niveaux de croissance et d'espérance de vie attendus, et autoéquilibrée sur un moyen et long terme. Il s'agit à la fois de parachever l'œuvre des pères fondateurs de la Sécurité sociale et de recréer un lien entre niveau des pensions de retraite, création de richesses et croissance.

La Suède, grand pays de protection sociale s'il en est, a ouvert la voie, à la fin des années 1990, quand il lui a fallu réformer son modèle dans le cadre d'une politique d'ensemble visant à retrouver compétitivité économique et croissance. Selon une logique de couverture universelle de l'ensemble des risques, elle avait construit, entre les années 1930 et la fin des années 1990, un modèle social extrêmement protecteur, jusqu'à occuper, en 2004, la première place en termes de dépenses sociales en Europe, devant la France. À beaucoup d'égards, le système de retraite suédois était proche du nôtre : par répartition, essentiellement financé par des cotisations salariales et patronales, avec des pensions calculées sur les quinze meilleures années. Au début des années 1990, la Suède est entrée en récession profonde : le PIB a baissé de plus de 4 % entre 1991 et 1993. Dans ce pays traditionnellement de plein-emploi, le chômage s'est envolé jusqu'à plus de 10 %. Le déficit budgétaire a dépassé 11 % du PIB. La dette publique a atteint près de 75 % du PIB. Le modèle économique et social suédois, qui faisait la fierté et se confondait, en quelque sorte, avec l'identité nationale, était à terre. Dans le consensus politique, la Suède a réagi d'une manière extrêmement forte, engageant une politique de rigueur budgétaire notamment dans le domaine social (réduction du niveau de certaines prestations, déconnexion de l'évolution des pensions de retraite de l'inflation, jours de carence sans indemnisation pour l'assurance-maladie...). Cette politique a contribué à un redressement économique et budgétaire rapide (retour à l'excédent des finances publiques en 2006, croissance de 4 %, dette ramenée à 45 % du PIB), mais, à aucun moment, il n'a été question de remettre en cause le modèle social. L'objectif était de le rendre compatible avec ce qui est en Suède l'obsession du plein-emploi. La coalition de centre droit est même arrivée au pouvoir en 2006 sur le thème de la défense du modèle suédois face à des sociaux-démocrates qui s'étaient engagés dans une politique de rigueur sans faille.

C'est dans ce cadre que s'est inscrite la réforme des retraites suédoises adoptée en 1998 et 2001, dans un très fort consensus politique et après presque dix ans de travaux préparatoires[1].

1. Pour la présentation exhaustive de cette réforme, voir le Rapport d'information du Sénat de la Mecss et de la Commission des affaires sociales

Un système égalitaire, autoéquilibré et lié au niveau de croissance

Comment fonctionne ce nouveau régime ?

Il s'agit d'un régime de répartition à cotisations définies, à rebours de la logique antérieure. On est passé d'un système où les droits à pension étaient définis à l'avance et où l'équilibre financier du système reposait sur l'augmentation des cotisations à un système où les cotisations salariales et patronales sont fixées à l'avance – d'où l'expression de « régime à cotisations définies » –, où les pensions sont calculées sur la base des droits accumulés enregistrés dans un compte personnel en fonction de l'âge de départ à la retraite et de l'espérance de vie de la classe d'âge à laquelle on appartient. En cas de ralentissement ou de baisse des recettes, l'effort d'équilibrage porte principalement sur le niveau des pensions, ce qui en fait un système autoéquilibré.

Chaque assuré dispose d'un compte personnel sur lequel sont créditées ses cotisations et celles de son employeur. Il s'agit d'un compte virtuel – d'où l'expression de « compte notionnel » –, le système étant, pour l'essentiel, fondé sur une logique de répartition[1]. Ce « capital » est augmenté, chaque année, d'un intérêt calculé en fonction de la progression du salaire moyen

---

sur la protection et la réforme des retraites en Suède (n° 377 2006-2007) ; Conseil d'orientation des retraites, document de travail du 18 mars 2009 sur le pilotage du système de retraite en France ; ou Antoine Bozio et Thomas Piketty, « Retraites pour un système de comptes individuels de cotisations », avril 2008.

1. 2,5 % de cotisations supplémentaires – payées par les employeurs – alimentant cependant des fonds de pension fonctionnant selon le principe de la capitalisation.

annuel (moyenne des trois dernières années du taux de croissance du revenu du travail réel, à laquelle on ajoute le taux d'inflation des douze derniers mois). Cela permet de faire évoluer le « capital » constitué parallèlement aux revenus du travail et donc le dynamisme de l'économie. En quelque sorte, il transcende l'idéal fondateur de la Sécurité sociale : représenter le capital de ceux qui n'en ont pas.

La pension est calculée en divisant le « capital » accumulé par un coefficient de conversion qui permet d'obtenir l'annuité de pension. Celle-ci est fonction de l'espérance de vie à 65 ans de la catégorie d'âge à laquelle on appartient, mais il est possible de partir à la retraite entre 61 et 67 ans moyennant une modulation, à la baisse ou à la hausse, des pensions. Celles-ci sont à la fois indexées sur l'inflation et sur les performances économiques puisqu'elles sont revalorisées, chaque année, selon l'inflation, à laquelle s'ajoute la différence entre la croissance du revenu réel par tête et un index atténuateur de référence (1,6 %). En revanche, en cas de ralentissement économique ou de déséquilibre démographique, un mécanisme d'ajustement s'enclenche automatiquement en vue de restaurer progressivement l'équilibre financier du régime, en agissant sur le taux de revalorisation du capital accumulé et sur l'indice d'évolution des pensions déjà liquidées.

Pour ceux qui n'ont eu que de très faibles revenus ou des carrières incomplètes, une pension garantie est assurée avec un financement par l'État (qui couvre le différentiel entre les droits acquis et le montant de la pension minimale). Ce dispositif concerne près de 30 % d'une classe d'âge. De même, les droits non contributifs à la retraite (pensions d'invalidité et de veuvage, période d'éducation des enfants, service national) sont financés par l'État.

La mise en œuvre de cette réforme s'est opérée sur une période de transition de quinze ans, ce qui a permis d'assurer une extinction progressive des anciens régimes de retraite : chaque année, leur part a diminué d'un quinzième alors que celle du nouveau système augmentait d'autant dans le calcul de la pension perçue.

Ce régime de base à vocation universelle conduit à un taux de remplacement moyen du revenu d'activité de 60 %. Il est complété par quatre régimes complémentaires (État, collectivités locales, salariés du privé, cadres du privé) gérés par les partenaires sociaux. Ces régimes complémentaires représentent un taux de remplacement du revenu entre 10 et 15 % qui vient s'ajouter à celui du régime de base. Il est complété souvent par des régimes privés à cotisation volontaire.

Il a un caractère universel et respecte le principe : à cotisations égales, pensions égales. Il est transparent : chaque année, les Suédois reçoivent une « enveloppe orange » récapitulant le montant du capital accumulé et des droits y afférents. Il est d'autant plus généreux que la croissance est forte. Il est plus favorable aux carrières commencées très tôt, c'est-à-dire, en général, aux salariés les plus modestes, les cotisations capitalisées portant intérêt tout au long de la vie professionnelle. En cas de ralentissement économique ou de récession comme en 2008-2010, le niveau des pensions s'en trouve affecté – elles ont baissé de 4 % en 2010 – alors que les cotisations ne bougent pas. L'État peut cependant décider de compenser, de manière ciblée ou globale, la baisse des pensions, notamment dans le cadre de politiques keynésiennes, comme celles qui ont été conduites durant la crise.

Le choix d'un tel système en France, que je préconise comme l'a fait, à gauche, Thomas Piketty, présentera des avantages décisifs. Il s'inscrira dans la logique universelle et égalitaire de l'idéal de 1945. Il en sera fini des procès en privilège de nos systèmes de retraite qui minent notre cohésion sociale. Il ne sera plus nécessaire d'engager des réformes récurrentes même si les périodes de récession exigeront certainement d'adopter des mesures d'amortissement des effets d'autoéquilibrage du système, notamment pour protéger les retraités les plus modestes. Il s'agira aussi d'un choix essentiel consistant à lier le niveau des droits à la croissance et à renforcer la confiance des entreprises par un système de cotisations définies. Dans le cadre d'une politique d'ensemble visant à obtenir une croissance plus forte, les retraités profiteront des effets du dynamisme économique, contrairement à l'indexation sur les prix qui conduira nécessairement, à terme, à la dégradation du pouvoir d'achat relatif des retraités.

Bien sûr, il y aura à surmonter la vague des corporatismes et des avantages acquis, mais le temps est venu d'affirmations aussi simples que claires : rien ne justifie que salariés du privé, fonctionnaires et ressortissants des régimes spéciaux aient des systèmes de retraite différents. Les modes de calcul des pensions devront être les mêmes. En contrepartie, les primes versées aux fonctionnaires devront être prises en compte dans le calcul des cotisations et des droits ouverts.

La mise en œuvre d'une telle réforme nécessitera de régler une multitude de questions de principe : faudra-t-il, par exemple, comme en Suède, introduire une part de capitalisation qui permettra de créer une épargne supplémentaire utile au financement des entreprises ? S'agissant des revenus servant d'assiette des cotisations, jusqu'à quel multiple du plafond de la Sécurité sociale faudra-t-il aller ? Pourra-t-on intégrer les commerçants et indépendants dans ce régime avec la même période de transition que les salariés et les fonctionnaires ? Sous quelle forme technique intégrer au système le régime des pensions de réversion ?

Il s'agit d'un travail technique considérable, mais aucune de ces questions n'est insurmontable. Avec une période de montée en charge de quinze-vingt ans, la marche vers l'égalisation des droits pourra se faire de manière parfaitement soutenable. Durant cette période, il faudra certainement prendre aussi des mesures visant à combler les besoins de financement liés à la dégradation des ratios démographiques ou à la conjoncture économique, mais ces mesures s'inscriront dans le cadre d'un schéma de convergence qui aura été tracé.

Cette réforme marquera une étape décisive. Elle achèvera de réaliser l'idéal d'universalité et d'égalité posé par les pères fondateurs de la Sécurité sociale. Elle affirmera de manière claire et novatrice que les droits sociaux sont liés au travail de chacun et à la réussite de tous, c'est-à-dire à la croissance. Sur le plan symbolique, ses effets seront forts. Elle montrera que le pays n'est plus prisonnier des intérêts particuliers et qu'il croit à nouveau en lui et en sa capacité à générer une croissance forte.

L'assurance-maladie est un acquis fondamental à préserver, qui doit retrouver sa vocation originelle pour répondre au double défi du vieillissement et de la techno-médecine

Les difficultés – déficits, gaspillages, abus, conservatisme – ne doivent pas occulter la réussite de notre système de santé.

Nous avons bâti un des meilleurs systèmes de santé au monde

Au fil des pages précédentes, l'exigence de lucidité a imposé de nous comparer, souvent défavorablement, à nos voisins et concurrents. En matière de santé, la comparaison nous est, dans une large mesure, favorable. En 2000, l'OMS a classé la France au premier rang des systèmes de santé, au regard du triple critère de l'amélioration de la santé, de la satisfaction des patients et de la prise en charge des dépenses. En 2006, une étude suédoise portant sur 26 pays a classé la France au premier rang de satisfaction des usagers du système de soins. Nous avons, depuis, perdu quelques rangs dans ce classement en raison du retard, au demeurant inacceptable, dans le déploiement du dossier médical informatisé. À 65 ans, notre espérance de vie, celle qui est conditionnée par la qualité de notre système de soins, est la plus élevée au monde : vingt-quatre ans pour les femmes, dix-neuf ans pour les hommes. Les études multicritères relatives à la mortalité évitable grâce au système de soins nous classent également au premier rang.

Notre système de soins repose aussi sur une construction originale qui concilie liberté de choix du ou des professionnels de santé et solidarité. Même s'il existe des problèmes d'accès à différentes spécialités médicales (dermatologie, ophtalmologie, urologie...) ou à certains examens radiologiques, nous ne vivons pas les affres des files d'attente que connaissent tant de pays, et pas seulement les Britanniques. Nous sommes libres, contrairement à beaucoup d'autres, de nous adresser à un spécialiste, en première intention, même si la mise en place du médecin référent, en 2005, a encouragé financièrement le passage par le médecin généraliste. Nous pouvons choisir entre hôpitaux publics ou cliniques privées. Depuis la réforme

Debré de 1958, l'hôpital public n'est plus le cadre d'une médecine réservée aux déshérités mais un lieu d'excellence qui assure, par ailleurs, une formation performante du corps médical.

L'accès à ces soins de qualité est porté par un système de financement collectif qui demeure très généreux. La France est le pays où ce qui reste à la charge directe des ménages est, après les Pays-Bas, le plus faible : 9,6 % des dépenses en 2011 contre 20 % en moyenne dans l'OCDE.

Dans le domaine de la santé, comme dans celui de la retraite, nous n'avons pas réalisé le rêve d'universalité des pères fondateurs de la Sécurité sociale mais nous nous en sommes fortement rapprochés. La couverture complémentaire est indissociable de la Sécurité sociale, et les champs de l'une et de l'autre n'ont cessé de s'étendre. La couverture complémentaire tend à l'universalité. On est passé de moins de 70 % de la population, au début des années 1980, à 95 % aujourd'hui. L'Accord national interprofessionnel (ANI) et la loi de sécurisation de l'emploi de 2013 vont conduire à généraliser la couverture collective complémentaire à l'ensemble des salariés, et notamment à ceux des petites entreprises, et à la « portabilité » de ces droits au profit des chômeurs.

Même si la couverture complémentaire relève d'un marché de plus en plus concurrentiel, elle obéit à des règles qui l'éloignent des logiques assurantielles : non-sélection des risques et interdiction de recueillir des informations médicales individuelles, ce que l'on qualifie de contrats responsables et qui couvre l'immense majorité des assurés.

La ligne de partage entre les deux types de couvertures dépend, en revanche, de l'importance des soins concernés. L'assurance-maladie rembourse près de 90 %

des dépenses relatives à des Affections de longue durée (ALD) – les pathologies les plus graves – mais seulement un peu plus de 60 % des autres maladies (ticket modérateur, forfait hospitalier, participation de 1 euro à certaines dépenses...). Quant aux soins dentaires, ils sont très majoritairement remboursés par les mutuelles et assurances complémentaires[1], et l'assurance-maladie est quasiment absente des remboursements des dépenses d'optique (4 % des dépenses) ou de prothèses audio (14 %). En 2012, la consommation des soins et des biens médicaux s'est élevée à 184 milliards d'euros – soit 9 % du PIB, et même 10 % pour le périmètre le plus large si on prend en compte les soins aux personnes âgées et handicapées et la prévention individuelle. Ces dépenses sont financées à 75 % par l'assurance-maladie et à 13,5 % par les mutuelles et organismes complémentaires, et par l'État au titre de la CMU-complémentaire et de l'aide à l'Assurance complémentaire santé (ACS)[2].

Sans nier les difficultés, les conditions d'accès aux soins demeurent exceptionnelles en France

Les sondages qui disent qu'un tiers des Français ont déjà renoncé à des soins, faute de moyens, doivent être lus avec attention. Cette situation concerne d'abord les soins dentaires et l'optique. De manière plus précise, le Haut Conseil pour l'avenir de l'assurance-maladie s'est penché, en 2013, sur la situation des 20 % de la population les plus modestes. Parmi eux, moins de 5 % auraient renoncé à voir un médecin pour des raisons financières,

1. Selon le rapport 2014 de la Cour des comptes sur la Sécurité sociale, l'assurance-maladie prend en charge 30 % des dépenses de soins dentaires et 18 % des prothèses.

2. Rapport annuel 2013 du Haut Conseil pour l'avenir de l'assurance-maladie.

au cours des douze derniers mois. Sans nier les difficultés, il faut également mettre en perspective la question des « déserts médicaux ». En 2007, moins de 1 % de la population française se trouvait à plus de quinze minutes d'un généraliste. La distance moyenne à parcourir pour accéder à un spécialiste était de 5 à 8 kilomètres. En revanche, les inégalités de densité, qui conditionnent les délais pour obtenir une consultation, sont plus significatives. On compte 560 spécialistes pour 100 000 habitants à Paris contre 67 en Haute-Loire[1].

Tout n'est évidemment pas parfait dans notre système de santé : l'accès aux soins pour les pathologies les moins graves et pour les patients qui ne peuvent pas se payer une mutuelle ; la difficulté à accéder rapidement à un médecin spécialiste en zone rurale ou désindustrialisée ; la forte proportion de médecins en secteur 2 – qui pratiquent des dépassements d'honoraires importants – pour certaines spécialités et dans certaines grandes villes ; la quasi-absence de remboursement, par le régime de base, des soins dentaires, de l'optique ou des audioprothèses ; l'inégalité de fait en matière de prévention et donc d'espérance de vie. Mais, dans sa globalité, notre système de soins répond à l'ambition nationale de solidarité et d'égalité. Alors que le salaire net médian est de 1 700 euros par mois, qui pourrait se payer le coût du traitement d'un infarctus (17 000 euros) ou d'un cancer du poumon (63 000 euros), ou le dernier traitement contre l'hépatite C (19 000 euros par mois)[2] ? De fait, et grâce à notre système d'assurance-maladie et de mutuelles quasi obligatoires, les dépenses de santé ne varient pas avec le

1. Gérard Cornilleau, « Crise et dépenses de santé », note de l'OFCE, février 2012.

2. Coût du Sovaldi, selon le rapport de la Cnam, « Améliorer la qualité du système de santé et maîtriser les dépenses », 2015.

revenu. En 2009, les dépenses de santé des 10 % les plus modestes (1er décile) étaient en moyenne de 2 460 euros, pour 1 800 euros pour le 5e décile et 1 925 euros pour le 10e décile.

Dans quel autre domaine de la société les mécanismes de solidarité collectifs assurent-ils une telle égalisation des situations ?

Notre système de santé est-il pour autant viable dans la durée ou faut-il en changer ?

L'assurance-maladie est en déficit permanent depuis le milieu des années 1980. Après avoir atteint le pic de 12 milliards d'euros en 2004 en raison de dépenses en forte hausse, et en 2010 sous l'effet de la récession, le déficit reste depuis à un niveau élevé, de l'ordre de 7 milliards d'euros. Le remboursement de l'ensemble des soins n'a été possible qu'au prix du gonflement de la dette sociale, c'est-à-dire à crédit.

Tendanciellement, les dépenses de santé n'ont cessé d'augmenter plus vite que la création de richesses, passant de 7 % du PIB en 1980 à 8,4 % en 1990 et à 9 % actuellement, voire 10 % si l'on prend le périmètre le plus large. Seuls les États-Unis consacrent plus de ressources à la santé.

On ne peut pas nier le problème et, dans le même temps, il n'y a pas de « recette miracle ». Ainsi, il n'est pas possible, hélas, de considérer que la santé serait un bien supérieur et que l'augmentation des dépenses serait nécessairement une bonne chose car entraînant la croissance d'un vaste secteur d'activité. En effet, les dépenses de santé sont couvertes à 75 % par des prélèvements obligatoires de toute nature (45 % en cotisations, 35 % en CSG et 15 % en impôts et taxes). Bien sûr, on peut toujours augmenter les prélèvements ou les cibler sur les ménages les plus favorisés (CSG progressive), mais l'on voit, à la lumière des choix fiscaux faits en 2011-2012, que la sanction est immédiate sur la croissance et l'appauvrissement global de la Nation.

Nous devons, par ailleurs, prendre en compte les facteurs qui poussent à la hausse tendancielle des dépenses de santé. Le vieillissement de la population et le développement de traitements nouveaux et coûteux sont des facteurs d'augmentation, dans la durée. Dans son rapport 2013, le Haut Conseil pour l'avenir de l'assurance-maladie a mené un travail de projection à l'horizon 2060. L'espérance de vie devrait encore progresser jusqu'à passer de 84 à 91 ans pour les femmes, et de 77 à 86 ans pour les hommes. En revanche, la pyramide des âges s'équilibrera progressivement avec la disparition des effets des chocs démographiques (Seconde Guerre mondiale et baby-boom). La proportion des plus de 65 ans passera de 17 % en 2011 à 26 % en 2040 pour se stabiliser jusqu'en 2060 (26 %). Le Haut Conseil prend également des hypothèses réalistes d'évolution de l'état de santé lié à la fois aux effets du vieillissement, mais également à la progression du vieillissement en bonne santé. En revanche, il retient les hypothèses macro-économiques du Conseil d'orientation des retraites, dont on a déjà souligné le caractère très optimiste en termes de croissance et de plein-emploi (chômage ramené entre 4,5 et 7 %).

Les dépenses de santé devraient fortement augmenter d'ici 2060

Il ressort de ces travaux un rythme de croissance des dépenses de santé caractérisé par trois périodes : 2015-2023 : + 3 % par an ; 2025-2040 : + 2,4 % ; 2040-2060 : + 1,8 %. La contribution du vieillissement est significative sans être majeure : + 0,5 % de progression des dépenses par an jusqu'en 2040 et + 0,14 % ensuite, du fait de la stabilisation de la proportion des plus de 65 ans. Le financement du coût net du progrès médical, avec l'apparition de nouveaux traitements, coûteux et personnalisés, est l'enjeu principal.

Sur ces bases, les dépenses de santé, entendues au sens le plus large, devraient passer à 11 % en 2020, 12 % en 2030, 12,7 % en 2040 et 13 % en 2060. Quant aux dépenses remboursées par l'assurance-maladie, elles passeraient de 8 % du PIB en 2011 à 8,7 % en 2020, 9,4 % en 2030, 10 % en 2040 et 10,4 % en 2060.

Le déficit de l'assurance-maladie devrait ainsi s'élever à 0,7 % en 2020, 1,4 % en 2030, 2 % en 2040 et 2,4 % en 2060, soit l'équivalent de 1,2 point de CSG en 2020 et de près de 4 points en 2060, soit une augmentation de l'ordre de moitié de la CSG d'aujourd'hui.

Nous sommes donc face à une impasse financière, à moyen et long terme, et cela d'autant plus que ces projections sont fondées sur des hypothèses économiques optimistes.

Il faut donc agir. Mais comment ?

Faut-il changer de système et pour quelle alternative ?

La réforme la plus radicale consisterait à mettre en place une concurrence généralisée dans le système. Il s'agirait de permettre à chacun de choisir son assureur-maladie, qu'il soit public (caisses d'assurance-maladie) ou privé (assurances ou mutuelles). L'assurance-maladie de base resterait obligatoire et couvrirait, pour chacun, les mêmes risques avec les mêmes niveaux de remboursement, mais les assureurs seraient mis en concurrence, ce qui les pousserait à offrir les meilleurs soins avec les cotisations les plus basses possible.

C'est ce choix qui a été fait aux Pays-Bas en 2006, après des années de travaux, notamment de la Commission Dekker. Ce système existe aussi en Allemagne depuis 1996 où, par ailleurs, les 11 % des ménages les plus aisés ne sont pas obligés de s'affilier à un régime de sécurité sociale mais peuvent s'assurer pour l'ensemble du risque maladie auprès d'assurances privées.

Les premières leçons de la réforme néerlandaise doivent être analysées avec attention. En premier lieu, elle pose des problèmes importants de sélection des risques par les assureurs et il a fallu mettre en place des mécanismes lourds de contrôle et de péréquation des cotisations versées pour tenir compte de la structure des populations assurées. La logique de ce système nécessite aussi que les assureurs deviennent des acheteurs de soins, c'est-à-dire qu'ils négocient les prix des médicaments et les tarifs des professionnels de santé et des hôpitaux. Pour cela, il faut abandonner l'ensemble des dispositifs publics ou conventionnels de fixation des prix et des tarifs de soins, ce qui est une transition très complexe à gérer, et mettre en place une régulation publique de la concurrence entre les assureurs-santé. C'est un chantier organisationnel considérable et politiquement miné car il faut veiller à préserver l'égalité devant les soins alors que se multiplient les acteurs concourant à la couverture des dépenses.

Surtout, malgré des résultats probants sur le médicament, les dépenses de santé aux Pays-Bas n'ont pas baissé. De manière extrême, l'exemple des États-Unis illustre le constat, *a priori* contre-intuitif, que la libre concurrence entre assureurs-santé n'est pas synonyme de maîtrise des dépenses puisque celles-ci sont les plus élevées au monde. L'Allemagne maîtrise, en revanche, ses dépenses d'assurance-maladie depuis la fin des années 1990 en ayant fait de choix d'une régulation qui demeure collective et fondée sur des négociations globales entre les unions de caisses et les unions de médecins.

Permettre la liberté d'affiliation entre les trois caisses nationales d'assurance-maladie

Une solution permettant d'introduire une part de concurrence dans le système sans en remettre en cause les fondements pourrait être d'accorder la liberté d'affiliation entre les trois principales caisses nationales d'assurance-maladie : la Cnamts, la MSA pour les agriculteurs et le RSI pour les indépendants[1].

Elles sont réunies, depuis 2004, au sein de l'Union nationale des caisses d'assurance-maladie (Uncam) qui négocie les conventions avec les professionnels de santé, détermine les biens et soins admis au remboursement, et en fixe les taux de prise en charge.

Chacun serait libre de son affiliation à une caisse nationale et se déterminerait à partir d'une évaluation transparente et indépendante des frais de gestion et de la qualité du service.

L'idée d'une mise en concurrence ouverte pourrait, en revanche, être expérimentée s'agissant de la prise en charge de la dépendance qui n'en est encore qu'à ses débuts[2].

1. Il existe 11 autres régimes obligatoires de taille beaucoup moins importante (*cf.* le rapport de l'IGAS sur les coûts de gestion de l'assurance-maladie de septembre 2013).

2. Philippe Trainar, « Relever les défis de la dépendance : pour un partenariat public-privé », *in* Jean-Paul Betbeze et Benoît Cœuré (dir.), *Quelles réformes pour sauver l'État ?*, PUF, 2011.

L'autre type de réforme globalisante consisterait à unifier la couverture maladie, réalisant l'idéal des pères fondateurs de la Sécurité sociale : l'assurance-maladie couvrirait à la fois le risque de base et le risque complémentaire, dans un périmètre de prise en charge qui serait le même pour tous. Au-delà, chacun pourrait librement s'assurer pour améliorer sa couverture santé. Ce système existe déjà en Alsace-Moselle : il prend en charge l'intégralité du ticket modérateur à l'hôpital et entre 80 et 90 % des soins de ville mais n'assure pas la couverture des dépassements d'honoraires. Cette réforme poserait cependant de lourds problèmes de mise en œuvre. D'abord, elle conduirait à la disparition du secteur de l'assurance complémentaire et donc des mutuelles, ce qu'il n'a pas été possible de faire même dans la dynamique de 1945. Ensuite, elle supposerait de transformer les versements aux régimes complémentaires en cotisations sociales, et donc en prélèvements obligatoires, ce qui ne serait pas nécessairement la priorité de l'heure en termes d'affichage. La Cour des comptes a estimé, en 2010, que cette réforme conduirait à augmenter mécaniquement les taux de cotisations maladie de 10 %. Cette hausse ne serait pas seulement faciale – intégrer les versements aux mutuelles dans les cotisations sociales – car l'harmonisation des remboursements pousserait le niveau de dépenses à la hausse, notamment par l'amélioration pour tous de la prise en charge des soins dentaires, de l'optique et des prothèses audio. Il faudrait donc surmonter des oppositions politiques (les mutuelles) pour mettre en œuvre une réforme qui ne serait pas porteuse, en elle-même, d'économies.

En fait, la fusion entre assurance-maladie de base et complémentaires santé n'aurait de sens que si elle s'accompagnait d'une mise en concurrence généralisée, chacun pouvant s'assurer librement soit dans une caisse d'assurance-maladie, soit chez un assureur privé ou mutualiste (*cf.* le modèle néerlandais). Mais on a vu les limites et les risques d'un tel changement de modèle.

En réalité, ainsi que le soulignait l'OCDE en 2010[1], aucun système ne s'impose aux autres s'agissant de la capacité à maîtriser la dépense. Comme souvent, tout est affaire d'exécution.

Donner la parole aux assurés sous forme de débat participatif sur ce qui doit être pris en charge par l'assurance-maladie et ce qui doit l'être par les mutuelles et assurances complémentaires

Sans changer de modèle, mais dans une logique structurelle, on pourrait mieux distinguer les risques qui devraient être couverts par l'assurance-maladie et financés par des prélèvements obligatoires, et ceux qui devraient être laissés à la liberté de choix de chacun. On se placerait dans la ligne de l'architecture actuelle où la part des dépenses qui n'est pas remboursée par l'assurance-maladie l'est par les mutuelles ou les assurances complémentaires. Cette logique pourrait être poussée à son terme : certaines dépenses – ce que l'on appelle le petit risque – ne seraient plus remboursées par l'assurance-maladie obligatoire mais relèveraient de la couverture complémentaire. On peut aussi envisager un système de franchise où le remboursement par

1. OCDE, « Améliorer le rapport coût-efficacité des systèmes de santé », 2010.

l'assurance-maladie se déclencherait à partir d'un certain seuil de dépenses laissé à la charge de chacun – une forme de bouclier sanitaire – en modulant le niveau de cette franchise en fonction des revenus[1].

Cette réforme suppose d'achever la couverture complémentaire maladie de tous. Elle exige surtout de pouvoir définir ce que l'on appelle « le panier de soins », c'est-à-dire ce qui relève de la seule assurance-maladie obligatoire.

C'est un chantier complexe et sensible. C'est la raison pour laquelle on n'est, jusqu'ici, jamais passé de l'idée générale à sa mise en œuvre. Pour ce faire, il faut changer de méthode, sortir d'un débat entre spécialistes qui se heurte aux poids des intérêts particuliers et soumettre cette question à un débat participatif.

Il appartient à l'État de fournir les éléments nécessaires, sur une base transparente et pédagogique. Il faut ouvrir de véritables espaces de propositions sur le principe de cette réforme, ainsi que s'agissant des produits et des soins concernés. Cela contribuera à accélérer la structuration des assurés sociaux, notamment en forums de patients, comme il s'en développe aux États-Unis, avec une très grande utilité pour le système de santé.

Ce chantier exigera des moyens et du temps mais il sera source d'idées nouvelles et permettra de renouer avec le principe de démocratie sociale : aux assurés de financer et de gérer la Sécurité sociale.

1. Voir notamment Raoul Briet et Bertrand Fragonard, *Mission bouclier sanitaire*, La Documentation française, 2007.

L'urgence est d'accélérer la lutte contre les soins inutiles, les fraudes, de médicaliser la loi de financement de la Sécurité sociale et d'accroître la productivité du système de santé

Contrairement à un avis largement répandu, l'assurance-maladie peut être gérée. Ce mouvement est engagé et il n'en est qu'à ses débuts.

Les dépenses de l'assurance-maladie évoluent aujourd'hui à un rythme annuel de 2 %[1], contre une croissance moyenne de 3,5 % au tournant des années 2000 et de l'ordre de 5 % à la fin des années 1980. Cette décélération est d'autant plus notable qu'elle s'est accompagnée d'innovations ayant entraîné des coûts supplémentaires : les contrats incitatifs au maintien et à l'installation en zone à faible densité pour les médecins et les professions paramédicales (infirmiers libéraux, masseurs-kinésithérapeutes) et l'instauration d'un nouveau mode de rémunération pour les médecins reposant, depuis 2011, sur trois piliers :

— le paiement à l'acte, bien sûr, auquel s'ajoutent la rémunération à la performance sur objectifs de santé publique et la rémunération forfaitaire ;

— la création des consultations à haute valeur ajoutée de santé publique ou la revalorisation des consultations pour les patients nécessitant un suivi spécifique ;

— le Contrat d'accès aux soins (CAS) pour limiter les dépassements d'honoraires des médecins du secteur 2[2], en contrepartie de la prise en charge d'une partie de leurs cotisations sociales. Selon la Cour des comptes,

1. Les comptes de la Sécurité sociale, rapport de septembre 2015.
2. Les médecins autorisés à pratiquer des dépassements d'honoraires : 10 % des généralistes et 43 % des spécialistes en 2013.

les seules mesures prises dans le cadre de la convention médicale de 2011 auraient entraîné près de 650 millions d'euros de dépenses supplémentaires[1].

Les dépenses d'assurance-maladie n'évolueront jamais systématiquement comme le PIB, dont le cycle obéit à des déterminants économiques par essence différents, mais il n'y a pas de fatalité à la dérive des dépenses et à la spirale négative qui en découlent : baisse des remboursements et hausse des prélèvements.

Il existe de fortes marges de baisses des dépenses sans rien abandonner de la qualité de notre système de soins. L'exigence est de les réaliser.

La question occultée des soins inutiles ou dangereux

Dès les années 1970, Archibald Cochrane, dans son ouvrage toujours de référence *L'Inflation médicale. Réflexion sur l'efficacité de la médecine*, avait montré qu'un nombre très significatif de traitements prescrits ne reposaient sur aucune base scientifique démontrée. Il préconisait la mise en œuvre d'une médecine fondée sur les preuves. Selon l'Institute of Medicine américain, 30 % des dépenses de soins seraient inutiles ou même dangereuses. Une étude publiée dans le *British Medical Journal Evidence Centre*, réalisée sur un échantillon représentatif des soins, conclut à ce que, sur les 3 000 traitements analysés, 35 % ont une efficacité certaine ou probable, 7 % présentent à la fois des bénéfices et des dangers, 8 % sont inefficaces et à risques et 50 % ont une efficacité inconnue.

1. Cour des comptes, rapport sur l'application des lois de financement de la Sécurité sociale, septembre 2014.

Notre foi dans le progrès médical est telle que le premier réflexe consiste à relativiser ou à douter de ces chiffres. Pourtant, le taux de recours à certaines interventions chirurgicales peut varier du simple au double selon les départements.

Dans le même temps, il est extrêmement difficile de passer du constat de l'existence de soins inutiles ou dangereux très nombreux à la mise en place d'une politique systématique permettant de les éviter. C'est le professionnel de santé qui est responsable, en dernier ressort, du choix du traitement ou de l'acte médical, et aucune situation n'est comparable à une autre. Pour appréhender et lutter contre les soins inutiles, il faut conduire de longues études d'évaluation scientifique, former les professionnels, diffuser les bonnes pratiques, mettre en place, le cas échéant, des incitations financières. C'est cependant possible. Les campagnes de l'assurance-maladie démontrant, par exemple, que le recours aux antibiotiques est inutile dans bien des cas préfigurent ce qu'il faut mettre en place à la fois pour lutter contre les gaspillages et pour prévenir les « accidents médicaux », notamment des personnes âgées en raison de traitements inadaptés.

Pour lutter contre les soins inutiles, il faut mettre l'intelligence artificielle au service de la médecine

La formation, notamment continue, des médecins et les bonnes pratiques sont des réponses utiles à court terme. Le développement de forums d'échanges entre les médecins, sur une base anonymisée, permettra également des progrès.

Il faut aller plus loin et mettre en place des systèmes experts d'aide au diagnostic.

Le superordinateur Watson d'IBM, qui a écrasé les champions du jeu télévisé américain de connaissances Jeopardy ! a été réorienté vers le diagnostic médical. C'est une voie majeure d'amélioration de la qualité des soins et pour éviter des actes inutiles ou dangereux. Il n'est pas question de remplacer le médecin par la machine, aussi intelligente soit-elle. Ce qui est en cause, c'est de démultiplier la capacité et la qualité de diagnostic du médecin par l'accès à des bases de données immenses de cas préanalysés et présentant des similitudes. Nous pouvons ainsi entrer dans une deuxième ère d'analyses médicales : celle des systèmes experts. Ce projet devrait être une des composantes des travaux de la commission sur la médecine du futur, mise en place en novembre 2015 par le gouvernement.

Lutter contre les fraudes

De même, et d'une manière transversale à l'ensemble de la Sécurité sociale, la Cour des comptes estime, s'appuyant sur une étude de l'Acoss (le trésorier de la Sécurité sociale), que la fraude aux cotisations sociales représentait 20 milliards d'euros en 2012 – bien plus que le déficit total – et aurait quasiment doublé en huit ans[1]. Malgré une mobilisation des acteurs, les redressements ne représentent que 1,5 % de la fraude estimée et les recouvrements effectifs sont faibles. Les marges sont donc considérables. Ce qui est engagé en matière fiscale peut l'être en matière sociale.

1. Cour des comptes, rapport sur l'application des lois de financement de la Sécurité sociale, septembre 2014, *op. cit.*

Médicaliser le volet relatif à l'assurance-maladie de la loi de financement de la Sécurité sociale

Le niveau des dépenses est encore trop souvent le résultat d'un constat *a posteriori*. Les mesures d'économies décidées, en réponse à la persistance des déficits, portent sur les postes les plus évidents et à rendement significatif.

Il n'y a pas réellement de logique d'ensemble partant de la réalité de notre système de soins. Sait-on, par exemple, que les dépenses relatives aux maladies psychiatriques et aux traitements psychotropes représentaient, en 2012, 22 milliards d'euros pour l'assurance-maladie contre 14 milliards d'euros pour le cancer ? Mesure-t-on que la durée d'hospitalisation pour un accouchement classique est de plus de 4 jours en France contre 3 en moyenne dans l'OCDE ou 2 aux Pays-Bas ?

La Cnamts publie chaque année un rapport pour l'amélioration du système de santé et la maîtrise des dépenses qui repose sur cette logique de transparence et de comparaison avec nos voisins. C'est ainsi qu'il faut avancer : déterminer les secteurs prioritaires de prévention, comme la souffrance mentale, et accélérer la convergence avec les pays ayant des pratiques plus économes avec un haut niveau de qualité de soins.

La loi de financement de la Sécurité sociale pourrait avoir un volet relatif aux politiques de prévention ou être votée de manière concomitante à une loi annuelle de santé publique.

Nous avons, en effet, accumulé beaucoup de retard en matière de prévention. Nous avons la plus forte consommation d'alcool des pays de l'OCDE, malgré une baisse de 20 % en dix ans. Nous sommes au 25e rang sur 34 pour le tabagisme qui continue à progresser en France[1]. Nous avons de mauvais résultats en termes de mortalité prématurée. Ainsi, 28 % des hommes meurent avant 65 ans, ce qui nous place au 14e rang en Europe[2]. Cela se traduit par des inégalités sociales en termes d'espérance de vie. Ainsi, la proportion de fumeurs est passée de 28 % en 2000 à 25 % en 2010 chez les cadres alors qu'elle est passée de 40 % à 43 % chez les ouvriers et de 40 % à 51 % chez les chômeurs sur la même période. De même, la fréquence des cancers du sein est moins élevée dans les catégories sociales les plus favorisées, en raison d'un plus grand recours aux pratiques de dépistage[3].

Alors que la prévention est la meilleure réponse pour lutter contre la mortalité prématurée ou pour traiter les pathologies lourdes à leurs débuts, elle ne représente que 2 % de nos dépenses de santé et se trouve « éclatée » entre les actions des caisses d'assurance-maladie et de l'État – à travers les programmes lancés par les agences régionales de santé, par exemple, sur l'obésité et les AVC – et les mutuelles.

Le volet santé publique de la loi de financement de la Sécurité sociale sera l'occasion de mettre en place des indicateurs de mortalité prématurée et d'inégalités sociales de santé, de les suivre dans le temps, de se donner des priorités nouvelles, de mobiliser ou de concentrer les moyens sur des actions spécifiques, de coordonner les politiques des différents acteurs dans le cadre de plans nationaux à déclinaison régionale s'appuyant, pour ce faire, sur les agences régionales de

1. On ne peut, à ce titre, que soutenir la réforme Touraine sur le paquet neutre.
2. Dominique Polton, *La Santé pour tous ?*, La Documentation française, 2014.
3. *Ibid.*

santé. Parmi ces plans, il est nécessaire de lancer une action globale pour répondre à la souffrance mentale, sur le modèle mis en place par le président Chirac, en 2002, pour le cancer.

C'est sur la base d'une approche transparente et globale que nous pourrons continuer à améliorer la qualité du système de soins et dégager des marges pour l'arrivée de traitements personnalisés et coûteux, comme la révolution de l'immunologie dans le traitement des cancers.

Quelques exemples illustrent cette démarche.

Achever notre rattrapage dans le domaine des génériques

Si nous parvenions à une structure de prescription des génériques comparable à celle de nos voisins les plus performants, nous pourrions économiser au minimum 2 milliards d'euros[1].

Depuis 2002, les génériques sont passés de 10 à 25 % des médicaments vendus. En Allemagne, au Royaume-Uni, au Danemark, ils représentent les trois quarts du marché des médicaments remboursés. En France, leur développement s'est appuyé sur le seul pharmacien. Celui-ci est financièrement incité à proposer des génériques au patient car ses marges sont plus élevées sur ces médicaments – à travers ce que l'on appelle le droit de substitution. Le patient est incité à les accepter : tiers-payant contre générique.

Mais près de la moitié des médicaments qui ne sont plus protégés par des brevets ne sont pas inscrits au

1. Cour des comptes, rapport sur l'application des lois de financement de la Sécurité sociale, *op. cit.*

répertoire des médicaments substituables. Comment comprendre que le prix moyen d'une unité standard de générique soit de 0,15 euro en France contre 0,07 euro aux Pays-Bas ou au Royaume-Uni, passant ainsi du simple au double ? Comment comprendre que les médecins continuent à largement prescrire les médicaments d'origine, ou princeps, plutôt que les génériques ? Sur un traitement aussi banalisé que celui du cholestérol par les statines, les médecins français prescrivent moins de 40 % de génériques contre 96 % en Allemagne. Est-il acceptable et même compréhensible qu'à l'heure de l'informatisation généralisée des cabinets médicaux, on ait dû attendre le 1er janvier 2015 pour imposer l'obligation de prescription du médicament par sa molécule, ce que l'on appelle la prescription en DCI ?

Des mesures simples découlent de ce constat : mettre à jour le répertoire des génériques, voire le supprimer comme le suggère la Cour des comptes ; baisser le prix des génériques comme aux Pays-Bas ; inciter et responsabiliser les médecins, et notamment les généralistes qui sont à l'origine de 75 % des prescriptions de médicaments, pour qu'ils privilégient les génériques (système de bonus/malus financier par le biais de la rémunération à la performance, comme l'a fait l'Allemagne dès les années 1990-2000). Pas besoin de grandes réformes structurelles ou de changer de système pour le faire !

Généraliser la chirurgie ambulatoire et développer l'hospitalisation à domicile

Selon la même logique, le rattrapage des pratiques de nos voisins en matière de chirurgie ambulatoire permettrait d'économiser 5 milliards d'euros, selon l'Agence nationale d'appui à la performance des établissements de santé (ANAP). Reconnue depuis 1991 comme une alternative à l'hospitalisation, la chirurgie ambulatoire, qui évite une hospitalisation à temps complet, représente aujourd'hui 40 % des séjours chirurgicaux concentrés sur un nombre limité de domaines. Certes, nous nous sommes donné un objectif de 50 % des actes chirurgicaux pratiqués en ambulatoire, à l'horizon 2016, mais la Suède est déjà à 70 % et le Danemark à 75 %. C'est l'organisation de notre système chirurgical et de tarification qui doit être repensée dans ce sens. La chirurgie ambulatoire ne doit plus être une simple alternative à l'hospitalisation mais la règle.

L'hospitalisation à domicile (HAD) présente également un potentiel considérable d'amélioration des prises en charge et d'économie. Elle ne correspond cependant qu'à 0,6 % des hospitalisations de court séjour alors qu'elle peut être si utile aux malades du cancer, en obstétrique ou, d'une manière générale, aux personnes âgées atteintes de pathologies chroniques. L'HAD peut être un accélérateur du décloisonnement du système de santé en faisant travailler ensemble l'hôpital, les médecins de ville, les professions paramédicales, les structures associatives et le médico-social. Même si la loi de 2009 a fait de l'HAD un établissement de santé, celui-ci n'est nullement inscrit dans notre organisation ni dans le parcours de soins. Pourquoi retarder encore le développement de l'HAD alors qu'elle est de nature à améliorer le bien-être de beaucoup de malades et qu'elle permettrait, dans le même temps, d'importantes économies ? En 2003, le bureau d'études Credes a estimé que le coût d'une HAD était très inférieur à une hospitalisation de jour et à une hospitalisation conventionnelle. La Haute Autorité de Santé a montré que la prise en charge de la chimiothérapie en HAD était moins coûteuse qu'en structure hospitalière. Quant au coût des soins de suites et de réadaptation, notamment pour les personnes âgées, il serait, selon le Credes, de 40 % inférieur en HAD qu'en structure spécialisée (SSR).

On pourrait multiplier les exemples d'économies importantes sans dégradation, bien au contraire, de la qualité des soins. La simple orientation de patients ne relevant pas des urgences hospitalières vers des consultations de médecine de ville, par une amélioration de l'organisation de la permanence des soins, permettrait d'économiser 500 millions d'euros[1].

Accélérer le mouvement de rationalisation et de modernisation de l'offre hospitalière

Il serait faux de soutenir que rien n'a été fait en termes d'offre hospitalière. La création des agences régionales de l'hospitalisation, par la réforme Juppé, puis des ARS, a contribué à ce mouvement. Pour les maternités, par exemple, nous sommes passés de 1 369 établissements en 1975 à 528 en 2011[2].

Mais comment justifier que, lors des cinq dernières années, on ait créé 10 000 postes de médecins dans les hôpitaux, soit une hausse de 10 %, alors que nous sommes globalement en surcapacité hospitalière ? Comment considérer comme acceptable que la productivité par salle et par chirurgien dans les blocs opératoires puisse varier du simple au double ? Comment expliquer

1. Cour des comptes, rapport sur l'application des lois de financement de la Sécurité sociale, *op. cit.*

2. Rapport de la Cnamts, « Améliorer la qualité du système de santé et maîtriser les dépenses », 2015.

que l'absentéisme varie également du simple au double entre les CHU[1] ?

La tarification à l'activité (T2A) est un instrument majeur pour aller vers les meilleurs soins hospitaliers aux meilleurs coûts. Cependant, comme le soulignait l'IGAS dans son rapport de mars 2012 sur les effets de cette nouvelle tarification, la T2A est utilisée comme un instrument d'allocation de moyens et non de restructuration. Trop souvent encore, les régimes d'exception ouverts conduisent les ARS à pérenniser des structures existantes plutôt qu'à pousser au rapprochement avec les structures publiques ou privées les plus performantes.

Une réforme de la T2A pour lui permettre de jouer pleinement son rôle d'optimisation des moyens hospitaliers apparaît ainsi comme une priorité.

Avec un tel potentiel d'économies, il est parfaitement possible de parvenir à un rythme de croissance des dépenses de santé inférieur à 2 %, c'est-à-dire à un niveau d'équilibre tendanciel des comptes, et cela en veillant à la juste rémunération des professionnels de santé.

Prendre les devants en matière de techno-médecine

Le propos n'est pas ici de dresser un panorama des perspectives ouvertes par les progrès médicaux, mais de souligner que le numérique va très rapidement envahir le domaine médical et créer un nouveau type d'industries de santé. À côté de l'industrie du médicament va émerger une industrie de la prévention et du diagnostic personnalisé, et en temps réel : la médecine numérique. Cette

1. Sur ces exemples, voir : Cour des comptes, rapport sur l'application des lois de financement de la Sécurité sociale, *op. cit.*

industrie va naître de la rencontre de deux mondes que rien ne destinait à s'associer il y a encore une décennie.

Nous avons abordé, plus haut, les perspectives ouvertes par les systèmes experts pour améliorer le diagnostic médical et lutter contre les soins inutiles et dangereux.

Le numérique va, plus encore, s'imposer dans le domaine de la prévention active. On travaille déjà à des capteurs de toute nature, des puces à ADN visant à surveiller en permanence notre état de santé. Elles seront installées dans nos vêtements, dans le miroir ou les toilettes de notre salle de bains et analyseront en permanence notre état de santé. Même si nous en sommes encore au stade expérimental, il suffirait de souffler sur un miroir pour détecter une protéine mutée, la p53, impliquée dans un nombre important de cancers[1]. Des implants microscopiques placés sous la peau surveilleront en temps réel notre pression artérielle, notre taux de glucose dans le sang, la présence de toxines dans l'air ou les signes avant-coureurs d'un simple rhume. Toutes ces informations seront portées à notre connaissance *via* notre téléphone portable, lui-même alimentant le dossier médical électronique auquel aura accès, en temps réel, notre médecin. À ces dispositifs de surveillance pourraient être associés, sur la base des recherches et expérimentations en cours, des dispositifs d'alerte, que ce soit en cas d'urgence ou pour détecter, des années avant, les prémices d'un cancer[2]. Dans le domaine de la prévention des accidents médicaux, par exemple, cela fait déjà deux ans que la Food and Drug Administration américaine (FDA) a approuvé le premier comprimé électronique mis au point

1. Michio Kaku, *Une brève histoire du futur : comment la science va changer le monde*, Flammarion, 2014.

2. Éric Schmidt et Jared Cohen, *À nous d'écrire l'avenir*, *op. cit.*

par l'entreprise californienne Proteus Digital Health. Ce capteur d'un millimètre carré permet, une fois ingéré, de suivre les effets d'un nouveau traitement médical et de transmettre, *via* le téléphone portable du patient, toutes les informations nécessaires au médecin. L'acte même de consulter un médecin va vite être bouleversé. Une photo prise à partir de son téléphone portable permettra à votre médecin traitant de poser un premier diagnostic ou de lever une inquiétude. Bien plus vite qu'on ne le croit, une visite chez le médecin sera d'une tout autre nature qu'aujourd'hui. Un diagnostic automatisé préalable pourrait être posé à l'aide notamment d'IRM miniaturisées que le médecin exploiterait pour décider d'un traitement, par ailleurs, adapté à nos caractéristiques génétiques.

L'émergence de la médecine numérique va aller de pair avec l'entrée dans l'ère de la médecine sur mesure. L'ère des traitements standardisés – mêmes médicaments pour tout le monde – s'achève. Les médicaments, les chimiothérapies, l'immunothérapie seront ciblés à partir des spécificités génétiques du malade et de son affection, posant des questions considérables d'égalité devant les soins compte tenu du coût très élevé de ces traitements personnalisés.

Surtout, la médecine numérique va pouvoir s'appuyer sur la baisse vertigineuse du coût de l'analyse du génome jusqu'à atteindre moins de 100 dollars. Il sera possible non seulement de cibler les traitements mais de connaître les risques de développer des maladies graves. C'est tout le champ de la prévention médicale qui va s'en trouver révolutionné. Des problèmes éthiques s'annoncent aussi car, sauf exception comme les gènes BRCA1 et BRCA2 directement impliqués dans le cancer du sein, l'analyse du génome ne nous informera que de l'existence de risques dont la réalisation dépendra tout autant de l'environnement que de l'enchaînement de circonstances inconnues ou imprévisibles[1]. Faudra-il savoir, vingt ans avant, que l'on risque d'être atteint d'une maladie sans traitement ? Peut-on vivre avec une telle épée de Damoclès ?

Alors que nous en sommes encore à rationaliser une offre de soins héritée de la médecine du XXe siècle, il va nous falloir l'adapter, de manière accélérée, à l'irruption de la techno-médecine avec des questions d'éthique et d'égalité face aux soins d'une ampleur sans précédent.

Passer d'une assurance-maladie administrée à une gestion participative par les assurés eux-mêmes

L'émergence d'une médecine personnalisée, aux coûts très élevés, et de la techno-médecine va considérablement mettre sous tension notre système d'assurance-maladie collectif.

Pourra-t-on offrir les progrès médicaux à chacun ? Devra-t-on en passer, pour cela, par un système de cotisations progressives en fonction des revenus, au risque de nourrir l'aspiration grandissante à l'assurance individuelle ?

Un système administré par l'État devrait se révéler beaucoup trop rigide et difficilement apte à concilier accès à l'innovation et consensus. Le recours à une logique participative pourrait être une solution face au risque d'explosion du système de santé lié au triomphe du chacun pour soi.

À ce titre, le débat participatif qui pourrait être lancé pour déterminer le périmètre du « panier de soins » revêt

1. Pierre Papon, *Bref récit du futur : prospective 2050, science et société*, Albin Michel, 2012.

une importance majeure. En cas de réussite, il se sera agi d'un véritable laboratoire d'une méthode nouvelle pour opérer des choix en matière de santé. Or, l'avenir du système d'assurance-maladie sera celui de choix successifs pour assurer l'accès de tous aux progrès médicaux.

Là encore, sous l'effet de la technologie et de la civilisation 3.0, des solutions oubliées, comme la gestion des caisses par les assurés sociaux, pourraient retrouver une étonnante modernité.

Et si le rêve de Pierre Laroque se réalisait sous l'effet conjugué de ce hasard technologique et de cette nécessité de solidarité ?

Conclusion

« Pressé fortement sur ma droite, mon centre cède, situation excellente, j'attaque. » Ferdinand Foch ne se doutait certainement pas, quand il prononça ce mot bravache et mobilisateur lors de la bataille de la Marne, qu'un siècle plus tard, il résumerait la situation de son pays et indiquerait la direction à suivre.

Face au risque de guerre civile, d'effondrement de la construction européenne et de basculement dans une nouvelle économie destructrice du salariat et de l'emploi, il faut nous battre sur tous les fronts.

Notre responsabilité est considérable. Nous pouvons être la génération qui laissera la France petite.

Comme toujours, la réponse est dans le mouvement. Elle est dans l'autorité, la primauté donnée à l'économique et à la technologie. Elle est dans la recherche de sens. De grands anciens éclairent le chemin mais l'essentiel de ce qui est à faire, c'est à nous de l'inventer.

Autorité et antiracisme

Il faut mettre en perspective la crise des banlieues de 2005 et l'année terroriste de 2015. Il y a dix ans, nous avons vécu les actes de désespérance d'une jeunesse sans repères, brûlant ses propres voitures, ses écoles, ses lieux de vie. Nous assistons aujourd'hui à la montée d'une idéologie de la haine de la nation et de l'Occident, structurée autour d'un discours religieux radical dont le « génie » est de retourner la révolution numérique contre l'idée même de progrès. Pour éviter qu'aux émeutes et au terrorisme ne succède, peut-être dans une décennie à peine, une forme de guerre civile, il va nous falloir être clairs, déterminés, taper du poing sur la table.

Une ère sécuritaire s'ouvre. Elle sera longue et violente. Comme toujours, c'est la démocratie qui frappera le plus fort et qui l'emportera. Ce retour de l'autorité doit trouver son pendant dans l'arrêt de ce flirt ignoble, de droite comme de gauche, avec la pensée du Front national et cette légitimation, à bas bruit, du racisme, des discriminations et de cette idée aussi fausse que ravageuse que la religion musulmane serait incompatible avec la France. Nous ne ferons pas l'économie d'une clarification. Il va nous falloir nommer les choses et choisir notre camp sur la base d'un principe fondamental : il n'y a qu'une seule catégorie de Français. À ceux qui n'arrivent pas à intégrer que l'on puisse concilier autorité, République et antiracisme, je renvoie à la figure de Clemenceau, l'homme de gauche peut-être le plus intéressant de notre histoire. Anticolonialiste – il faut relire sa réponse terrible et magnifique au discours de Jules Ferry de 1885 sur les inégalités des races[1] –, dreyfusard ardent, premier flic de France et, bien sûr, Père la Victoire.

1. Extrait du discours de Clemenceau à la Chambre des députés le 30 juillet 1885, en réponse au discours de Jules Ferry du 28 juillet 1885 : « Les races supérieures ont sur les races inférieures un droit qu'elles exercent, ce droit, par une transformation particulière, est en même temps un devoir de civilisation. Voilà en propres termes la thèse de M. Ferry, et l'on voit le gouvernement français

Nous passons notre temps à gratter nos plaies avec les mots « intégration », « assimilation », « nationalité ». Les choses sont à la fois beaucoup plus simples et plus exigeantes. Quand la France se respecte, quand elle avance, quand elle est, pour prendre un mot simple, « admirable », chacun s'y reconnaît et éprouve la fierté d'être français. C'est peine perdue de dire à des enfants de respecter leurs parents quand ceux-ci ne sont pas respectables. Mais quand ils le sont, pas besoin de mots...

L'urgence du rattrapage

Il est faux, absurde, démoralisant de dire que nous n'avons rien fait dans les dernières décennies. La France s'est modernisée, a progressé, mais pas assez vite au regard de l'accélération de la concurrence mondiale. Nous avons aussi fait des impasses, pris de mauvaises décisions, cru que l'on pourrait attendre. Sur le périmètre de l'État, l'impôt, les 35 heures, le droit du travail ou le système de retraite, nous savons ce qu'il faut faire.

Parce qu'il y a urgence à se consacrer à l'essentiel – l'entrée dans la civilisation 3.0 –, il nous faut opérer notre rattrapage, dans un même mouvement ultrarapide. En 1954, afin de sortir du bourbier indochinois,

---

exerçant son droit sur les races inférieures en allant guerroyer contre elles et les convertissant de force aux bienfaits de la civilisation. [...] Non, il n'y a pas de droits de nations dites supérieures contre les nations dites inférieures ; il y a la lutte pour la vie, qui est une nécessité fatale, qu'à mesure que nous nous élevons dans la civilisation, nous devons contenir dans les limites de la justice et du droit ; mais n'essayons pas de revêtir la violence du nom hypocrite de civilisation ; ne parlons pas de droit, de devoir ! La conquête que vous préconisez, c'est l'abus pur et simple de la force que donne la civilisation scientifique sur les civilisations rudimentaires, pour s'approprier l'homme, le torturer, en extraire toute la force qui est en lui au profit du prétendu civilisateur. Ce n'est pas le droit : c'en est la négation. Parler à ce propos de civilisation, c'est joindre à la violence l'hypocrisie... »

Pierre Mendès France s'était donné trente jours pour parvenir à un accord de paix. C'est le modèle à suivre mais dans un mouvement d'une ampleur sans commune mesure : annoncer, dans le détail, ces réformes lors de la campagne présidentielle et les faire adopter par un référendum unique dans la foulée immédiate du scrutin législatif.

Faire la course en s'appuyant sur les machines et non contre elles

La technologie va dominer le siècle. Ce n'est pas une révolution industrielle de plus qui s'annonce. La progression exponentielle des connaissances et des techniques va changer notre civilisation. Les risques d'une perte de contrôle du capitalisme sont considérables. Ce que l'on appelle l'« ubérisation » de l'économie, c'est-à-dire le remplacement de secteurs protégés, à plusieurs échelons de marges empilées, par des plates-formes de services ultra-performantes s'appuyant sur une force de travail non salariée, peut faire des ravages. Difficile, face à la révolte des premières professions concernées, de ne pas penser à ce passage de *La Guerre des mondes* : « Des intellects vastes, calmes et impitoyables considéraient cette terre avec des yeux envieux, dressaient lentement et sûrement leurs plans pour la conquête de notre monde. » Si l'on y ajoute les dangers de l'intelligence artificielle sur l'emploi qualifié, l'ère de l'*homme inutile*[1] se dessine.

La technologie sera néanmoins ce que nous en ferons. Les logiques participatives peuvent rendre à l'action publique son efficacité et réconcilier les citoyens avec

1. Pierre-Noël Giraud, *L'Homme inutile. Du bon usage de l'économie*, *op. cit.*

la politique. La question éducative est centrale. Le numérique a la capacité de révolutionner l'école. C'est l'instrument pour réaliser l'objectif du siècle : amener toute une classe d'âge à l'enseignement supérieur. Nous ne nous en sortirons pas si nous ne nous bâtissons pas une nation d'ingénieurs, d'entrepreneurs. Une nation d'élite s'appuyant sur sa diversité pour partir à l'assaut du grand large. Un pays qui se sera refondé sur l'idée simple que, toute sa vie, il faut travailler dur. C'est en cela que de Gaulle est la référence absolue. Au fond, d'où vient son exceptionnalité ? D'une vaste culture qui permet de se comprendre et de comprendre le monde. D'une éthique et d'une intégrité sans faille. Surtout, de l'obsession de la maîtrise du progrès technique.

L'enjeu est d'armer les Français pour un nouveau monde du travail au sein duquel la performance résidera dans l'aptitude des femmes et des hommes à travailler de manière coopérative en s'appuyant sur la puissance de calcul des machines.

Le monde est à construire

L'Europe d'abord est à reconstruire. Elle est malade de son utopie originelle. On a pensé qu'était inscrit dans le mouvement de l'histoire le passage des États nations à une fédération européenne, et cela sans rechercher l'adhésion explicite et démocratique des peuples. Le marché unique et l'euro ont été bâtis entre des pays ayant plus d'écarts de richesse qu'entre les États-Unis et le Mexique. Surtout, comme dans toutes les utopies, on n'a pas pensé la survenance de crises et l'on a construit l'Europe sans prévoir les mécanismes de gestion de celles-ci, comme nous le vivons pour la Grèce et Schengen. Cela n'a eu qu'un temps. Le drame de l'Europe est que l'Allemagne, sa puissance économique dominante, ne le comprend pas. Elle impose à la Grèce une politique de rigueur construite comme si elle s'adressait à l'un de ses Länder. Elle ne mesure pas que la France et l'Italie, qui n'ont pas son tissu industriel, ont besoin de pouvoir desserrer l'étau budgétaire pour conduire des réformes structurelles indispensables. Elle a tendu la main à des millions de réfugiés en pensant que les pays de l'Europe centrale, en plein rattrapage économique, s'inscriraient naturellement dans le même mouvement. Face à la grande crise européenne qui est désormais ouverte, l'Allemagne est aveuglée par son double attachement à l'utopie et à la rigueur. Confrontée aux chocs des réalités, comme toujours dans son histoire, elle va souffrir d'un réveil brutal. La France devra être là, au côté de ce qui est désormais son grand partenaire, pour l'amener à la construction d'une Europe se concentrant sur l'essentiel : une politique économique différenciée et pragmatique, visant au rattrapage des pays les plus en retard et au lancement de programmes, à l'échelle du continent, dans les domaines stratégiques de l'énergie et du numérique, sans lesquels l'Europe deviendra une terre morte pour la croissance.

La France a besoin de la masse critique de l'Europe, car la plupart des problèmes du siècle n'ont de réponses qu'à l'échelle mondiale : le réchauffement climatique, la montée des inégalités, la régulation des géants de la nouvelle économie, les limites à poser aux recherches, notamment dans le domaine des biotechnologies et de la génétique.

Cela ne veut pas dire que c'en soit fini de la voix singulière de la France. Tout autant que de réponses environnementales et économiques, le monde est en attente d'idéal, de justice, de respect. Il faut affronter, sur le terrain des valeurs et de la culture, ces nouveaux barbares pour qui le salut ne réside que dans le choc des civilisations. Jacques Chirac a montré, sur la guerre d'Irak, que quand la France parle juste, au sens originel du terme, sa voix est entendue dans le monde, par-delà les logiques de puissance.

Dans ce combat, un allié se lève : l'Afrique

Elle peut devenir le continent de la croissance. Elle a mille vulnérabilités, mille défis à relever, mais elle porte en elle des valeurs fondamentales : le respect de la nature, des anciens, des plus faibles, une capacité à s'émouvoir, à s'émerveiller, à rêver, à croire. Elle a l'amour de la vie. Elle est humaine. Le moment approche où elle associera à ces valeurs la puissance économique.

Dans cette fusion des temps que nous vivons, l'Afrique, berceau de l'humanité, va faire du bien au monde.

À bien des égards, elle est aussi pour nous la solution.

Certes, notre influence économique et culturelle en Afrique a beaucoup perdu mais nous conservons des atouts. La francophonie en est probablement l'un des plus considérables. Nous allons passer de 220 millions de francophones en 2010 (soit 3 % de la population mondiale) à plus de 700 millions en 2050 (8 % de la population mondiale). Cette croissance sera essentiellement le fait de l'Afrique. En 2050, 85 % des francophones seront africains. Grâce à l'Afrique, la langue française va, en quelque sorte, connaître au XXIe siècle le destin de la langue anglaise au XXe siècle. Ce mouvement, il faut l'encourager en donnant la priorité aux échanges culturels, à l'accueil d'étudiants et en ne relâchant pas nos efforts en termes d'aide au développement. Nos universités et nos grandes écoles doivent être ouvertes aux meilleurs jeunes Africains qui ne tarderont pas à en devenir les élites. Pour partir à la conquête économique du continent africain, il faut apprendre à s'appuyer sur la diaspora d'origine africaine qui vit chez nous. Cette politique globale, nous devons la conduire avec cœur et générosité en agissant tant sur le plan économique que pour la santé, la protection sociale et l'émergence de l'Afrique sur la scène culturelle mondiale. Notre langue commune doit agir comme le catalyseur d'une communauté de destin assumée.

Nos emplois, notre rayonnement, notre puissance passent désormais autant pas la construction africaine que par la construction européenne.

Mais au-delà de ces vastes mouvements du monde, la question essentielle est en nous. Serons-nous, à nouveau, au rendez-vous de l'histoire ? Saurons-nous nous montrer dignes de ces générations qui, à partir de rien, ont su construire et élever la France au plus haut ? En nous remettant en cause, en nous rassemblant, en nous respectant, en faisant le choix d'une nouvelle ambition collective, sommes-nous prêts à étonner, une fois encore, le monde ? Du plus profond de moi-même, j'en ai la conviction. Ce siècle effrayant et magnifique verra le retour des Français.

Synthèse des propositions

CHAPITRE 5
Construire un nouvel État participatif

1. Concentrer et moderniser le pouvoir central

— suppression du Premier ministre ;

— fusion du Sénat et du Conseil économique, social et environnemental, en ramenant à deux cents le nombre de sénateurs ;

— mise en place de l'État technologique au service de la simplification administrative fondée sur la création d'un dossier numérique unique pour chaque citoyen et entreprise.

2. Nouvelle carte et nouvelles compétences pour les territoires

— onze régions en charge du développement économique ;

— en zone urbaine, la métropole ou la communauté d'agglomération devient l'échelon d'administration, regroupant tous les services de proximité ainsi que les prestations familiales ;

— en zone rurale : maintien du couple départements-communautés de communes pour gérer les services de proximité.

3. Vers un troisième pouvoir, celui de la démocratie participative

— généraliser, dans les collectivités locales, les budgets d'investissements participatifs ;

— créer un droit d'amendement citoyen sur les projets de loi.

4. La méthode

Dès son élection, le président de la République soumettra par un référendum unique les principales lois nécessaires à l'exécution de son programme.

CHAPITRE 6
Europe, crises, verrou et solutions

1. Rattrapage

— mise en place d'un nouveau cadre européen permettant aux États, pendant une période de trois à cinq ans, de conduire des réformes structurelles associant réformes des politiques publiques et sociales et baisse des impôts, sans être tenus au respect immédiat de l'ensemble des règles, notamment du Pacte de stabilité ;

— mise en place d'une politique industrielle européenne fondée sur des régimes d'aides communautaires aux secteurs prioritaires tels que le numérique, la robotique et les énergies renouvelables.

2. Projection

— lancement du projet européen d'habitat producteur d'électricité ;

— partenariat public-privé en vue du lancement d'un Google européen ;

— mise en place, à l'échelle européenne, de la fiscalité du *big data* ;

— initiative, à l'échelle mondiale, dans le domaine des biotechnologies, et pour prévenir les dangers du transhumanisme.

Chapitre 7
Éducation, l'immense opportunité numérique

1. Rattrapage

— l'échelon d'administration de proximité (métropole, communauté d'agglomération ou conseil départemental, en zone rurale) doit devenir compétent sur les écoles, collèges et lycées, et nommer les chefs d'établissement ;

— ceux-ci doivent être les véritables « patrons » des établissements en choisissant les enseignants sur une liste d'aptitude fixée par le rectorat et en exerçant sur eux le pouvoir hiérarchique et disciplinaire. Le chef d'établissement devra être également responsable du projet pédagogique, dans un cadre arrêté au niveau national mais laissant une large place à l'expérimentation ;

— recentrer les enseignements sur les fondamentaux en renonçant à la multiplication des options ; développer la bivalence des enseignants du secondaire, augmenter leur temps de travail avec en contrepartie la hausse de leur traitement ;

— faire de l'anglais un enseignement prioritaire dès la maternelle en étendant cette exigence au-delà de l'école, en imposant notamment dans les cahiers des charges et conventions des chaînes de télévision l'obligation de diffuser des programmes pour enfants en anglais ;

— faire passer, en cinq ans, le budget d'une éducation prioritaire, recentrée et coordonnée avec les actions de l'échelon administratif de proximité, à 10 % du budget de l'Éducation nationale ;

— en liaison avec le chef d'établissement, l'échelon d'administration de proximité pourra suspendre le versement de tout ou partie des prestations sociales – au-delà des prestations familiales – aux familles qui n'exercent pas leurs responsabilités sur leurs enfants.

2. Projection

— engager la réforme de notre système scolaire et de ses instruments pédagogiques par le numérique : parcours individualisés d'acquisition des connaissances ; diffusion au plus grand nombre des meilleurs enseignements ; transformation du rôle du professeur qui doit devenir celui qui apprend à apprendre ;

— s'appuyer, pour conduire cette réforme, sur nos plus hautes compétences nationales et sur des acteurs de la révolution éducative numérique au plan national et international ;

— dans le même temps, lancer des appels à projets (une centaine) pour la mise en place d'établissements, existants ou créés à cet effet, proposant cette nouvelle forme d'enseignement fondée sur la généralisation de l'usage des instruments numériques. Les projets retenus, pour une période de cinq ans, bénéficieront d'une dotation représentative du coût moyen actuel par élève.

CHAPITRE 8
Baisse des impôts, le premier des investissements publics

1. Rattrapage

— introduire dans la Constitution le principe que personne ne doit payer plus de 50 % de ses revenus en impôts directs ;

— pour signifier le passage à une République du travail, les droits sur les successions les plus importantes seront portés à 60 % ;

— baisser les impôts des particuliers de 25 milliards d'euros la première année et d'environ 6 milliards d'euros les quatre années suivantes, soit 50 milliards d'euros en cinq ans ;

— mettre en place un impôt sur le revenu unique : fusion de l'IR et de la CSG avec un barème, dans un premier temps, à trois ou quatre tranches, sur lequel seront concentrées les baisses d'impôts ;

— dans un objectif de clarté, la plupart des niches fiscales seront remplacées par des prestations/subventions (familles, logement, culture, outre-mer...) ;

— dans une recherche d'équilibre entre une fiscalité incitative à la réussite et le constat de l'approfondissement des inégalités, les foyers appartenant à la tranche des 0,1 % de revenus les plus élevés paieront plus pour la couverture du petit et moyen risque maladie ou pour les frais de scolarité ou universitaires ;

— pour stopper l'effondrement de notre tissu industriel, instauration d'une TVA pour l'emploi : passage du taux normal de 20 à 23 % en cinq ans et baisse des charges sur les salaires, entre 1,2 et 2,1 SMIC, à due concurrence (25 milliards d'euros) ;

— suppression de l'ISF.

2. Projection

— appuyer et accélérer la mise en œuvre des règles mondiales contre les pratiques des grandes entreprises conduisant à l'érosion des bases d'imposition sur les bénéfices (travaux BEPS de l'OCDE et 3e paquet fiscal de la Commission européenne) ;

— promouvoir, à l'échelle européenne, une nouvelle fiscalité adaptée à la civilisation 3.0, portant notamment sur les revenus du *big data*.

Chapitre 9
Emploi et compétitivité 3.0

1. Rattrapage

• Tourner la page des 35 heures

— remonter, en une fois ou progressivement, la durée légale du travail à 39 heures ;

— permettre de fixer, par accords d'entreprises, l'équilibre entre durée du travail, salaires et modalités de travail telle l'annualisation. Faute d'accord avec les organisations syndicales, le recours au référendum d'entreprise sera rendu possible à l'initiative des dirigeants ;

— à défaut d'accord dans l'entreprise, la durée du travail de 39 heures s'appliquera, mais les salariés travaillant déjà 39 heures sous le régime des heures supplémentaires verront le niveau de leurs rémunérations garanti ;

— le passage aux 39 heures dans la fonction publique permettra de trouver un nouvel équilibre entre revalorisation des traitements et niveau de non-remplacement des départs à la retraite dans les trois fonctions publiques.

• Faire le choix du contrat de travail unique et instaurer de nouvelles protections prenant en compte l'évolution du travail

— mettre en place, pour les emplois créés, le contrat unique avec période d'essai allongée et droits et obligations progressives ;

— créer un contrat de mission, avec notamment un temps de travail annualisé, pour les emplois à forte autonomie, et adapté à l'économie numérique ;

— simplifier sans mutiler l'indispensable droit du travail et étendre son champ aux effets des nouvelles technologies au travail, avec notamment le droit/obligation à la déconnexion.

• **Mettre les 30 milliards d'euros de formation professionnelle au cœur de la politique de l'emploi**

— alimenter le compte personnel de formation de ceux qui n'ont pas fait d'études supérieures ;

— réorienter les moyens de la formation professionnelle vers les chômeurs ;

— donner la priorité à la qualité de la formation qualifiante : structure nationale fixant le cahier des charges, agences de certification des formations, indépendantes et mises en concurrence.

• **Réformer l'assurance-chômage et Pôle emploi**

— instaurer la dégressivité des allocations chômage ;

— expérimenter, sur un bassin d'emplois, le projet Tirole-Blanchard de taxation des entreprises qui licencient, en contrepartie de leur liberté d'agir ;

— achever la réforme de Pôle emploi en réunissant en son sein toutes les structures ayant le même objet, et notamment les missions locales, Cap emploi et l'Apec ;

— donner à Pôle emploi l'ensemble des compétences en matière de formation des chômeurs ;

— renforcer l'efficacité du service public de l'emploi en mettant en place une politique de coopération et des instruments communs avec les acteurs privés de l'emploi en ligne.

• **Faire le choix du principe « aider et exiger », afin d'établir le lien entre travail et assistance**

— à structure familiale égale, personne ne doit toucher en allocations sociales plus de 80 % des ressources d'une personne travaillant à temps plein et payée au SMIC ;

— sauf raison médicale ou sociale dûment constatée, le bénéfice du RSA devra être subordonné à, au moins, sept heures hebdomadaires d'activités d'intérêt général.

• **Des entreprises moins entravées mais assumant leurs responsabilités en matière d'emploi des jeunes**

— rapprochement de l'apprentissage (État) et des contrats de qualification (entreprises) en un dispositif unique, centré sur les jeunes les moins qualifiés, avec un financement unique et un mode de recouvrement centralisé aux Urssaf ;

— orienter les financements des emplois d'avenir (pour les jeunes) vers ces contrats ;

— faute d'accord de branche, instaurer un quota de jeunes dans les entreprises de plus de 500 salariés.

2. Projection

— instaurer un droit/obligation à la déconnexion ;

— pour lutter contre la précarisation des travailleurs de la nouvelle économie : création d'un statut et des droits des travailleurs autonomes économiquement dépendants ;

— mettre en place des systèmes d'information/notation des conditions de travail sur les plates-formes de services ;

— favoriser le développement de l'économie du partage par la création de la « société à objet étendu », associant les investisseurs, travailleurs et utilisateurs ;

— concentrer la nouvelle génération du Programme investissements d'avenir (PIA) sur le financement des projets et plates-formes collaboratives ;

— inciter les régions à investir dans des réseaux de fab labs, afin de contribuer au développement de nouvelles formes d'artisanat.

Chapitre 10
Sécurité sociale : et si les pères fondateurs avaient eu raison ?

1. Retraites

• Mettre en place un système unique de retraite (salariés du privé, fonctionnaires, ressortissants des régimes spéciaux) fondé sur le principe : à cotisation égale, pension égale.

• Sur l'exemple suédois, instaurer un système de retraites par répartition à « cotisation définie »

— chaque assuré dispose d'un compte personnel sur lequel sont créditées ses cotisations et celles de son employeur. Ces sommes sont augmentées, chaque année, d'un intérêt calculé en fonction de la progression du salaire moyen annuel. Il reçoit, chaque année, un état de ses droits futurs ;

— les pensions sont calculées sur la base des droits accumulés retracés dans un compte personnel, en fonction de l'âge de départ à la retraite et de l'espérance de vie de la classe d'âge à laquelle on appartient ;

— le régime est autoéquilibré : en cas de ralentissement ou de baisse des recettes, l'effort d'équilibrage porte principalement sur le niveau des pensions. Mais l'État peut intervenir pour maintenir tout ou partie du niveau des pensions, durant une phase de récession ;

— pour ceux qui n'ont eu que de très faibles revenus ou des carrières incomplètes, une pension garantie leur est assurée avec un financement par l'État (qui couvre le différentiel entre les droits acquis et le montant de la pension minimale). De même, les droits non contributifs à la retraite (pensions d'invalidité et de veuvage, période d'éducation des enfants, service national) sont financés par l'État.

• La réforme sera mise en place, progressivement, sur une période de quinze ans

2. Santé, assurance-maladie

• Rattrapage

— permettre de choisir librement son affiliation à l'une des grandes caisses d'assurance-maladie (Cnamts, MSA et RSI), afin d'optimiser les frais de gestion et la qualité du service ;

— définir, au terme d'un débat participatif ouvert aux assurés et patients, ce qui doit être remboursé par l'assurance-maladie et ce qui doit relever des seules mutuelles ;

— médicaliser la loi de financement de la Sécurité sociale : volet santé publique avec suivi d'indicateurs de mortalité et de performance, et prévoyant les plans de prévention ou de mobilisation nécessaires comme, par exemple, dans le domaine de la souffrance mentale ;

— utiliser, à l'image de nos voisins, le potentiel considérable d'économies des génériques, de la chirurgie ambulatoire et de l'hospitalisation à domicile ;

— réformer la tarification à l'activité (T2A) pour en faire non pas un instrument d'allocation de moyens mais un outil d'incitation à la performance et au regroupement des structures publiques et/ou privées.

• **Projection**

— mettre l'intelligence artificielle au service du diagnostic médical et de la lutte contre les soins inutiles ou dangereux ;

— prendre le virage de la techno-médecine en encourageant le développement de cette nouvelle industrie et en posant des limites éthiques, notamment en termes d'utilisation des tests génétiques ;

— réaliser le rêve des pères fondateurs de la Sécurité sociale d'une institution gérée par ses usagers, en faisant le choix progressif d'un basculement d'un système administré à un système participatif.

Bibliographie

AGHION Philippe, CETTE Gilbert, COHEN Elie, *Changer de modèle*, Odile Jacob, 2014.

AGLIETTA Michel, *Europe : sortir de la crise et inventer l'avenir*, Michalon, 2014.

ALEXANDRE Laurent, *La Mort de la mort*, JC Lattès, 2011.

ANDERSON Chris, *Makers. La nouvelle révolution industrielle*, Pearson, 2012.

ASSELAIN Jean-Charles, *Histoire économique de la France*, Le Seuil, 1984 ; Points, 2011.

BABINET Gilles, *L'Ère numérique, un nouvel âge de l'humanité*, Le Passeur éditeur, 2014.

BADINTER Robert et LYON-CAEN Antoine, *Le Travail et la loi*, Fayard, 2015.

BARNES Peter, *Capitalism 3.0 : A Guide to Reclaming the Commons*, Berrett-Koehler Publishers, 2006.

BARNIER Michel, *Se reposer ou être libre*, Gallimard, 2014.

BARTHÉLÉMY Jacques et CETTE Gilbert, *Réformer le droit du travail*, Odile Jacob-Terra Nova, 2015.

BEC Colette, *La Sécurité sociale, une institution de la démocratie*, Gallimard, coll. « Bibliothèque des sciences humaines », 2014.

BENOIST-MÉCHIN Jacques, *Le Rêve le plus long de l'histoire*, 2 tomes, Omnibus, 2012.

BERGÈRE Marie-Claire, *Chine, le nouveau capitalisme d'État*, Fayard, 2013.

BETBÈZE Jean-Paul et CŒURÉ Benoît (dir.), *Quelles réformes pour sauver l'État ?*, PUF, 2011.

BOILLOT Jean-Joseph et DEMBINSKI Stanislas, *Chindiafrique : la Chine, l'Inde et l'Afrique feront le monde de demain*, Odile Jacob, 2013.
BOUÉE Charles-Édouard, *Comment la Chine change le monde*, Dialogues, 2013.
BRAUDEL Fernand, *L'Identité de la France*, Champ Histoire, 1990.
BRIET Raoul et FRAGONARD Bertrand, *Mission bouclier sanitaire*, La Documentation française, 2007.
BROCCOLICHI Sylvain (dir.), *École : les pièges de la concurrence. Comprendre le déclin de l'école française*, La Découverte, 2010.
BRYNJOLFSSON Erik et MCAFEE Andrew, *Race Against the Machine*, Digital Frontier Press, 2012 ; *Le Deuxième Âge de la machine*, Odile Jacob, 2015.
CHAPRON Hervé et LELONG Patrick, *Pôle emploi, autopsie d'un naufrage*, Les éditions de l'Opportun, 2014.
CHARPY Christian, *La Tête de l'emploi*, Tallandier, 2011.
COHN-BENDIT Daniel et VERHOFSTADT Guy, *Debout l'Europe !*, André Versaille Éditeur-Acte Sud, 2012.
DAVEZIES Laurent, *La Crise qui vient : la nouvelle fracture territoriale*, Le Seuil, 2012.
DEWERPE Alain, *Histoire du travail*, PUF, coll. « Que sais-je ? », 2001.
FERGUSON Niall, *Civilisations*, Saint-Simon, 2014.
FILLON François, *Faire*, Albin Michel, 2015.
FUKUYAMA Francis, *La Fin de l'homme*, Gallimard, 2004.
GISCARD D'ESTAING Valéry, *Europa, la dernière chance de l'Europe*, préface d'Helmut Schmidt, XO, 2014.
GIUILY Éric et RÉGIS Olivier, *Pour en finir vraiment avec le millefeuille territorial*, L'Archipel, 2015.
GUÉRANGER David et DESAGE Fabien, *La Politique confisquée. Sociologie des réformes et institutions intercommunales*, Éditions du Croquant, 2011.
HEURDIER Lydie et PROST Antoine, *Les Politiques de l'éducation en France*, La Documentation française, 2014.
JARVIS Jeff, *La Méthode Google : que ferait Google à votre place ?*, Télémaque, 2009 ; Pocket, 2011.
JUPPÉ Alain, *Mes chemins pour l'école*, JC Lattès, 2015.
—, *Pour un État fort*, JC Lattès, 2016.
KAKU Michio, *Une brève histoire du futur : comment la science va changer le monde*, Flammarion, 2014.

KAMBOUCHNER Denis, MEIRIEU Philippe, BERNARD Stiegler, *L'École, le numérique et la société qui vient*, Mille et Une Nuits, 2012.

KHAN Salman, *L'Éducation réinventée, une école grande comme le monde*, JC Lattès, 2013.

LANDAIS Camille, PIKETTY Thomas, SAEZ Emmanuel, *Pour une révolution fiscale*, Le Seuil, 2011.

LOKIEC Pascal, *Il faut sauver le droit du travail !*, Odile Jacob, 2015.

PAPON Pierre, *Bref récit du futur : prospective 2050, science et société*, Albin Michel, 2012.

PETITEAU Nathalie, *Napoléon Bonaparte, la nation incarnée*, Armand Colin, 2015.

PIKETTY Thomas, *Le Capital au XXIe siècle*, Le Seuil, 2013.

POLONY Natacha, *Le pire est de plus en plus sûr : enquête sur l'école de demain*, Mille et Une Nuits, 2011.

POLTON Dominique, *La Santé pour tous ?*, La Documentation française, 2014.

REDEKER Robert, *Le Progrès ? Point final*, Les éditions Ovadia, 2015.

RIFKIN Jeremy, *The End of Work*, Putnam Publishing Group, 1995 ; *La Fin du travail*, La Découverte, 1996.

—, *La Troisième Révolution industrielle*, Les Liens qui libèrent, 2012.

—, *La Nouvelle Société du coût marginal zéro*, Les Liens qui libèrent, 2014.

RIVATON Robin, *La France est prête*, Manitoba-Les Belles Lettres, 2014.

SAINT-ÉTIENNE Christian, *L'Iconomie pour sortir de la crise*, Odile Jacob, 2013.

SALIN Pascal, *La Tyrannie fiscale*, Odile Jacob, 2014.

SCHMIDT Eric et COHEN Jared, *À nous d'écrire l'avenir*, Denoël, 2013.

SHIRKY Clay, *Here Comes Everybody*, Penguin Press, 2008.

STEINER Christopher, *Automate This*, Portfolio-Penguin, 2013.

TODD Emmanuel et LE BRAS Hervé, *L'Invention de la France*, Gallimard, 2012.

—, *Le Mystère français*, Le Seuil, 2013.

TRANNOY Alain, *Il faut une révolution fiscale*, Les Échos éditions-Eyrolles, 2012.

TURNER Fred, *Aux sources de l'utopie numérique. De la contre-culture à la cyberculture*, C&F éditions, 2013.

WAUQUIEZ Laurent, *La Lutte des classes moyennes*, Odile Jacob, 2011.

—, *Europe : il faut tout changer*, Odile Jacob, 2014.

WEIL Patrick, *Le Sens de la République*, Grasset, 2015.

Table

Imprimé en France par CPI
en avril 2016

pour le compte des Éditions Plon
12, Avenue d'Italie 75013 Paris

Composition et mise en pages : FACOMPO, Lisieux

N° d'impression : 134387
Dépôt légal : avril 2016